Wセミナー 司法書士
STANDARDSYSTEM
スタンダード合格テキスト **10**

刑法

Wセミナー／司法書士講座編

早稲田経営出版
TAC PUBLISHING Group

本書は，2023年（令和5年）12月1日時点での情報に基づき，2024年（令和6年）4月1日までに施行が確定している法改正に対応しています。

　なお，本書に反映すべき改正のうち，改正条文において「拘禁刑」と記載されている箇所については，本書の法令基準日段階では未施行であるため，改正法の経過措置に従い，読み替えて記載しております。

　本書刊行後に明らかになった法改正につきましては，毎年4月1日時点での法改正情報としてまとめ，TAC出版書籍販売サイト「サイバーブックストア」（https://bookstore.tac-school.co.jp/）の早稲田経営出版・司法書士「法改正情報」コーナーにて公開いたしますので，適宜ご参照ください。

【本書の主な改正ポイント】
　・令和5年法律第28号（時効の停止，逃走の罪）
　・令和5年法律第66号（不同意わいせつおよび不同意性交等の罪）

はしがき

　司法書士試験は，合格率５％程度と，数ある国家試験の中でも最難関の資格のひとつに位置づけられています。また出題科目も多く，学習すべき範囲が膨大であることも司法書士試験の特徴のひとつです。このため，学習がうまく進まなかったり，途中で挫折してしまう方がいらっしゃることも事実です。

　では，合格を勝ち取るために必要な勉強法とはどのようなものでしょうか。
　Wセミナーでは，長年にわたり司法書士受験生の受験指導を行い，多くの合格者を輩出してきました。その経験から，合格へ向けた効率的なカリキュラムを開発し，さまざまなノウハウを蓄積してまいりました。そしてこの度，その経験とノウハウのすべてを注ぎ込み，合格のためのテキストの新たな基準をうちたてました。それが，本シリーズ「司法書士　スタンダード合格テキスト」です。

　本シリーズは，司法書士試験の膨大な試験範囲を，科目ごとに11冊にまとめました。また，法律を初めて学習する方には使い勝手のよい安心感を，中・上級者にとってはより理解を深めるための満足感を感じていただけるような工夫を随所に施しており，受験生の皆さまの強い味方になることでしょう。

　「刑法」は，司法書士試験においては出題数の少ない科目の一つです。しかし，内容も難しく出題範囲も広いことから完全に理解するには大変な時間と労力が必要となります。そのため，本書では，刑法を試験に必要にして十分なだけ理解していただくように，条文や重要な判例を数多く掲げ，これらを分かりやすく解説しています。また，過去の本試験で出題された論点については，該当箇所にその出題年次を掲げていますので，司法書士試験における各論点の重要度が一目で分かる形となっています。

　司法書士を志した皆さまが，本シリーズを存分に活用して学習を深めていただき，司法書士試験合格を勝ち取られることを願ってやみません。

2023年12月

Wセミナー／司法書士講座
講師・教材開発スタッフ一同

●●●●●● 本シリーズの特長と使い方 ●●●●●●

・特長1　法律論点を視覚的に理解できる！

ケーススタディが豊富に設けられ，具体例が示されているので，法律論点を具体的・視覚的に理解でき，知識の定着を促します。

・特長2　学習に必要な情報が満載！

重要条文はもれなく掲載されており，その都度，六法にあたる手間を省くことができます。また，本試験の出題履歴も表示されており，重要箇所の把握に大いに役立ちます。

・特長3　学習しやすいレイアウト！

行間や余白が広いため書き込みがしやすく，情報をこのテキスト一冊に集約できます。また，細かな項目分けがなされているため飽きずにスラスラ読み進むことができます。

Topics　←方向感！

何を学習するのか，どこが重要かを明らかにすることで，学習の目的や方向性を明確にすることができます。

ケーススタディ　←臨場感！

具体的な事例や図を用いることによって，複雑な権利関係や法律論点を分かりやすく解説しています。質問形式で始まるため，まるで講義を受けているかのような臨場感を味わいながら読み進めることができます。

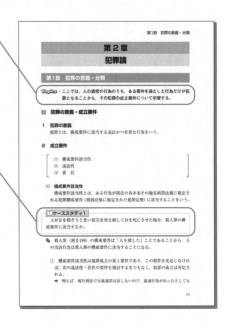

(1) 意 義
　違法性の錯誤（法律の錯誤ともいう）とは、事実の認識に欠けることはないが、自己の行為が違法であるのに適法でないと確信すること、すなわち、行為者が錯誤によって違法性の意識（またはその可能性）を欠くことをいう。
　違法性の錯誤には、
① 法律が許されないことを全く知らなかった場合（＝法の不知）
② 法律上許されないことを許されると誤信した場合（＝あてはめの錯誤）
がある。

(2) 違法性の意識と違法性の錯誤の関係（刑法38条3項の解釈）
　違法性の錯誤が、故意にいかなる影響を及ぼすかについては、故意の要件として違法性の意識（もしくはその可能性）を必要とするか否かにかかわる。

＜論点＞

	違法性の意識不要説	違法性の意識必要説（制限故意説）
帰結	違法性の錯誤は、故意を阻却しない。	違法性の錯誤は、故意を阻却する（ただし、錯誤の点に過失があるときは過失犯の成立があり得る）。
理由	刑法38条3項本文の「法律」とは違法性を意味し、違法性の錯誤は故意を阻却しない旨を明らかにした規定である。 同項ただし書は、違法性の意識を欠いたことに斟酌・宥恕すべき事由があるときは12刑を減軽しうる旨を規定したものである。	刑法38条3項本文の「法律」とは刑罰規定を意味し、故意の成立には刑罰法規を知っていることが必要ないことを明らかにした規定であり、違法性の意識に関する規定ではない。 同項ただし書は、刑罰法規の認識を欠いたことに斟酌・宥恕すべき事由があるときは、刑を減軽しうる旨を規定したものである。

➡ 従来の判例は、違法性の錯誤は故意の成立とは無関係であると解してきた（最判昭32.10.18等）が、その後、違法性の意識を欠くことに相当の理由があれば犯罪の成立が阻却されるとする判例が現れている（最決昭62.7.16）。

71

　ばしたところ、Bが仰向けに倒れその後頭部を付近に駐車してあった自動車の車体に打ち付け、全治45日間の重傷を負った場合でも、Aには正当防衛が成立する（最判昭44.12.4）。

(3) 効 果
　違法性が阻却され、犯罪は成立しない。

3 過剰防衛

（正当防衛）
第36条
2 防衛の程度を超えた行為は、情状により、その刑を減軽し、又は免除することができる。

(1) 意 義
　過剰防衛とは、急迫不正の侵害に対する防衛行為が、「防衛の程度を超えた」ことをいう。

(2) 要 件
① 急迫不正の侵害があることを要する。
　急迫不正の侵害が認められない場合には、過剰防衛も成立しない。
　➡ 誤想防衛の問題となる。

② 防衛の意思があることを要する。
　自己または他人の権利を防衛するための防衛の意思にでたものでないときは、正当防衛にならないから過剰防衛にもならない。

③ 防衛の程度を超えた行為がなされたことを要する。
　防衛行為が「やむを得ずにした行為」といえないこと、すなわち、相当性の程度を超えている場合である。

判例
・素手で打ちかかられたのに、機先を制して匕首で切りつけ、刺し殺した場合、過剰防衛である（質的な過剰防衛：大判昭8.6.21）。
・74歳の老父が棒で打ちかかってきたのに対し、斧をもって老父の頭を乱打して死亡させた場合は、たとえ斧を棒のようなものと思ったとしても過剰防衛である（最判昭24.4.5：重さなどから斧だと分かり得る

51

過去問表記　←リアル感！
　過去に本試験で出題された論点には、出題履歴を表示しました。試験対策が必要な箇所を把握することができ、過去問にあたる際にも威力を発揮します。「R3-24-エ」は、令和3年度本試験択一式試験（午前の部）の第24問肢エで出題されたことを示しています。

表形式　←視覚化！
　学説が対立する論点や、比較して覚えたい項目を表形式でまとめているため、スムーズに理解することができます。

重要条文　←効率化！
　法律を学習する上で条文をチェックすることは欠かせませんが、本書では重要条文が引用されているので、六法を引く手間を省くことができます。

判例　←明確化！
　学習を進める中で、ぜひ覚えておきたい重要な判例を明示しています。

目次

● ● ● ● ●　凡　例　● ● ● ● ●

１．法令の表記

　刑§246Ⅰ→　刑法第246条第１項

２．法令の略称

　刑→　刑法

　刑訴→　刑事訴訟法

　民→　民法

　不登→　不動産登記法

３．判例・先例等の表記

　最判昭46.11.30→　昭和46年11月30日最高裁判所判決

　大判大7.4.19→　大正７年４月19日大審院判決

　大阪高決昭41.5.9→　昭和41年５月９日大阪高等裁判所決定

　大阪地判昭27.9.27→　昭和27年９月27日大阪地方裁判所判決

第 **1** 編

刑法総論

第1章
基礎理論

Topics ・ここでは，罪刑法定主義について学習する。
　　　　・刑法の時間的適用範囲および場所的適用範囲について理解すること。

1 　刑法の意義と構造

1 　刑法の意義

　刑法とは，犯罪と刑罰を規定した法律をいう。

　この意味の刑法は，刑法典（六法全書中の「刑法」という名の法律）に限らず，道路交通法，公職選挙法，覚醒剤取締法，未成年者飲酒禁止法など数多くある。

　六法全書中の「刑法」のことを一般刑法（普通刑法）といい，刑法典以外の刑罰法規のことを特別刑法という。本書は一般刑法について，主に述べるものである。

　刑法典は，おおむねいわゆる自然犯を規定したものであるが，刑法典以外の刑罰法規には，いわゆる法定犯・行政犯（行政の必要に基づく取締法規違反）を規定したものが多い。

2 　刑法典の構造

　刑法典は，「第一編　総則」と「第二編　罪」との2編から成っている。
　第一編には各犯罪を処罰する上の一般的な諸原則が定められている。
　第二編には，殺人罪，窃盗罪等の各犯罪についての要件と刑罰が規定されている。

2 　刑法の機能

　刑法の機能は，大きく分けて以下のようなものと考えられる。

⑴　秩序維持機能＝社会における秩序維持を図る機能

　一般社会に対しては一般予防機能と呼ばれ，犯人に対しては特別予防機能と呼ばれる。

(2) **法益保護機能**

　法が維持しようとする利益を犯罪的侵害から保護する機能である。

(3) **自由保障機能**

　犯罪と刑罰とをあらかじめ定めることによって，国家刑罰権の恣意的行使から国民の人権を侵害しないように保障する機能である。

③　罪刑法定主義

1　意　義

　罪刑法定主義とは，犯罪と刑罰はあらかじめ成文の法律によって明確に規定されていることを要するという原則をいう。

(1)　罪刑法定主義は，一般に「法律なくして犯罪なし，法律なくして刑罰なし」 H9-23-ア
　という標語で表現され，国家による恣意的な刑罰権の行使から国民の権利・自由を守ることをその目的としており，現代文明社会一般の共通原則である。しかし，刑法には罪刑法定主義について明文で定めた規定はない。
　　➡　当然の前提と考えたからである。ただし，憲法31条，39条前段，73条6号ただ
　　し書はこれを含むと解されている。

(2)　罪刑法定主義は，①法律主義と②事後法の禁止という考え方から成り立っている。

2　根　拠

(1) **民主主義的要請**

　刑罰は，国家権力の恣意的行使といった危険があり，この危険の防止のため，犯罪と刑罰を民主的に（議会により）法定しなければならない（法律主義）。

(2) **自由主義的要請**

　国民の自由を保障するため，犯罪と刑罰を事前に国民に対して明らかにし，自己の行為が処罰されるかどうかにつき，予測しうるようにしなければならない（事後法の禁止）。

3　内　容

罪刑法定主義は，次の３つの面から考える必要がある。

- (1)　「あらかじめ発布された法律なくして刑罰なし」（事後法の禁止）
- (2)　「成文の法律なくして刑罰なし」（法律主義）
- (3)　「法律の明文の規定なくして刑罰なし」（法律主義）

そして(1)から刑罰法規不遡及の原則，(2)から慣習刑法排除の原則，(3)からは刑罰法規適正の原則，類推解釈の禁止と絶対的不定期刑の禁止とがそれぞれ導かれる。これらを罪刑法定主義の派生原則という。

(1)　「あらかじめ発布された法律なくして刑罰なし」の派生原則

① 刑罰法規不遡及の原則

H9-23-エ

刑罰法規はその施行の時以後の犯罪にのみ適用される。これは「事後法の禁止の原則」（憲法§39前段）から導かれる。したがって，行為が行われた後に制定された法律で制定前の行為を処罰することはできない。

S63-24-5

➡ 法律の改正により罰則を廃止するに際して，廃止前の行為については廃止後も処罰する旨を定めることは，犯罪行為の時にそれを処罰する旨を定めた法律が存在していたので，遡及処罰に当たらないからこの原則に反しない。

② 刑罰法規不遡及の原則の例外（時間的適用範囲）

（刑の変更）
第６条　犯罪後の法律によって刑の変更があったときは，その軽いものによる。

㋐ 刑罰法規は国会で成立し，その施行のとき以後の犯罪に対して適用され，施行前の行為に対してはさかのぼって適用されないことを原則とするが，刑法６条は行為時法と裁判時法とが異なり，裁判時法における刑が行為時法における刑より軽い場合に，裁判時法の適用を認めるものであり，刑罰法規不遡及の原則に対する重大な例外である。

S55-27-2

➡ 刑法６条は，犯人の利益を図って軽い裁判時法の遡及適用を認めたものであるから，罪刑法定主義に反せず，むしろ罪刑法定主義の精神を拡張したものということができるが，罪刑法定主義の直接の内容をなすものではない。

ⓐ 「犯罪後」とは，犯罪行為すなわち実行行為の終了時を標準とする

（大判明43.5.17）。結果犯についても，結果発生時ではなく，実行行為終了時を標準とする。

  ⓑ 「刑の変更」とは，主刑の変更をいい，付加刑である没収の変更を含まない（刑§9参照）。

  判例
- ・労役場留置期間に変更があったときは，その軽いものが適用される（大判昭16.7.17）。
- ・刑の執行猶予に関する規定の変更は，刑の変更に当たらない（最判昭23.11.10）。
- ・刑が等しいときは行為時法による（大判昭9.1.31）。
- ・継続犯については，その行為の継続中に刑罰法規の変更があっても，常に新法を適用する（最判昭27.9.25）。

 ㋑ 限時法
  限時法とは，あらかじめ一定の有効期間を限って制定された法律をいう。
  限時法の中に，一定の有効期間中に行われた違反行為は廃止後も処罰できる旨が規定されていれば，そのとおり処罰できるので問題はない。

⑵ 「成文の法律なくして刑罰なし」の派生原則

慣習刑法排除の原則
 ① 罪刑法定主義の要素としての法律主義からは，犯罪と刑罰は法律で規定すべきであり，慣習を法源とすることは許されない。

 ② 構成要件の内容の解釈や違法性の判断に当たり，慣習法を考慮することは否定されない（福岡高判昭34.3.31）。 H9-23-ウ
S55-27-3

⑶ 「法律の明文の規定なくして刑罰なし」の派生原則

 ① 刑罰法規適正の原則
  刑罰法規適正の原則とは，刑罰法規はその形式・内容において適正でなければならないとする原則をいう。刑罰法規適正の原則には，㋐明確性の原則と㋑刑罰法規の内容の適正の原則とがある。

 ㋐ 明確性の原則
  明確性の原則とは，立法者は，刑罰法規の内容を具体的かつ明確に規

定しなければならないとする原則をいう。

S55-27-4
➡ 著しく不明確な構成要件を定めてはならないとすることは，憲法31条の罪刑法定主義の要請である。

> **判例**
> ・刑罰法規があいまい不明確のゆえに憲法31条に違反するかどうかは，通常の判断能力を有する一般人の理解において具体的場合に当該行為がその適用を受けるものかどうかの判断が可能かどうかによって判定すべきである（最判昭50.9.10）。

⑴ 刑罰法規の内容の適正の原則

刑罰法規の内容の適正の原則とは，刑罰法規に定められている犯罪と刑罰は，当該行為を犯罪とする合理的理由があり，しかも刑罰は犯罪に均衡した適正なものでなければならないとする原則をいう。

② 類推解釈の禁止

H9-23-オ
類推解釈の禁止とは，異なる２つの事柄の間に共通する要素について，１つの事柄に当てはまることは他の事柄にも当てはまると推論して，解釈することは許されないことをいう。

㋐ 被告人にとって不利益であり，法律が規定していない事項について類似の法文を適用することは許されない。

㋑ 行為者に「有利」となる類推解釈は禁止されない（大判昭6.12.21）。

S63-24-4
➡ 明文の意味を縮小して解釈することは，罪刑法定主義に反しない。

S55-27-1
➡ 刑法の規定について異なった解釈が数個ある場合に，被告人に有利なものを採用することは，罪刑法定主義の要請ではない。

㋒ 法律の予定する範囲内で，その用語を通常の意味より広く解することを拡張解釈といい，罪刑法定主義に反しない。

> **判例**
> ・写真コピーの偽造を「原本」の偽造と同視して，文書偽造に当たるとしても類推解釈の禁止に当たらない（最判昭51.4.30）。
> ➡ 今日の写真コピーの果たす役割を考えると，原本そのものの偽造と同視すべきだから。
> ・洋弓銃を使用してマガモにめがけて発射したが１本も当たらなかったため捕獲できなかった行為を，弓矢を使用する方法による「捕獲」

に当たるとしても類推解釈禁止の原則に反しない（最判平8.2.8）。

➡ 「捕獲」には「捕獲しようとする行為」も含むと解さなければ立法目的を達成できないから。

③　絶対的不確定刑の禁止

絶対的不確定刑の禁止とは，刑種（死刑，懲役，禁固，財産刑）および S63-24-2 刑量（懲役・禁錮刑の長期および短期，財産刑の最大限および最小限）を法定しないこと，また刑種のみを法定することは許されないとすることをいう。

➡ 刑種および刑量を相対的に法定する相対的不確定刑は禁止されない（何年以上何年以下の懲役など）。

4　罪刑法定主義の要請でないもの

(1)　責任主義（「責任なくして刑罰なし」の近代刑法の大原則）によるもの

➡ 故意も過失もない行為を処罰することはできないということは，責任主義の要 S63-24-1 請である。

(2)　一事不再理（ある事件について判決が確定した場合，同一事件については再び公訴の提起を許さないとする刑事訴訟法上の原則）によるもの

➡ すでに無罪とされた行為について重ねて刑事上の責任を問わないのは，一事不 S63-24-3 再理の原則による要請である。

４　刑法の場所的適用範囲

刑法の場所的適用範囲とは，刑法の効力が及ぶ地域をいい，どの場所で行われた行為につきわが国の刑法の適用が認められるかという問題である。

刑法の場所的適用範囲の立法主義に関しては，①属地主義，②属人主義，③保護主義，④世界主義が存在するが，現行刑法は，①の属地主義を原則とし，②の属人主義および③の保護主義により補充されている。

1　属地主義

（国内犯）
第1条　この法律は，日本国内において罪を犯したすべての者に適用する。
2　日本国外にある日本船舶又は日本航空機内において罪を犯した者については，前項と同様とする。

R5-24-ア
S61-24-3
(1)　属地主義が適用されるためには，構成要件事実の一部分（行為または結果発生のいずれか一方でよい）が国内で犯されたことが必要であり，かつそれで足りる（大判明44.6.16）。

判例

H4-25-ウ
・日本国外から毒薬を国内に郵送したところ，国内で服用した者が国外で死亡した場合，日本国内で殺人罪を犯したことになる（大判明44.6.16参照）。

H4-25-イ
・共犯行為が日本国外で行われても，正犯の実行行為が日本国内で行われた場合，共犯者は日本国内で罪を犯した者に当たる（最決平6.12.9）。

S61-24-1
S61-24-2
・日本の領土内にある外国の大使館・公使館内（大判大7.12.16），日本の領海内・領土上空にある外国船舶・外国旅客機も日本国内である。

(2)　刑法第1条2項は，旗国主義を規定したものであり，属地主義の延長といわれている。

具体例

H4-25-ア
・外国人が日本国外にある日本の航空機内で罪を犯した場合には，日本国の刑法が適用される。

2　保護主義

（すべての者の国外犯）
第2条　この法律は，日本国外において次に掲げる罪を犯したすべての者に適用する。

R5-24-ウ
H17-25-イ
H4-25-エ
S56-25-2
➡　内乱に関する罪，外患に関する罪，通貨偽造および行使等・未遂，公文書偽造等・同行使，公正証書原本不実記載等，有価証券偽造等・同行使，公印偽造および不正使用など。

3　属人主義

（国民の国外犯）
第3条　この法律は，日本国外において次に掲げる罪を犯した日本国民に適用する。

R5-24-エ
H17-25-オ
S56-25-1
S56-25-4
➡　建造物等放火・同未遂，私文書偽造等・同行使，不同意わいせつ，不同意性交等，重婚，贈賄，殺人・同未遂，傷害，障害致死，業務上堕胎，不同意堕胎，保護責任

者遺棄等，逮捕および監禁，逮捕等致死傷，略取・誘拐，人身売買等，名誉毀損，窃盗，強盗・不同意性交等・同致死，強盗致死傷，詐欺，背任，恐喝，業務上横領，盗品有償譲受け等など。

4 消極的属人主義

> （国民以外の者の国外犯）
> **第3条の2** この法律は，日本国外において日本国民に対して次に掲げる罪を犯した日本国民以外の者に適用する。

　交通の発達により国際的な人の移動が日常化し，日本国外において，日本国民が犯罪の被害に会う機会が増加している状況等にかんがみ，日本国外における日本国民保護の観点から，日本国民が殺人等の生命・身体等に対する一定の重大な犯罪の被害を受けた場合に犯人たる外国人に刑法を適用する。

R5-24-イ・オ
H17-25-ア
H4-25-エ

➡ 不同意わいせつ・不同意性交等，殺人・同未遂，傷害・傷害致死，逮捕および監禁・逮捕等致死傷，未成年者略取および誘拐，営利目的等略取および誘拐・身代金目的略取等，所在国外移送目的略取および誘拐，人身売買・被略取者等所在国外移送，被略取者引渡し等，同未遂，強盗，事後強盗，昏睡強盗，強盗致死傷，強盗・不同意性交等および同致死など。

5 国外犯
(1) 公務員の国外犯

> （公務員の国外犯）
> **第4条** この法律は，日本国外において次に掲げる罪を犯した日本国の公務員に適用する。

➡ 看守者等による逃走援助・同未遂罪，虚偽公文書作成，公務員職権濫用，特別公務員暴行陵虐，収賄・受託収賄・事前収賄，第三者供賄・加重収賄・事後収賄・あっせん収賄，特別公務員職権濫用等致死傷など。

H17-25-ウ

(2) 条約による国外犯（世界主義）

> （条約による国外犯）
> **第4条の2** 第2条から前条（すべての者の国外犯，国民の国外犯，国民以外の者の国外犯，公務員の国外犯）までに規定するもののほか，この法律は，

> 日本国外において，第2編の罪であって条約により日本国外において犯した
> ときであっても罰すべきものとされているものを犯したすべての者に適用す
> る。

H17-25-エ

➡　わが刑法は，犯人および犯罪地のいかんにかかわりなく，自国の刑法を適用する
という世界主義を採用するには至っていないが，本条は，条約があることを条件と
して，包括的国外犯処罰規定により，国外犯規定を補充することを認めたものであ
る。

5　外国判決の効力

> （外国判決の効力）
> **第5条**　外国において確定裁判を受けた者であっても，同一の行為について更
> に処罰することを妨げない。ただし，犯人が既に外国において言い渡された
> 刑の全部又は一部の執行を受けたときは，刑の執行を減軽し，又は免除する。

趣旨

　刑法は，原則として外国裁判の効力を認めないが，外国における裁判の執行は，
わが国での刑の執行について斟酌できることを明らかにしたものである。

第2章
犯罪論

第1節　犯罪の意義・分類

Topics・ここでは，人の通常の行為のうち，ある要件を満たした行為だけが犯
罪となることから，その犯罪の成立要件について学習する。

❶　犯罪の意義・成立要件

1　犯罪の意義
犯罪とは，構成要件に該当する違法かつ有責な行為をいう。

2　成立要件

> (1)　構成要件該当性
> (2)　違法性
> (3)　責　任

(1)　構成要件該当性
構成要件該当性とは，ある行為が刑法の各本条その他各刑罰法規に規定さ
れる犯罪構成要件（刑罰法規に規定された犯罪定型）に該当することをいう。

📖**ケーススタディ1**

　AがBを殺そうと思い短刀を突き刺してBを死亡させた場合，殺人罪の構
成要件に該当するか。

✎　殺人罪（刑§199）の構成要件は「人を殺した」ことであることから，A
の当該行為は殺人罪の構成要件に該当することになる。

①　構成要件該当性は犯罪成立の第1要件であり，この要件を充足しなけれ
　ば，次の違法性・責任の要件を検討するまでもなく，犯罪の成立は否定さ
　れる。
　➡　例えば，現行刑法では姦通罪は存しないので，姦通行為があったとしても

11

構成要件該当性はなく，犯罪は成立しない。

② 　構成要件は，違法行為の類型である。

　世の中には違法な行為は多数存するが，その全部に刑罰をもって臨むべきものではなく，違法行為のうち処罰に値する行為を類型化して規定したものが構成要件である。

　すなわち，**構成要件に該当する行為は，原則として（違法性阻却事由にあたらない限り）違法**であり，これを，構成要件の違法性推定機能という。

(2)　**違法性**

　違法性とは，行為が法に違反すること，すなわち，法的に許されないことをいう。

　違法性は，犯罪成立のための第2の要件であり，わが刑法は構成要件に該当すれば違法性は原則として認められるという構成要件の違法性推定機能により，違法性の有無を積極的に確認するのではなく，例外的に違法性が阻却される場合についてのみ，規定を設けている（刑§35〜37）。

📖ケーススタディ2

　Aは，Bから急に短刀を突きつけられて，殺されそうになったので，やむを得ずBを押し倒し，死亡させた場合，殺人罪の構成要件に該当しても，違法性が阻却され，犯罪は成立しないのではないか。

✎　Aの行為は，「人を殺した」という刑法199条の構成要件に該当するので，違法性を具備すると推定されるが，正当防衛に当たると判断された場合には，違法性が阻却され，例外的に，犯罪は成立しないことになる（正当防衛については，第2章第3節参照）。

(3)　**責　任**

　責任とは，構成要件に該当する違法な行為について，その行為者を非難しうることをいう。

　近代刑法は，「**責任なくして刑罰なし**」という責任主義の原則を根本原理とする。すなわち，いかに構成要件に該当する違法な行為をした者であっても，その行為者を非難することができなければ，犯罪として刑罰を科すことはできない。

① 　行為者を非難できない場合とは，責任能力がない場合である。責任能力

とは，刑法が維持しようとする規範を理解し，それに応じて意味にかなった行為をなしうる能力をいう。このような能力を欠く者を責任無能力者といい，心神喪失者（刑§39Ⅰ），刑事未成年者（刑§41）がその典型である。

📖**ケーススタディ3**

13歳の少年Aが，Bから，ゲームソフトを盗んだ場合，構成要件に該当し，違法性も阻却されないが，責任が阻却され，犯罪は成立しないのではないか。

✎　Aの行為は，窃盗罪（刑§235）の構成要件に該当し，違法性も阻却されないが，刑事未成年者に当たるため（刑§41），責任能力がないことから，犯罪は成立しない。

② 　責任の要素としては，故意・過失，期待可能性がある。

📖**ケーススタディ4**

Aは，医者から処方された薬をBに飲ませたところ，その薬は看護師の手違いにより渡された他人の薬だったため，Bが死亡した場合，過失致死罪が成立するのか。

✎　死亡の結果が生じたことから，過失致死罪（刑§210）の構成要件に該当し，違法性も阻却されないが，Aには，Bの死亡について故意も過失もないため責任が認められず，過失致死罪は成立しない。

２　犯罪の分類

犯罪の分類は，刑法に規定されている各犯罪を種々の観点から統一的，横断的に分析したものであり，各犯罪の性質を理解し，犯罪の成否を判断するうえでヒントになるものである（具体的には，第2編刑法各論の各犯罪を参照）。

1　行為の結果による分類
⑴　結果発生の要否による分類
　① 挙動犯
　　　結果の発生を必要としない犯罪をいう。
　➡ 　偽証罪，住居侵入罪など

②　結果犯

結果の発生を必要とする犯罪をいう。

　➡　殺人罪，窃盗罪など

③　結果的加重犯

　一定の基本となる構成要件を実現した際に，さらにより重い結果を生じたことを構成要件として想定し，その重い結果が発生することで基本犯罪より重い刑が定められている犯罪をいう。

　➡　傷害致死罪，強盗致死傷罪

(2)　**法益侵害またはその危険性の有無による分類**

①　侵害犯

　一定の法益を侵害することが構成要件要素となっている犯罪をいう。

　➡　殺人罪，窃盗罪など

②　危険犯

　単に法益侵害の危険があれば足りる犯罪をいう。

　㋐　抽象的危険犯

　　単に法益侵害の危険性があれば足り，具体的危険の発生が構成要件となっていない犯罪をいう。

　　➡　現住建造物等放火罪など

　㋑　具体的危険犯

　　法益侵害の発生が要求され，具体的危険の発生が構成要件となっている犯罪をいう。

　　➡　往来妨害罪，名誉毀損罪など

(3)　**構成要件的結果の発生ないし法益侵害の発生と犯罪成立時期の関係による分類**

①　即成犯

　構成要件的結果の発生により法益侵害または危険が発生し，犯罪も既遂となり同時に終了する犯罪をいう。

　➡　殺人罪，放火罪など

② 継続犯

　構成要件的結果の発生により法益侵害または危険が発生し，その後法益侵害が継続している間は犯罪が継続する犯罪をいう。

➡ 逮捕・監禁罪，住居侵入等罪，略取・誘拐罪など

③ 状態犯

　一定の法益侵害の発生により犯罪が終了し，それ以後は法益侵害が継続しても，それは犯罪行為と認められない犯罪をいう。

➡ 窃盗罪，不動産侵奪罪，横領罪，逃走罪など

2　行為の客観面による分類

(1)　作為犯

構成要件を作為の形式で規定した犯罪をいう。

➡ 殺人罪など

(2)　真正不作為犯

構成要件を不作為の形式で規定した犯罪をいう。

➡ 多衆不解散罪，不退去罪，保護責任者遺棄罪など

(3)　表示犯

構成要件が予定する行為の内容が，行為者の思想の表現にかかわる犯罪をいう。

➡ 脅迫罪，侮辱罪など

3　行為の主観面による分類

(1)　目的犯

構成要件上一定の目的が必要とされている犯罪をいう。

➡ 内乱罪，偽造罪など

(2)　傾向犯

行為者の主観的傾向の表出と認められる行為が罪となる犯罪をいう。

➡ 公然わいせつ罪，侮辱罪など

(3) 表現犯

行為者の心理過程ないし心理状態の表出と認められる行為が罪となる犯罪をいう。

➡ 偽証罪など

4 行為の主体による分類

(1) 真正身分犯

一定の身分があって初めて犯罪を構成する犯罪をいう。

➡ 収賄罪など

(2) 不真正身分犯

身分がなければ法定刑がそれよりも重いか，軽い別の犯罪を構成する犯罪をいう。

➡ 保護責任者遺棄罪，業務上横領罪など

5 親告罪

親告罪とは，訴追の要件（訴訟条件）として告訴を必要とする犯罪をいう。親告罪については，犯罪の各条文で定められている。

具体例

S60-24-2
S60-24-4

・信書開封罪・秘密漏示罪（刑§135）
・過失傷害罪（刑§209Ⅱ）
・未成年者略取および誘拐罪・営利目的等略取および誘拐罪・被略取者引渡し等罪（刑§229）
・名誉毀損罪・侮辱罪（刑§232）
・私用文書等毀棄罪・器物損壊等罪・信書隠匿罪（刑§264）

第2節　構成要件該当性

Topics・ドイツ語直訳調の難しい言葉づかいで分かりにくいイメージがあるが，実はそんなに難しくない。**各論の具体的な犯罪を念頭において理解するとよい。**
・**不作為犯・間接正犯・事実の錯誤は頻出。**
・**因果関係の存否に関する学説も整理すること。**

　構成要件の要素は，客観的要素と主観的要素に分けることができる。
　客観的要素には，主体，客体，行為，行為の状況，結果犯の場合は結果および行為と結果の因果関係がある。
　主観的要素には，故意・過失という一般的構成要件要素と，傾向犯における主観的傾向，表現犯における心理的過程等の特殊的主観的構成要件要素とがある。

1　実行行為

1　実行行為の意義・態様
　実行行為とは，構成要件に該当する行為をいう。
　刑法は，作為による直接正犯（実行行為を行為者自身の手によって直接に行うこと）を原則として規定するが，そのほか不作為犯，間接正犯，原因において自由な行為など，間接的方法によっても犯すこともできる。

┌─ケーススタディ1─
　Aは，①Bを殺す目的で，②ナイフを購入してB宅でBを待ち伏せして，③Bの帰宅したところでBに駆け寄り，④Bの頭上にナイフを振りかざし，⑤ナイフを胸に突き刺して，⑥Bを死亡させた場合，どの段階から構成要件に該当する行為，すなわち実行行為となるか。

✎　①の段階では，内心の意思のみなので処罰の対象とはならない。
　②の行為は目的を達するための準備行為なので，殺人罪の実行行為とはならず，殺人予備の問題となる。
　③の段階でも，殺人の現実的危険があるとはいえないので，実行の着手は認められず，④の行為によりBの生命に対する現実的危険性が認められるので，実行の着手が認められる（実質的客観説の場合←後で説明する）。⑤の行為は実行行為の最中であり，これにより実行行為は終了する。
　⑥は，Aの行為の結果である。

2　実行行為の実質

　実行行為は，構成要件該当性を判断するに当たり，次の2つの意味をもつことになる。

(1)　構成要件に該当するように見えても，法益侵害の危険性がないため，実行行為といえず，犯罪が成立しないと判断する基準となる。

　　➡　不能犯がこれに当たる（第2章第5節参照）。

(2)　実行行為の初め，すなわち実行の着手時期をどの時点で認めるかは，未遂犯の成立の要件となるとともに，犯罪の予備・陰謀とを区別する基準となる（第2章第5節参照）。

3　不作為犯

　不作為犯とは，すべき行為をしないことにより犯罪を実現する場合をいい，命令規範（〜をしなければならない）に違反する犯罪をいう。
　不作為犯には，真正不作為犯と不真正不作為犯がある。

(1)　真正不作為犯

　はじめから不作為の形式で構成要件が規定されている犯罪である。

　　➡　多衆不解散罪（刑§107；「解散しなかった」）不退去罪（刑§130；「退去しなかった」）

(2)　不真正不作為犯

　作為の形式で規定されている構成要件を，不作為によって実現する犯罪である。
　不真正不作為犯は，真正不作為犯と異なり，構成要件が作為の形式で規定されているため，不作為がその構成要件に該当する行為，すなわち，実行行為となりうるかが問題となる。
　不真正不作為犯の実行行為性が認められるための要件は，以下のとおりである。

> ①　行為者に，法令，契約・事務管理，慣習・条理（先行行為，信義則上の告知義務等）に基づく法的な作為義務があること
> ②　作為が可能であり，容易であること
> ③　作為との同価値性があること

① 作為義務があることを要する。
　㋐ 法的な作為義務であること（道徳上の義務では足りない）。

📖**ケーススタディ2**
　Aは，近所の子供Bが喧嘩をしているのを見つけ，このままでは一方が殴られて怪我をするだろうと思ったが，係わり合いになるのを嫌い，制止しないでその場を立ち去ったため，Bが負傷した場合，不作為による傷害罪は成立するか。

H2-27-5
S59-25-2

✎ 近所の子供というだけでは法的な作為義務はないので，不作為による傷害罪は成立しない。

　㋑ 法令の規定に基づく作為義務

📖**ケーススタディ3**
　母親Aが自分の赤子Bを殺そうとして，授乳しないで餓死させた場合，不作為による殺人罪が成立するか。

H2-27-4

✎ Aには，親権者の子に対する監護義務（民§820）があるから，不作為による殺人罪が成立する（大判大15.10.25参照）。

　㋒ 契約・事務管理など法律行為によって発生する作為義務
　判例
　　・医師が，未必的な殺意をもって必要な医療措置を受けさせないまま放置して患者を死亡させた場合，不作為による殺人罪が成立する（最判平17.7.4）。

　㋓ 慣習・条理（先行行為，信義則上の告知義務等）に基づいて認められる作為義務

📖**ケーススタディ4**
　事務所の火気責任者が，事務所から出火して容易に消し止められるのに，消火義務を怠って立ち去り，事務所を全焼させた場合，不作為による放火罪が成立するか。

H2-27-2
S59-25-3

✎ 過失によって火を出した者は，その行為によって結果発生の危険を生じさ

せたという意味で，先行行為に基づく作為義務があるので，不作為による放火罪が成立する（最判昭33.9.9）。

判例

H2-27-3
・土地に抵当権を設定し，その登記もしてあるのにこの事実を買主に告げないで土地を売却した場合，信義則上の告知義務があるから，不作為による詐欺罪が成立する（大判昭4.3.7）。

H2-27-1
・河畔で分娩した母親が，嬰児を直ちに付近の砂中に埋めて窒息死させた後，その死体をその場に放置した場合，慣習上の埋葬義務があるから，殺人罪のほか死体遺棄罪が成立する（大判大6.11.24）。

② 作為が可能であり，容易であることを要する。

犯罪の結果が発生する現実的危険性を防止する行為をすることが可能であり，容易であること。

具体例

・子供が溺れているとき，泳げない父親が助けなかったとしても，必ずしも不作為犯が成立するものではない。

・消火の義務を負う者が，消火活動をして火を消し止めることは可能であっても，自分が重傷を負う可能性があるため消火しなかったときは，不作為犯は成立しない。

③ 作為との同価値性があることを要する。

不作為犯が成立するためには，当該構成要件に該当する作為と法的に同価値の作為義務違反が必要である。

判例

S59-25-4
・建築資材置き場として土地を賃借中，賃貸借契約が解除され，賃貸人から立ち退きを強く要求されたのに，これを拒否して建築資材をそのまま放置した場合でも，不動産侵奪罪は成立しない（東京高判昭53.3.29参照）。

　　➡ 他人の占有を排除するという「侵奪」行為と同価値の不作為がないから。

・普通自動車を運転中，過失で被害者に衝突させ重傷を負わせたので，意識不明の被害者を救護するため最寄りの病院へ搬送すべく，自車に乗せて進行中，事故の発覚をおそれて適当な場所に遺棄することを決心し，山林に至る途中の車内で，生存維持義務に反してなんらの救護措置も取らなかったため被害者が死亡した場合，未必の故意で行ったときは殺人罪となり（東京地判昭40.9.30），故意がないときは保護責

任者遺棄致死罪となる（最判昭34.7.24）。

⑶ **不作為による幇助犯**

　他人の犯罪行為を認識しながら，法律上の義務に違反してこれを放置し，その犯行を容易にした者には，不作為による幇助犯が成立し得る。

具体例

・勤務先で宿直中，同僚が事務所内の金庫から現金を盗み出しているところを発見したが，後で口止め料をもらう意図の下に気付かぬふりをして，なんらの措置も取らないまま見逃した場合，不作為による窃盗罪の幇助犯が成立する。　S59-25-1

4　間接正犯

⑴　意　義

　間接正犯とは，他人を道具として利用することによって自らの犯罪を実現する場合をいう。

　実行行為は，行為者自らの手によって行われるのが通常である（直接正犯）が，現実的に自ら手を下していなくても，刑法的評価の下で自ら実行行為を行ったといえる場合には正犯とすべきである。

　間接正犯は正犯の一態様であり，被利用者は，正犯とならない。

➡　本来自ら手を下さない者は，手を下した者が正犯となるため，通常幇助犯となるにすぎない。

ケーススタディ5

　Aは，日ごろ暴行を加えて自己の意のままに従わせていた12歳の養女Bに　S62-24-1
Cの鞄を盗んでくるように命令し，Bが鞄を窃取した場合，Aにつき窃盗罪が成立するか。

✎　Aは，意思を抑圧されている養女Bを利用していることから，たとえBが是非善悪の判断能力を有する者であったとしても，利用者が被利用者を強制して一定の身体的活動を行わせたものとして，Bの窃取は刑法上の行為とはいえないので，Aにつき窃盗罪（刑§235）の間接正犯が成立する（最決昭58.9.21）。

(2)　間接正犯の態様

①　刑法上の行為といいがたい被利用者の身体活動を利用する場合

㋐　被利用者が是非弁別能力を欠くとき（幼児・高度の精神病者など）

判例

- Aが，高度の精神病者で是非弁別能力を欠くBに，盗みをそそのかし実行させた場合，Aにつき窃盗罪（刑§235）の間接正犯が成立する（大判明37.12.20）。

㋑　利用者が被利用者を強制して一定の身体的活動を行わせたとき
H28-24-イ
H28-24-エ

判例

- 事理弁識能力が十分とはいえない10歳の少年に対し，それまで何度か一緒に遊ぶうちに怖いという印象を与えていた者が，4，5メートル先に落ちていた他人のバッグを取ってくるように命じて盗ませた場合，窃盗罪（刑§235）の間接正犯が成立する（大阪高判平7.11.9）。

H28-24-ア
- 是非弁別能力のある12歳の長男に強盗の実行を指示命令して，金品を奪った者でも，指示命令が長男の意思を抑圧するに足りる程度のものではなく，長男自らの意思で決意して完遂した事情のときは，間接正犯ではなく，強盗罪（刑§236Ⅰ）の共同正犯が成立する（最決平13.10.25）。

②　一定の構成要件要素を欠くことによって構成要件該当性を有しない被利用者の行為を利用する場合

㋐　被利用者に構成要件的故意が欠けるとき

判例

H28-24-オ
- 他人の所有物を自己の所有物として第三者に売却して，その第三者に財物を運搬させた場合，窃盗罪の間接正犯が成立する（最決昭31.7.3）。
- 公文書の起案を担当する職員が，内容虚偽の文章を起案し，事情を知らない作成権者に署名捺印させ，内容虚偽の公文書を作成させた場合には，虚偽公文書等作成罪の間接正犯が成立する（最判昭32.10.4）。
- 追死する意思がないのに被害者を欺罔して心中するものと誤信させ，被害者を自殺させた場合には，殺人罪の間接正犯が成立する（最判昭33.11.21）。

具体例

- 医師が患者を殺害する目的で事情を知らない看護師を利用して，毒薬入りの注射をさせ，死亡させたが，看護師に中身を確認しない点に過失があった場合，殺人罪の間接正犯が成立する（過失ある故意なき道具）。 H2-25-5
  - ➡ 看護師には，過失致死罪（刑§210）が成立する。
- Aが屏風の背後にいるBを殺す目的で，それを知らないCに対し屏風をピストルで撃つことを命じて実行させた場合，Aには殺人罪の間接正犯が成立する。
  - ➡ Cには器物損壊罪（刑§261）が成立する。

④　目的犯において被利用者にその目的が欠けるとき

具体例

- 偽貨を真貨として行使する目的を隠して，学校の教材に使用されるものと信じさせて，偽貨を作らせた場合，通貨偽造罪の間接正犯が成立する（目的なき故意ある道具）。

⑤　身分犯において被利用者にその身分が欠けているとき

具体例

- 公務員が非公務員に情を明かして賄賂を受け取らせた場合，公務員には収賄罪（刑§197）の間接正犯が成立する（身分なき故意ある道具）。

③　他人の適法行為を利用する場合

㋐　構成要件に該当しない他人の適法行為を利用する場合

判 例

- Aが郵便配達人Bを利用してCに毒入りウイスキーを郵送した結果，Cがそのウイスキーを飲んで死亡した場合，Aには殺人罪（刑§199）の間接正犯が成立する（大判大7.11.16）。

㋑　違法性阻却事由に該当する行為を利用する場合

判 例

- AがBに対して堕胎手術を施した結果，妊婦の生命に危険を生じさせたので，医師に胎児の排出を求め，その緊急避難行為（刑§37Ⅰ）を利用して堕胎させた場合，Aには堕胎罪（刑§213前段）の間接正犯が成立する（大判大10.5.7）。

(3)　**間接正犯の着手時期**
　　<論点>

　　　間接正犯においては，利用者が被利用者を犯罪に誘致する行為（利用行為）と，それに基づいて被利用者が現実に行う身体活動（被利用行為）とが考えられるが，これらのどの時点に実行の着手を認めるべきかが問題となる。

	利用者説	被利用者説*
意　義	利用者が被利用者を犯罪に誘致した時である。	被利用者が現実に犯罪的行為を開始した時である。
根　拠	実行行為の概念は規範主義的観点において捉えられるべきであり，被利用者をそのような活動に駆り立てた利用者の誘致行為に重きを置くべきである。 被利用者の身体的活動は，利用者の誘致に起因する単なる結果，または構成要件的な因果関係の経過である。	実行行為の概念は自然主義的観点において捉えられるべきであり，結果の発生に対する直接的原因を与えた被利用者の犯罪的活動を重視すべきである。 これにより，実行の着手時期の明確化が図られる。
ケーススタディ5の帰結	AがBに鞄の窃取を命令した時である。	Aの命令に従いBが鞄を窃取した時である。

H28-24-ウ

　　*　判例は，離隔犯の場合につき，被利用者説を採っている（大判大7.11.16）。

(4)　**間接正犯が成立し得ないもの（自手犯）**

　　自手犯とは，正犯者自身による実行行為を必要とし，間接正犯の行為形態では犯しえない犯罪をいう。

　　自手犯には，①実質的自手犯と，②形式的自手犯がある。

①　実質的自手犯とは，犯罪の性質上，一定の行為主体によって行われる行為だけを実行行為と解しうるものをいう。
　➡　住居侵入罪，あへん煙吸食罪，収賄罪など。

② 形式的自手犯とは，刑罰法規によって，形式上間接正犯を除外する趣旨が示されているものをいう。

➡ 虚偽公文書作成罪。

5 原因において自由な行為

(1) 意　義

原因において自由な行為とは，自らを責任無能力（または限定責任能力）の状態に陥れ，その状態で犯罪を実行することをいう。

犯罪が成立するためには，実行行為の開始時に責任能力が存在しなければならない（実行行為と責任の同時存在の原則）。したがって，行為時に精神障害状態である以上，刑法39条が適用され，心神喪失者の行為として不可罰とされるか，または心神耗弱者の行為として刑が減軽されることになる。

これは，意図的に精神障害状態を自招した場合，原因行為時に自由な意思状態であることを考えるといかにも不都合である。そこでこのような場合には，刑法39条の適用を排除して完全な責任を問うべきとするものである。

📖ケーススタディ6

Aは，多量に飲酒すると病的酩酊に陥り，心神喪失の状態において他人に犯罪の害悪を及ぼす危険のある素質があることを自覚しつつ，多量に飲酒して心神喪失状態でBを刺して死亡させた場合，Aにつき過失致死罪が成立するか。

H15-25
（推論）

✎ AがBを刺して死亡させた時点においては，刑事責任能力が認められず，犯罪が成立しないはずであるが，原因において自由な行為として，過失致死罪（刑§210）の罪責を免れない（最判昭26.1.17）。

(2) 理論構成

① 間接正犯類似説

原因設定行為に実行行為性を認める。

自己の責任無能力状態を利用して犯罪を実現することは，他人を道具として利用する間接正犯と同様の構造とみることができる。

➡ 実行行為と責任能力の同時存在の原則（責任主義）を重視している。

② 結果行為説

実行の着手時期は結果行為時に求めながら，責任能力は必ずしも実行行為時と責任能力の同時存在を必要とするものではなく，全体としてみた行

　　為の時にあれば足りる。

(3)　**判　例**

　　原因において自由な行為の理論について，過失犯においては，心神喪失状
態を利用する場合にこれを認めており，心神耗弱状態を利用する場合にも自
動車の運転により人を死傷させる行為等の処罰に関する法律により，これを
適用している（最判昭43.2.27参照）。

　[判 例]
　　・授乳中睡眠に陥り，嬰児を乳房で窒息死させた場合，母親には過失致死
　　　罪（刑§210）が成立する（大判昭2.10.16）。
　　・薬物注射による精神病によって妄想を起こし，心神喪失の状態で暴行傷
　　　害により人を死に至らしめた者は，薬物注射による結果を予想しながら
　　　あえてこれを容認していたときは傷害致死罪（刑§205）が成立する（名
　　　古屋高判昭31.4.19）。

② 因果関係

1　総　説

　　犯罪，特に結果犯の成立が認められるためには，実行行為によって構成要件
的結果が生ずることが必要となる。
　　すなわち，実行行為によって結果が発生したという因果関係が必要となり，
因果関係が欠ける場合には，結果犯においては既遂とはなりえず，未遂にとど
まることになる。
　　因果関係の存否は，まず「条件関係」，すなわち，「その行為がなければその
結果は発生しないであろうという関係」があることが前提となる。

2　因果関係論
＜論点＞

[H8-23]
(推論)

　　因果関係が認められるためには条件関係さえあれば，すべて刑法上の因果
関係を認めてよいかどうかが問題となる。この点につき，(1)条件説と，(2)相
当因果関係説が対立している。

(1)　条件説

①　意　義

条件説は，実行行為と結果との間に，前者がなかったならば後者は発生しなかったであろうという関係が認められる限り，因果関係が認められるとする。

➡　判例は基本的には条件説に立っている。

📖**ケーススタディ1**

AがBとケンカになり路上に突き飛ばしたところ，心臓疾患があったBが急性心不全で死亡した場合，Aの行為とBの死亡の結果には，条件関係が認められるか。

R4-24-ア

✎　AがBを突き飛ばすという行為がなければBの死亡という結果は発生しなかったという条件関係のもとで，被害者の病気という特殊事情とあいまって，それ自体致命的でない暴行により死亡した場合，行為者が行為当時その事情を知らず，また予測不能でも，Aの行為とBの死亡の間には，因果関係が認められる（最判昭25.3.31）。

➡　Aには傷害致死罪（刑§205）が成立する。

②　因果関係の中断論

因果関係の中断論とは，条件説によれば，結果発生の原因を自然主義に求めるため，条件関係はどこまでも続くことになる（風が吹けば桶屋が儲かる）ので，これを修正するため，条件説を前提としつつ，因果関係の進行中に「自然的事実」または「自由かつ故意に基づく他人の行為」が介入した場合には，因果関係が中断（否定）されるという理論をいう。

しかし，この中断論に対しては，因果関係は「存在するかしないか」どちらかであって，本来存在するものがしないことになると解することは理論的に不可能であるとの批判がある。

➡　Aが殺意をもってBに重傷を負わせたところ，Bの入院した病院に落雷があったためBが死亡した場合，条件説によれば因果関係が肯定され，Aは殺人既遂罪(刑§199)になるところ，落雷という自然的事実が介入しているので，死の結果についての因果関係は否定（中断）され，Aは殺人未遂罪（刑§199，203）にとどまることになる。

⑵　**相当因果関係説**

　　相当因果関係説とは，社会生活上の経験に照らして，実行行為から結果の発生することが一般的であり，相当であるとみられる場合に，因果関係が認められるとする。条件関係が認められることを前提に，相当性の要件を加えることによって，因果関係を限定するものである。

＜論点＞

　　相当因果関係説における「相当」とは何かにつき，相当性の判断基準が問題となり，主観説，折衷説，客観説が対立している。

	主観説	折衷説（通説）	客観説
内　容	行為者が行為時に認識した事情および認識し得た事情を基礎として相当性の判断を行う。	行為当時に一般人が認識・予見し得た事情および行為者が特に認識・予見していた事情を基礎として相当性の判断を行う。	行為当時に客観的に存在したすべての事情および一般人が予見し得た行為後の事情を基礎として相当性の判断を行う。
批　判	行為者が知らなかった事情を全部排除すると，因果関係が狭くなる。 因果関係は客観的帰責の問題だから，客観的事情も基礎にすべき。	行為者の認識をも考慮することは，行為者の事情によって因果関係があったりなかったりするから，不当である。	行為当時存在した事実をすべて考慮するのでは，条件説に等しくなってしまう。 行為当時の事情と行為後の事情を区別する根拠はない。
ケーススタディ1の帰結	行為者は認識し得なかった事情であるから，相当性は認められない。	一般人も認識・予見しえないし，行為者も認識・予見していないから，相当性は認められない。	行為当時客観的に存在していたので，相当性が認められる。

⑶　**具体的事例における因果関係の判断**

H25-24-ウ

　①　因果関係を認めたもの

　　判例

　　　㋐　第三者の行為が介在した場合

H25-24-エ

　　　　・行為者の暴行によって被害者の死因となった傷害が形成され，その後，第三者の暴行という故意行為の介在により死期が早められた場

合，行為者の暴行と被害者の死亡との間には因果関係が認められる（最決平2.11.20）。

・行為者の監禁行為と被害者の死亡の結果との間に，追突事故を起こ `R4-24-オ` `H25-24-ア`
した第三者の前方不注意という過失行為が介在し，直接的に被害者
の死亡原因となったとしても，道路上で停車中の普通乗用自動車後
部のトランク内に被害者を監禁した行為者の行為と被害者の死亡と
の間には因果関係が認められる（最決平18.3.27）。

① 被害者の行為が介在した場合
・被害者の死亡の結果との間に，医師の指示に従わないで安静に努め `R4-24-ウ`
なかったという被害者の不適切な行為が介在していても，被害者の
受けた傷害は，それ自体死亡の結果をもたらし得る身体の損傷であ
って，仮に被害者の死亡の結果発生までの間に，被害者が医師の指
示に従わず，安静に努めなかったために治療の効果が上がらなかっ
たという事情が介在していたとしても，行為者の暴行による傷害と
被害者の死亡の間には因果関係が認められる（最決平16.2.17）。

・行為者らの暴行と被害者の死亡の結果との間に，被害者の逃走過程 `R4-24-イ`
において高速道路に進入するという行為が介在している場合でも，
被害者が逃走しようとして高速道路に進入したことは，それ自体極
めて危険な行為であるが，被害者は長時間激しくかつ執拗な暴行を
受け，極度の恐怖感を抱き，必死に逃走を図る過程でとっさにその
ような行動を選択したものと認められ，その行動が暴行から逃れる
方法として著しく不自然，不相当であったとはいえず，その結果に
よる被害者の死亡は，行為者らの暴行に起因するものと評価するこ
とができ，行為者の暴行と被害者の死亡との間には因果関係がみと
められる（最決平15.7.16）。

・行為者の暴行から逃げ出し誤って転倒したという，被害者の過失行
為により負傷した場合，行為者の暴行と被害者の傷害との間には因
果関係が認められる（最判昭25.11.9）。

⑦ 行為者自身の行為が介在した場合
・殺意をもって首を絞めたため，被害者が死亡したと誤認し，海岸の `H24-24-オ` `H23-24-オ`
砂上に放置したところ被害者が砂末を吸い込んで死亡した場合，行
為者の首を絞めた行為と被害者の死亡の間には因果関係が認められ
る（大判大12.4.30）。

R4-24-エ
H25-24-イ
H25-24-オ

② 因果関係を認めなかったもの

判例

・行為者が自動車を運転中，過失により被害者の自転車に衝突させ，はね飛ばしたところ，同乗者が進行中の自動車の屋根の上から被害者をさかさまに引きずり降ろし，アスファルト舗装道路上に転落させた場合，行為者の過失行為から被害者の死の結果の発生することが，経験上，当然予想しうるところではなく，過失行為と死の結果には因果関係は認められない（最決昭42.10.24）。

➡ 被害者の死因となった頭部の傷害が最初の行為者の自動車との衝突の際に生じたものか，同乗者が被害者を自動車の屋根から引きずり降ろし，路上に転落させた際に生じたものか確定しがたいから。

・行為者が制限速度遵守義務に違反して，自動車を走行中，交通整理の行われている交差点で，被害者の運転する自動車が予期しない交通法規違反によって，左の方向より同所に侵入して自車に衝突させたため，被害者を負傷させた場合，行為者の制限速度遵守義務違反と負傷の結果との間には因果関係は認められない（東京高判昭45.5.6）。

➡ 衝突の主な原因が被害者による予期しない交通法規違反にあるときは，行為者の義務違反と被害者の負傷との間に，刑法上の因果関係はないから。

・ライフル誤射により被害者に瀕死の重傷を負わせた行為者が，被害者が苦しんでいるので，射殺し逃走した場合，誤射行為と被害者の死亡との間には因果関係は認められない（最決昭53.3.22）。

➡ 行為者の被害者の身体を過失により傷害した行為と，その後，行為者自身によって同じ被害者を死亡させた故意行為は，別々の刑法的評価の対象となるべきだから。

❸ 故　意

1　構成要件的故意

（故意）
第38条 罪を犯す意思がない行為は，罰しない。

⑴　意　義

故意すなわち「罪を犯す意思」は，行為者の意思の問題だから，本質的には「責任」の要素である（責任故意）。そして，刑法は原則として故意犯のみを処罰するので，故意はそのような行為を特定化し，個別化する要素とし

て，違法の要素，構成要件の要素（主観的要素）でもある。

この構成要件の要素としての故意（構成要件に取り込まれた故意）を構成要件的故意という。したがって，構成要件的故意は本来的に責任要素である故意を類型化して捉えたものといえる。

故意とは，行為者が犯罪事実を表象し，かつ認容することをいう（認容説）。すなわち，犯罪事実が発生するならば発生しても構わないとする心理的態度である。

➡　覚醒剤所持罪（覚醒剤取締法§41の2Ⅰ）の故意として，覚醒剤かもしれない R3-24-エ し，その他の身体に有害で違法かもしれないとの認識があれば足りる（最決平2.2.9）。

(2)　**故意の種類**

①　確定的故意

犯罪実現（結果発生）を確定的なものとして表象・認容することである。

➡　Aを殺害する意思でAに向かって発砲する行為

②　不確定的故意 R3-24-ア H23-24-ア H23-24-オ

㋐　概括的故意

結果発生は確実であるが，客体の個数およびどの客体かを不確実に表象・認容することである。

➡　群衆に向かって発砲する行為（大判大6.11.9）

㋑　択一的故意

数個の客体のどれか1つに結果が発生するのは確実であるが，どの客体に発生するかを不確実に表象・認容することである。

➡　ABのどちらかに命中させるつもりで両者に向けて発砲する行為（東京高判昭35.12.24）

㋒　未必の故意 H23-24-エ

結果の発生自体が確実でないが，発生するかもしれないことを表象・認容することである。

➡　盗品であるかもしれないと思いながらも，あえてこれを買い受ける行為（最判昭23.3.16）

➡　認識ある過失と区別すること。未必の故意は，Aの側にいる野鳥を捕らえる目的であったが，Aに弾が当たって死亡してもかまわないと思い発砲する行為であるのに対して，認識ある過失は，自分の腕に自信をもってい

るから，弾が野鳥の側にいるＡに当たることはないと思って発射したところ，Ａに当たって，死亡させる行為である。

(3) 故意がない場合の効果

① 原則として犯罪は成立しない。

② 例外として「法律に特別の規定がある場合」（§38Ⅰただし書）は，故意がない場合にも，過失犯として処罰される。

③ ただし，故意も過失もない場合には，責任主義の見地から，いかに特別の規定があったとしても，犯罪は成立しない。

2　錯誤による構成要件的故意の阻却＝事実の錯誤

(1) 意　義

事実の錯誤（構成要件的事実の錯誤）とは，行為者が認識していた事実と現実に発生した事実（結果）とが一致しないことをいう。

行為者が認識していた事実と現実に発生した事実が一致しない場合，発生事実について故意が認められるかどうか，すなわち発生した結果について犯罪が成立するかどうかの問題である。

H27-24-ウ

➡　この事実の錯誤に対し，法律の錯誤（あてはめの錯誤ともいう）がある。これは，行為者が法律上許されない行為を，錯誤により許されると考えて行為した場合をいい，真にそう誤解するのはやむを得ない事情がある場合（法律的事実の錯誤という）以外には，故意は阻却されない（法の不知は許さず）。法の実効性が損なわれるからである（第2章第4節参照）。

(2) 事実の錯誤の分類

① 具体的事実の錯誤（同一構成要件内の錯誤）

具体的事実の錯誤とは，行為者が認識していた事実と現実に発生した結果とが，構成要件の範囲内で不一致が生じた場合をいう。

⑦　客体（目的）の錯誤

行為者が認識した客体と現実に発生した客体との同一性に食違いがある場合である。

➡　人違いなど

④　方法（打撃）の錯誤

行為者の攻撃の結果が，認識した客体とは別の客体に発生した場合である。

➡　隣の人に当たったなど

㋑　因果関係の錯誤

R3-24-オ

行為者が表象した（予想した）因果の経過と現実に発生した因果の経過とが一致しなかった場合である。

➡　意外な経過をたどったが，結局は目的を達した場合など

②　抽象的事実の錯誤（異なる構成要件間の錯誤）

抽象的事実の錯誤とは，行為者が認識していた事実と現実に発生した結果とが，異なった構成要件にまたがって発生した場合をいう。

㋐　客体（目的）の錯誤

行為者が認識した客体と構成要件の異なる客体に結果が発生した場合である。

➡　熊と人を間違えた場合など

㋑　方法（打撃）の錯誤

行為者の攻撃が構成要件の異なる客体に結果が発生した場合である。

➡　犬を狙ったら人に当たった場合など

(3)　事実の錯誤による犯罪の成否

＜論点＞

行為者の認識した事実と現実に発生した事実（結果）に，どの程度の不一致があれば，発生した事実につき故意は阻却されるかが問題となる。

この点につき，①法定的符合説，②具体的符合説，③抽象的符合説が対立している。

	法定的符合説 （通説・判例）	具体的符合説	抽象的符合説
内　容	行為者の認識した事実と現実に発生した事実とが，構成要件の範囲内で符合しているか否かを問題とする。	行為者の認識した事実と現実に発生した事実とが，具体的に符合しているか否かを問題とする。	行為者の認識した事実と現実に発生した事実とが，危険性において抽象的に符合しているか否かを問題とする。
同一構成要件内の錯誤	故意は阻却されない。	故意は阻却される（客体の錯誤を除く）。	故意は阻却されない。
異なる構成要件間の錯誤	故意は阻却される（ただし，構成要件間に重なり合いが認められる場合は，軽い罪の限度で故意が認められる）。	故意は阻却される。	軽い罪の限度で故意が認められる。

⑷　錯誤に関する判例の見解（法定的符合説）

①　具体的事実の錯誤

　　行為者が認識していた事実と現実に発生した事実が法定的（構成要件的）に符合する限り，故意を阻却せず，しかも，故意の個数は観念しえないとして，発生した事実のすべてにつき故意を認める（数故意説；最判昭53.7.28）。

㋐　客体の錯誤

📖ケーススタディ1

H7-26-1

　Aは，Bを殺害するつもりでピストルを発射し，死亡させたが，それはBではなくCであった場合，AのCに対する殺人罪が成立するか。

✎　AはCをBと誤認しただけで，およそ「人」を殺害する認識で，「人」を死亡させていることから，Cに対する殺人罪（刑§199）の故意は阻却されない。

➡　具体的符合説によっても，客体の錯誤に当たるので，Cに対する殺人罪（刑§199）の故意は阻却されない。

④　方法の錯誤

📖 **ケーススタディ2**

　Aは，Bを殺害しようとしてピストルを発射したところ，弾丸はBの近くにいたCに命中し，Cが死亡した場合，AのCに対する殺人罪が成立するか。

H27-24-ア
H7-26-3
S61-25-1

✎　Aはおよそ「人」を殺害する認識があることから，同一構成要件内で符合しているので，Cに対する殺人罪（刑§199）の故意は阻却されない。
　➡　具体的符合説によれば，Cに対する殺人罪の故意は阻却され，Bに対する殺人未遂罪（刑§199，203），Cに対する過失致死罪（刑§210）が成立する。

➕ **アルファ**

・AがBを殺害しようとしてピストルを発射したところ，弾丸はBに命中し重傷を与えたうえ，側にいたCにも命中しCが死亡した場合，AにつきBに対する殺人未遂罪とCに対する殺人既遂罪が成立する。

⑦　因果関係の錯誤

📖 **ケーススタディ3**

　AがBを殺そうとしてBの首を絞めるとBが気絶したので，AはBが既に死亡したものと思い，犯跡をくらます目的でBを河に投げ込んだところ，まだ仮死状態であったBが河中で溺死した場合，Aに殺人罪が成立するか。

H24-24-オ
H23-24-オ
S55-25-2

✎　Aが認識していた因果の経過と，実際に生じた因果の経過が，相当因果関係の範囲内にあるので，Bに対する殺人罪（刑§199）の故意は阻却されない。

②　抽象的事実の錯誤
　重い罪に当たるべき行為をしたのに，行為のときにその重い罪に当たることとなる事実を知らなかった者は，その重い罪によって処断することはできない（刑§38Ⅱ）。そこで，発生した犯罪事実につき故意が阻却されるかが問題となる。

⑦　構成要件が重なり合わない場合
　ⓐ　軽い罪を犯す意思で重い罪の結果を発生させた場合

📖ケーススタディ4

H27-24-イ
H7-26-5

　AはBの犬を死亡させるつもりでピストルを発射したところ，弾丸がそれてBに当たり，Bを死亡させた場合，AのBに対する殺人罪が成立するか(方法の錯誤)。

　✎　Aは犬を死亡させる認識はあるが，人を殺害する認識はないことから，構成要件が重なり合わないので，Bに対する殺人罪の故意は阻却され，Bに対する過失致死罪（刑§210）のみが成立する（犬に対する器物損壊の未遂は不可罰）。

　　ⓑ　重い罪を犯す意思で軽い罪の結果を発生させた場合

📖ケーススタディ5

H7-26-2
H7-26-4

　AはBを殺すつもりでピストルを発射したところ，弾丸がそれてBの犬に当たり，その犬を死亡させた場合，Aの犬に対する器物損壊罪が成立するか（方法の錯誤）。

　✎　AはBを殺害する認識はあるが，犬を死亡させる認識はないことから，構成要件が重なり合わないので，犬に対する器物損壊罪の故意は阻却され，Bに対する殺人未遂罪（刑§199，203）のみが成立する（犬に対する過失器物損壊は不可罰）。

　　ⓘ　構成要件が重なり合う場合
　　　ⓐ　軽い罪を犯す意思で重い罪の結果を発生させた場合

📖ケーススタディ6

H24-26-ウ

　遺失物だと誤信して他人の占有物を領得した場合，どのような犯罪が成立するか（客体の錯誤）。

　✎　異なる構成要件間の錯誤であるが，遺失物等横領罪と窃盗罪とは遺失物等横領の範囲で構成要件が重なり合うから，軽い罪の限度で遺失物等横領罪(刑§254）が成立する（東京高判昭35.7.15）。

　判例
　　・住居侵入による窃盗を教唆したところ，犯人が他人の家に侵入して強盗をした場合（方法の錯誤），教唆者は住居侵入罪および窃盗罪の範囲で

教唆犯としての責を負う（最判昭25.7.11）。

ⓑ　重い罪を犯す意思で軽い罪の結果を発生させた場合

📖ケーススタディ7

　他人の占有物だと誤信して他人の遺失物を領得した場合，どのような犯罪が成立するか（客体の錯誤）。

✎　異なる構成要件間の錯誤であるが，遺失物等横領罪と窃盗罪とは遺失物等横領の範囲で構成要件が重なり合うから，軽い罪の限度で遺失物等横領罪（刑§254）が成立する（東京高判昭35.7.15参照）。

3　構成要件的過失

（故意）
第38条　ただし，法律に特別の規定がある場合は，この限りでない。

　過失行為は，法律に過失行為を処罰する規定がある場合のほかは，処罰されない。　H元-25-1

(1)　構成要件的過失の意味
　条文に過失犯を処罰する旨の規定がある場合は，故意がなくても処罰することができる。この過失を構成要件（犯罪成立要件）上の過失という意味で「構成要件的過失」という。

①　「過失」とは，不注意すなわち注意義務違反によって一定の作為または不作為を行うことをいう。
　不注意とは，法律上必要とされる注意義務に違反することをいう。

②　注意義務の内容
　注意義務は，「結果発生の予見可能性」と，「結果発生の回避可能性」に分けられる。そして，予見可能性の存在を前提として「結果予見義務」，回避可能性の存在を前提として「結果回避義務」が導かれる。
　予見可能性の存否の判断は，一般人が行為者の立場にいたならば，認識予見したであろう事情を基礎として客観的に行うことを要する（最決昭42.5.25）。　R2-24-エ　R2-24-オ

➡　結果的加重犯は，重い結果を発生させたことについての予見可能性は必要でない（最判昭32.2.26）。

(2) 過失の成立要件

① 構成要件的結果発生の認識・認容を欠いていることを要する（認識・認容があれば故意犯）。

② 注意義務に違反することを要する（最判平4.7.10）。
「注意義務に違反する」といえるためには，次の要件が必要である。
⑦　当該状況で，行為者に注意義務があること。
④　行為者が注意義務を怠ったこと（注意義務懈怠）。
⑦　行為当時，行為者が注意義務を履行することが可能な状況にあったこと。

(3) 過失の種類

① 認識なき過失と認識ある過失
⑦　認識なき過失とは，行為者が犯罪事実の認識を欠いている過失をいう。
➡　車で通行人の傍らを全速力で通過する際，通行人を負傷させることはないと思って運転したところ，通行人をはねた場合。

④　認識ある過失とは，行為者に犯罪事実の認識はあるが，その実現についての認容を欠いている過失をいう。
➡　車で通行人の傍らを全速力で通過する際，通行人を負傷させることがあるかもしれないが，運転に自信があるから大丈夫だと考えて運転したところ，通行人をはねた場合。

② 業務上の過失
一定の業務に従事する者が，その業務上必要とされる注意を怠った過失をいう。一定の業務に従事する者は，通常人に比べて特別の注意義務を有する（最判昭26.6.7）から，より重く罰せられる。
➡　トラックの運転手が通行人をはねた場合。

③ 重大な過失（重過失）
H元-25-3
重大な過失とは，行為者の注意義務に違反する程度が著しい過失をいい（東京高判昭62.10.6），行為者に通常人より重い注意義務が課されているわけではないが，通常の過失より重く罰せられる。

➡　無免許で，しかも酩酊の上，人の雑踏する場所に自動車を乗り入れ，前方
注視を怠って傷害の結果を生じさせた場合。

(4)　過失責任が阻却される場合

信頼の原則

信頼の原則とは，被害者ないし第三者が適切な行動をとることを信頼する H元-25-4
のが相当な場合には，たとえ犯罪結果が生じても，それに対して過失責任を
負わなくてよい（犯罪は成立しない），とする原則をいう。

信頼の原則は，たとえば，交通機関の関与者の一方が他方の適切な行動を
あてにし，信頼できる社会的環境が成立したという条件のもとで，他人の適
切な行動を信頼するのが客観的に相当と認められる場合には，他人の不適切
な行動と自己の行動とが相まって結果が生じ，その場合に当該結果発生の予
見可能性が認められても，結果回避義務は認められない（過失犯は成立しな
い）とするものである。

> **判例**
>
> ・センターラインの若干左側から右折の合図をしながら右折を始めようと
> する原動機付自転車の運転者は，右折方法に関する道交法に違反する（中
> 央線若干左側から右折した）過失があるとしても，後方から来る他の車
> 両の運転者が交通法規を守り，速度を落として自車の右折を待って進行
> する等，安全な速度と方法で進行するであろうことを信頼して運転すれ
> ば足り，よって生じた過失責任を免れることがある（最判昭42.10.13）。
> 　➡　行為者に軽度の過失があっても信頼の原則は適用されるとするものであ
> 　　る。
> ・旅客の整理，誘導等を取り扱う駅員は，酔客を下車させる場合，その者
> の歩行の姿勢，態度から，電車との接触，線路敷への転落等の危険があ
> るとみられる特別の状況のない限り，その者が安全保持に必要な行動を
> とるものと信頼して客扱いをすれば足り，あえて下車後の動向を注視し，
> または万一の転落の事態に備えて車両の連結部分付近などの線路敷まで
> を点検すべき注意義務を負うものではない（最判昭41.6.14）。

4　結果的加重犯（過失犯の刑が加重される場合）

(1)　意　義

結果的加重犯とは，1つの構成要件の内容たる基本行為によって，行為者 R3-24-イ
の予期しない重い結果が発生した場合に，その重い結果の発生を理由として H27-24-エ
刑が加重される犯罪類型をいう。

➡　不同意わいせつ等致死傷罪（刑§181），傷害致死傷罪（刑§205），逮捕等致死

　傷罪（刑§221）など

(2)　結果的加重犯の成立要件

　①　基本たる犯罪と重い結果との間に因果関係が存在すること。

　②　重い結果を発生させることについて，判例は，過失のみならず予見可能
　　性さえ必要ではないとする（最判昭32.2.26）。

(3)　加重結果に故意がある場合の帰結

　強盗の手段として人を殺した場合，強盗致死罪（刑§240後段；強盗殺人罪）
で処断される。

　➡　一般に「死に致した」とは過失を意味するが，240条後段は，この結果的加重
　　犯たる強盗致死罪と加重結果に故意のある強盗殺人罪の2罪を1罪として規定
　　していると解されている（大判大11.12.22）。

第3節　違法性

Topics・ここでは，犯罪の２番目の成立要件である違法性について学習する。
・違法性の本質については，直接試験に出されることはないので，一応
　見ておく程度でよい。
・正当防衛は頻出。
・緊急避難も頻出。正当防衛と比較しながら確認すること。
・被害者の承諾が犯罪の成否に及ぼす影響を理解すること。

■1　総　説

1　意　義

　違法性とは，行為が法に違反すること，すなわち，法的に許されないことを
いう。構成要件は違法な行為のカタログであり，違法性を欠く行為は犯罪を構
成しない。

2　本　質

　違法性の本質は，行為が全体として法秩序に実質的に違反することである（実
質的違法性説；医者の手術は最初から違法でない）。これに対して，行為が法
秩序ないし法規範に違反することが違法であるとする説（形式的違法性説；医
者の手術は傷害罪に当たるが，正当医療行為として犯罪は成立しない）もある
が，判例・通説は実質的違法性説に立つ。

(1) 法秩序に実質的に違反する（実質的違法）とは何か

　違法性の実質は，国家・社会的倫理規範に違反して，法益に侵害または脅
威を与えることである。
　国家・社会的倫理は時代とともに変動する動的・発展的性格を有し，時代
の変化を背景に不断に推移する。たとえば，今日の社会においては，鉱山や
危険な工場，自動車や航空機などの高速交通機関の発展で，それ自体人の生
命・身体・財産に対する法益の侵害の危険を含むものが少なくないが，これ
らは相当な範囲で行われる限り法的に許され，適法とされる。これを許され
た危険，または適度の危険という。

(2) 違法性の実質

　違法性の実質についてはさらに，違法性の実質を，行為無価値と解するか，
結果無価値と解するかについての行為無価値論と結果無価値論の対立があ

り，主観的違法・正当化要素の要否について重要な意味を持つことになる。

① 行為無価値論（判例の見解）

違法性の実質は，結果の無価値（許されない結果，悪い結果）とともに，行為の無価値（許されない行為，悪い行為）をも併せ考慮すべきである。

➡ 刑法の目的は法益の保護のみならず社会倫理の維持にもあり，したがって，違法性の判断は法益侵害のみならず，行為態様をも考慮してはじめて決せられるからである。すなわち，刑法の機能は社会倫理機能と法益保護機能の両面にあると解する。

行為無価値論によると，各犯罪の成立要件として，不法領得の意思・正当防衛の意思・緊急避難の意思が必要となり，また過失犯の構造は，過失を構成要件段階から認める（新過失論）ことになる。

② 結果無価値論

違法性の実質は，国家権力に対する個人の権利・自由を十分に保障するためには，より明確で客観的な判断を可能とする法益侵害のみに限定して違法性の実質を考慮すべき（刑法の機能は法益保護機能に限られる）として，もっぱら法益の侵害ないし危険に求めるべきであり，行為の無価値を排除すべきとする。

➡ 許されない行為という不明確な倫理ないし道徳と紙一重の概念をできるだけ排除することにある。

結果無価値論によると，不法領得の意思・正当防衛の意思・緊急避難の意思は不要となる。

(3) 違法性の要素

① 客観的違法要素

構成要件は違法類型であるから，構成要件の客観的要素は原則として客観的違法要素である。もっとも，違法性は具体的・非類型的であるから構成要件該当事実に属さない事実，たとえば，法益侵害・危険の程度，行為の手段・方法，行為の態様等もその対象となる。

② 主観的違法要素

主観的違法要素とは，行為者の主観的要素でありながら，行為に違法性を与え，または行為の違法性を強める要素をいう。

主観的違法要素には，⑦特殊的主観的違法要素としての目的犯における目的（たとえば通貨や文書の偽造は「行使の目的」があって初めて違法と

なる），傾向犯における内心的傾向，⑦故意または過失などがあり，行為
無価値論（判例・通説）からは認められている。
　また，正当防衛における防衛の意思や緊急避難における避難の意思も主
観的要素であり，これらは主観的正当化要素という。

(4)　可罰的違法性の理論

可罰的違法性とは，犯罪として刑罰を加えるに値する程度の違法性をいう。
　そして，可罰的違法性の理論とは，行為が形式的にはある構成要件に該当
するようにみえる場合でも，違法性が微弱な場合には，犯罪の成立を否定す
るという理論である。微弱な法に反する行為は起訴猶予などで実質的に無罪
とすることもできないではないが，より明快に無罪とするための理論である。
➡　一厘事件のほか三友炭鉱事件（最判昭31.12.11），全逓東京中郵事件（最判昭
　41.10.26）などがある。

> 判例
>
> ・零細な法に反する行為は，たとえ刑罰法条の要件を備えていても，危険
> 性がないものであり，わずか約一厘に過ぎない葉タバコの滞納は，犯罪
> を構成しない（大判明43.10.11；一厘事件）。

2　違法性阻却事由

1　総　説

構成要件は違法行為の類型であるから，構成要件該当性がある行為ならば違
法性が推定される。
　したがって，違法性の段階で検討すべきは，違法性が積極的にあるかではな
く，違法性阻却事由があるかどうかという点である。

2　違法性阻却事由の種類
(1)　緊急行為

正当防衛（刑§36Ⅰ），緊急避難（刑§37Ⅰ），超法規的なもの（条文にな
いもの）として自救行為・義務の衝突などがある。

(2)　正当行為

法令による行為（刑§35前段），正当な業務行為（刑§35後段），一般的正
当行為（条文にないもの）として被害者の承諾，推定的承諾などがある。

③　緊急行為

1　総　説

⑴　意　義

　　緊急行為とは，法の保護を受ける余裕のない緊急状態において，例外的に，私人にその侵害される法益の保護を委ねても許される法益侵害行為をいう。

⑵　種　類

　　緊急行為には，①正当防衛，②緊急避難という法定されたものの他，③自救行為，④義務の衝突などの超法規的なものもある。

2　正当防衛

> （正当防衛）
> **第36条**　急迫不正の侵害に対して，自己又は他人の権利を防衛するため，やむを得ずにした行為は，罰しない。

⑴　意　義

　　正当防衛とは，急迫不正の侵害に対して，自己または他人の権利を防衛するため，やむを得ずにした行為をいう。

⑵　要　件

```
①　急迫不正の侵害であること
②　自己または他人の権利を防衛するためであること
③　やむを得ずにした行為であること
```

　①　急迫不正の侵害であることを要する。
　　㋐　「急迫」とは，法益の侵害される危険が目前に迫っていることをいう（最判昭46.11.16）。

H25-25-ア
　　　ⓐ　過去の侵害に対しては，正当防衛は認められない（大判昭7.6.16）。
　　　　具体例

H25-25-イ
H8-24-3
　　　　　・Aは，バッグを盗まれたので，その犯人を捜していたところ，数日後，駅前でBが自分のバッグを持っているのを発見し，Bに返すよう要求したが，Bがこれに応じなかったので，Aは実力でバ

ッグを取り戻した場合，正当防衛は成立しない。

➡　自救行為の成否の問題となる。

ⓑ　将来の侵害に対しては，原則として，正当防衛が認められないが，単に侵害を予期していたとしても，直ちに急迫性が失われることはない。例外として，将来侵害が現実化したときに効果を発揮するような場合には，正当防衛が認められる（最判昭46.11.16）。 `H29-25-イ` `H21-25-エ`

具体例

・将来の侵害を予想してあらかじめ自宅周囲に高圧電線をはりめぐらせた場合，その後に侵入者がこれに触れて傷害を負ったとしても，正当防衛は成立し得る。

ⓒ　確実に侵害を予想していたというだけでは，原則として，急迫性は失われないが，予想していただけではなくその機会を利用して積極的に相手方に対して加害行為をする意思で侵害したときは，もはや急迫性の要件を満たさず，正当防衛は認められない（最決昭52.7.21）。 `H25-25-エ` `H21-25-ウ` `H18-27-イ`

➕ アルファ

・相手が怒っており，相手の性格からして自宅に押しかけてきて殴ってくるだろうことを確実に予想していても，現実に殴ってきたときに反撃することは急迫性が認められ，正当防衛が成立する。

ⓓ　防衛者が自ら不正の侵害を招いた場合，いわゆる「自招侵害」について，正当防衛が認められるか否かが問題となる。 `H25-25-オ` `H2-28-4`

📖ケーススタディ1

故意または過失により相手方を挑発し，攻撃を仕掛けさせたような場合に，それに対して正当防衛が認められるか。

✎　自ら違法に招いた侵害は，通常予想される範囲内にとどまる限りでは急迫性に欠けることから，これに対して正当防衛は認められないが，通常予想される範囲を超える場合には，正当防衛が認められる余地がある（大判大3.9.25，最判平20.5.20）。

⑦　「不正」とは，法秩序に反すること，すなわち，違法であることをいう（大判昭8.9.27）。

➡　この場合の違法とは，違法行為を意味している。

H18-27-ア

なお，不正な行為は有責である必要はないことから，精神病者や幼児の侵害行為に対しても正当防衛は可能である。

📖ケーススタディ2

飼主に故意および過失がないのに，突然襲いかかってきた他人の飼犬から自己の生命・身体を守るためにその犬を殺害した場合，物または動物による侵害に対して，正当防衛は認められるか。

✎　物または動物による侵害は「違法行為」とはいえないので，正当防衛の不正な侵害の要件を欠き，正当防衛（対物防衛）は認められない（大判昭12.11.6）。←この場合は緊急避難の問題となる。

📖ケーススタディ3

H8-24-1
H8-24-2

Aが道路を歩いていたところ，Bがその飼犬をけしかけたので，Aはこれを避けるためその犬を蹴飛ばしてけがをさせた場合，Aに正当防衛は認められるか。

✎　侵害が所有者または管理者の故意または過失に基づく場合（けしかけ，つなぎ忘れなど）は，所有者または管理者の侵害行為といえるから，その動物に対する行為について正当防衛が成立する（厳密には対物防衛ではない）。

➡　散歩中，野犬に咬みつかれそうになったので，持っていたステッキで撲殺した場合，正当防衛は問題とならない。野犬は誰の所有物でもないので刑法上問題にならないからである。

📖ケーススタディ4

H8-24-4

Bが背後からAを刃物で狙っているのを見つけたCが，Aを助けるためにBに組みついた（正当防衛）ところ，これを見たAは，CがBに暴行を加えているものと勘違いしてCを突き飛ばして転倒させた場合，AにつきCに対する正当防衛が認められるか。

✎　Cの行為は，正当防衛であり，違法でないことから，これに対するAの正当防衛は認められない（大判昭12.11.6参照）。

㋒　「侵害」とは，他人の権利に対して実害または危険を与える行為をいう。侵害行為は，故意・過失，作為・不作為を問わない。

　　正当防衛行為は，急迫な侵害に対する反撃であり，不作為による侵害
に対する正当防衛も成立する余地はある。

> **ケーススタディ5**
> 　AとBが，素手で殴り合いの喧嘩をしていたところ，Bが急にナイフを取 [H21-25-ア]
> り出して襲ってきたので，Aは側にあった椅子をつかんでBに投げつけ，重
> 傷を負わせた場合，Aにつき正当防衛は認められるか。

✎　喧嘩闘争は，双方から攻撃および防御を繰り返す連続的行為であるから，
闘争の全般から見て，原則として正当防衛の観念を入れる余地がない（最判
昭23.7.7）。
　　しかし，闘争の過程でこれまでの同等の立場での攻撃・防御が明らかに断 [H29-25-オ]
絶したという事態が生じたときは，新たな侵害に対する正当防衛が認められ
る余地がある（最判昭32.1.22）。したがって，Aにつき正当防衛が認められる。

②　自己または他人の権利を防衛するためであることを要する。
　㋐　「自己または他人の権利」とは，広く法益を意味し，財産権も含まれ [H29-25-ア]
　　る。自己の法益のみならず，他人の法益も含まれる。「他人」には，自 [S60-25-1]
　　然人のみならず，法人その他の団体を含む。 [S60-25-5]
　　　社会的法益ないし国家的法益も含む。
　➡　国家公共機関による有効な公的活動を期待し得ない極めて緊迫した場合
　　に限り，正当防衛が認められる（最判昭24.8.18）。

　㋑　「防衛」行為は，その性質上，客観的にみて防衛の効果を生じる行為
　　でなければならず，かつ，侵害者に向けられた反撃でなければならない。
　　反撃が第三者に向けられたときには正当防衛にならない（緊急避難に [H18-27-ウ]
　　なる余地はある）。

> **ケーススタディ6**
> 　Aから不意に日本刀で切りつけられたBが，反撃のために足もとにあった
> 石塊をつかんで投げつけたところ，Aにあたらず，たまたま傍らを通りかか
> ったCに命中し負傷させた場合，BにつきCに対する正当防衛が認められるか。

✎　Aに対しては正当防衛となるが，なんら侵害行為をしていないCに対して
は緊急避難の問題となるにすぎない。

H13

📖ケーススタディ7

　Bから不意にナイフで切りつけられたAが自己の生命・身体を守るために手近にあったCの花びんをBに投げつけた場合，花瓶の所有者Cに対して，Aにつき正当防衛が認められるか。

✎　AがBに対して，C所有の花びんを投げつけた行為（暴行罪）については，正当防衛が成立するが，花瓶を壊した点については，器物損壊等罪に対する緊急避難が成立し得るにとどまる。

➡　Cは何ら「不正」な行為をしておらず，AとCは「正」対「正」の関係となるから。

ⓦ　正当防衛の要件として，防衛の意思が必要か否かが問題となる。

📖ケーススタディ8

H21-25-イ
H18-27-エ
H13-24-エ
H13-24-オ

　AがBを殺そうとして拳銃を発射し，一方Bもたまたまコート内に隠し持っていた拳銃を発射してAを殺そうとしていたところであったが，Aの弾丸が一瞬早く命中してBを殺害した場合，Aにつき正当防衛が認められるか。

H4-26-ア
S60-25-2

<論点>

　「防衛の意思」の要否については，必要説と，不要説に分かれる。そしてこれは，偶然に防衛の結果を生じた場合（偶然防衛）に，正当防衛を認めることができるかどうかについて違いを生じる。

	防衛の意思必要説（判例）	防衛の意思不要説
理　由	・刑法の行為は，主観的要素と客観的要素から成り，主観的違法要素を認める以上，主観的正当化要素として防衛の意思も認めるべきである。 ・明らかに犯罪的意図をもって攻撃行為がされたのに，防衛意思を不要とすると，不正な者を保護することになる。 ・刑法36条の「防衛するため」という文言は，防衛の意思を必要とする趣旨である。	・違法か適法かの判断においては，客観的事情のみを対象とすべきで，行為者の主観にかかわらせるべきではない。 ・防衛行為は反射的に行われる場合が多いから，防衛の意思を必要とすると正当防衛の成立範囲を著しく狭くしてしまう。
偶然防衛の帰結	客観的には防衛の結果を生じているが，防衛の意思を欠くことから，正当防衛は成立しない。	偶然防衛の場合には，客観的に自己の生命を救う正当防衛の事態を生じさせているから結果が正当化され，結果無価値が欠ける以上，結果のみならず行為の危険性も正当化され正当防衛が成立する。
ケーススタディ8の帰結	Aにつき正当防衛は成立しない。	Aにつき正当防衛が成立する。

判例

- 偶然防衛については，正当防衛の要件としての「防衛の意思」が認められない（大判昭11.12.7等）。
- 相手の加害行為に対し憤激または逆上して反撃を加えたからといって，直ちに防衛の意思を欠くものと解すべきでない（最判昭46.11.16）。
- 防衛の意思と攻撃の意思とが並存している場合の行為は，防衛の意思を欠くものではない（最判昭50.11.28）。 `H21-25-イ` `H18-27-エ`
- 防衛に名を借りて侵害者に対し積極的に攻撃を加える行為は，防衛の意思を欠く（最判昭50.11.28）。 `H18-27-イ`
- 反撃行為が，専ら攻撃の意思でされた場合は，防衛の意思を欠く（最判昭60.9.12）。

H29-25-ウ
H25-25-ウ

③　やむを得ずにした行為であることを要する（必要性・相当性の意義）。

　　「やむを得ずにした行為」とは，反撃行為が侵害に対する防衛手段として相当性を有するものであること，すなわち急迫不正の侵害に対する反撃行為が，自己または他人の権利を防衛する手段として必要最小限のものであることを意味する（最判昭44.12.4）。

H29-25-エ
S60-25-3

㋐　正当防衛となるためには，その防衛行為が侵害を除去するための唯一の方法である必要はなく，他にとるべき方法があってもよい（最判昭44.12.4）。

➡　正当防衛は，「不正対正」の関係にあるから。

　判例

・大干ばつに際して用水路の上流の部落が従来の慣行に反して多量の揚水をし，下流部落の稲を枯死させる恐れを生じた場合に，下流の水利権者が揚水設備を取り除いたことは正当防衛行為である（大判昭10.9.11）。

・獰猛な人相をした凶暴な窃盗犯人が，長さ4尺の雑木で打ちかかってきたので，これを奪い取ったところなおも組み付いてきたので，その雑木で殴打し傷害を与えた場合は正当防衛として相当な行為である（最判昭26.3.9）。

・年齢も若く体力にも優れた相手方が，手拳を前に突き出し足を蹴り上げる動作をしながら接近し，被告人が後ずさりしてもさらに追いかけて目前に迫ってきたのに対し，その接近を防ぎ，同人からの危害を免れるため，やむなく菜切り包丁を手に取って腰の辺りに構え，「切られたいんか」などと言って脅迫した行為は，その危害を避けるための防御的な行動に終始していたものであり，防衛手段としての相当性の範囲を超えたものとはいえない（最判平元.11.13）。

㋑　正当防衛には緊急避難と異なり，厳格な法益の均衡も要求されない（法益均衡の原則は適用されない）。

H21-25-オ
H18-27-オ

➡　正当防衛は，「不正対正」の関係にあるから，反撃行為が防衛の手段としての相当性を満たしている以上，反撃行為によって生じた結果が侵害されようとした法益よりもたまたま大きなものとなっても，反撃行為が正当防衛でなくなるものではない。

　判例

・Bが突然Aの左手の指をつかんでねじ上げたので，Aは痛さのあまりこれを振りほどこうとして右手でBの胸の辺りを1回強く突き飛

ばしたところ，Bが仰向けに倒れその後頭部を付近に駐車してあった自動車の車体に打ち付け，全治45日間の重傷を負った場合でも，Aには正当防衛が成立する（最判昭44.12.4）。

(3) 効　果

違法性が阻却され，犯罪は成立しない。　　　　　　　　　S62-25-4

3　過剰防衛

> （正当防衛）
>
> **第36条**
>
> 2　防衛の程度を超えた行為は，情状により，その刑を減軽し，又は免除することができる。

(1) 意　義

過剰防衛とは，急迫不正の侵害に対する防衛行為が，「防衛の程度を超えた」ことをいう。

(2) 要　件

① 急迫不正の侵害があることを要する。

急迫不正の侵害が認められない場合には，過剰防衛も成立しない。

　➡ 誤想防衛の問題となる。

② 防衛の意思があることを要する。

自己または他人の権利を防衛するための防衛の意思にでたものでないときは，正当防衛にならないから過剰防衛にもならない。

③ 防衛の程度を超えた行為がなされたことを要する。

防衛行為が「やむを得ずにした行為」といえないこと，すなわち，相当性の程度を超えている場合である。

　判 例

・下駄で打ちかかられたのに，機先を制して匕首で切りつけ，刺し殺した場合，過剰防衛である（質的な過剰防衛；大判昭8.6.21）。

・74歳の老父が棒で打ちかかってきたのに対し，斧をもって老父の頭を乱打して死亡させた場合は，たとえ斧を棒のようなものと思ったとしても過剰防衛である（最判昭24.4.5；重さなどから斧だと分かり得る

から）。

・当初は正当防衛の要件を備える場合であっても，相手方の侵害態勢が崩れ去った後，なお引き続いて追撃行為に出て，相手方を殺傷した場合は，全体として過剰防衛にあたる（量的な過剰防衛；最判昭34.2.5）。

(3) 効　果

過剰防衛は，正当防衛の要件を満たさないので，その行為の違法性は阻却されず，犯罪が成立するが，情状により，その刑を減軽し，または免除することができる。

➡ 急迫不正の侵害を受けた者が，恐怖・驚愕・興奮・狼狽などに駆られて，思いがけず度を越した反撃行為に出てしまったような場合に，重い責任を問うのは酷だから。

4　誤想防衛

(1) 意　義

H4-26-エ
S63-25-1

誤想防衛とは，急迫不正の侵害がないのに，これがあるものと誤信して防衛行為をすること，または，急迫不正の侵害に対して相当な防衛行為をするつもりで不相当な行為をしたことをいう。

📖**ケーススタディ9**

Aは，Bから握手を求められてきたのに対し，凶器で襲撃されるものと誤信し，防衛のため木刀でBの手首などを強打して負傷させた場合，Aに正当防衛は認められるか。

✎ 誤想防衛であり，正当防衛は認められないため，違法性は阻却されないが，違法性阻却事由の事実の錯誤として故意が阻却される（大判昭8.6.29）。ただし，誤想したことに過失があれば過失犯が成立する（広島高判昭35.6.9）。

📖**ケーススタディ10**

H8-24-5

AとBとが口論中，BはAがポケットに手を入れたのを見て，隠し持っているナイフを取り出すものと勘違いし，持っていたナイフでAに突きかかった（誤想防衛）ため，Aは，Bの足を払い転倒させた場合，Aに正当防衛は認められるか。

✎　誤想防衛は違法であることから，不正な侵害といえるので，これに対する正当防衛が認められ，Aには正当防衛が成立する。

(2)　効　果

誤想防衛は正当防衛ではないので，違法性は阻却されないが，違法性阻却事由に関する事実の錯誤として故意が阻却される（大判昭8.6.29）。したがって，誤想防衛に対する正当防衛も認められることになる。

5　誤想過剰防衛

(1)　意　義

誤想過剰防衛とは，急迫不正の侵害がないのにあると誤信して防衛行為を行ったが，それが行為者の誤想した侵害に対する防衛としては過剰であった場合をいう。 `H4-26-オ` `S60-25-4`

(2)　効　果

違法性は阻却されない。また，故意も阻却されないが，刑法36条2項が適用される場合がある（最決昭41.7.7）。

`判例`

・空手三段の在日英国人Aが，酩酊したB女とこれをなだめていたC男とがもみ合ううちB女が尻もちをついたのを目撃し，B女がC男から暴行を受けているものと誤解し両者の間に割って入ったところ，C男が防衛するため手を握り胸の前あたりに上げたのを自分に殴りかかってくるものと誤信し，自己およびB女の身体を防衛しようと考え，空手の回し蹴りをC男の顔面付近に当てて転倒させ，その結果後日死亡するに至らせた場合，誤信した急迫不正の侵害に対する防衛手段として相当性を逸脱していることから，Aにつき，誤想過剰防衛が成立する（最決昭62.3.26；騎士道事件）。

➡　刑法36条2項により刑が減軽されることになる。

6　緊急避難

（緊急避難）

第37条　自己又は他人の生命，身体，自由又は財産に対する現在の危難を避けるため，やむを得ずにした行為は，これによって生じた害が避けようとした害の程度を超えなかった場合に限り，罰しない。

(1) **意　義**

　　緊急避難とは，自己または他人の生命・身体・自由・財産に対して，Aからの攻撃があったときに，それを避けるためにやむを得ずにBの法益を侵害したような場合，そのBに対する避難行為から生じた害がAからの攻撃の程度を超えなかったことを条件として，避難行為者を罰しないことをいう。

(2) **法的性質**
　<論点>

　　緊急避難は，現在の危難を避けるために，危難とは関係のない第三者の法益を侵害する行為であることから，緊急避難行為は，違法ではあるが適法行為に出ることを期待できないとして責任が阻却されると解するのか，または，緊急時における行為として社会的に相当であるとして違法性が阻却されると解するのかが問題となる。

　　緊急避難の法的性質をどちらと解するかにより，緊急避難に対する正当防衛が認められるか否かに影響を及ぼすことになる。

□ケーススタディ11

　Aが道を歩行中，自動車がAめがけて暴走してきたためBの庭に侵入して
これを避けたところ，BはAを道路に突き出した場合，Bに正当防衛は認め
られるか。

	違法性阻却事由説（通説）	責任阻却事由説
意　義	緊急避難の要件を満たせば，違法性が阻却される。	緊急避難の要件を満たせば，違法ではあるが責任が阻却される。
理　由	・現在の危難に直面した者が，その危難を避ける意思でやむを得ずに他人の法益を侵害した行為は，その法益が救おうとした法益よりも大きくない限り，社会的に相当な行為といえ，違法ではない。 ・仮に緊急避難行為が違法であるとすると，これに対して第三者は正当防衛をすることができることとなり，そうであれば結果的に厳格な法益均衡性を要求されていない正当防衛者に比べて緊急避難者が不利になる。 ・刑法37条1項は，「他人」の法益を保護するための緊急避難を認めており，違法性が阻却されることを示すものである。	・緊急避難は無関係な第三者に損害を転嫁するものであるから違法であるが，ただ，緊急の状態の下での行為として，適法行為の期待可能性がない。 ・相手方の緊急避難行為が違法でないとすると，危難を転嫁される第三者は正当防衛よりも成立要件の厳格な緊急避難しか行えなくなり，なんらの理由もないのに危難を転嫁される第三者の保護に欠けることになる（違法性阻却事由説に対する反論）。
ケーススタディ11の帰結	BのAに対する行為は正当防衛にならず，緊急避難が認められ得るにすぎない。 ➡　Aの緊急避難行為は，違法性が阻却され適法行為であるから，不正（＝違法）の侵害に当たらない。	BのAに対する行為は正当防衛となりうる。 ➡　Aの緊急避難行為は，責任が阻却されるにすぎず，違法行為であるから，「不正の侵害」に当たる。

(3)　要 件

> ①　自己または他人の生命，身体，自由または財産に対する現在の
> 　危難を避けるためにしたこと
> ②　やむを得ずにした行為であること
> ③　これによって生じた害が避けようとした害の程度を超えなかっ
> 　たこと

①　自己または他人の生命，身体，自由または財産に対する現在の危難を避
　けるためにしたことを要する。

　　⑦　被侵害法益
S62-25-5　　　生命，身体，財産という法益は例示である。
　　　➡　名誉・貞操についても当然認められる。
S62-25-2　　　自己の法益のみならず，他人の法益についても認められる。

　　⑥　「現在」とは，法益に対する侵害が現に存在し，または侵害の危険が
　　　切迫していることをいう。
　　　　「現在」とは，正当防衛の要件である「急迫」と同様の意味と解され
　　　ている（急迫につき最判昭24.8.18，現在につき最判昭24.5.18）。

H2-28-4　　⑨　「危難」とは，法益に対する実害または危険の状態をいう。
　　　ⓐ　発生原因のいかんは問わないから，人の行為によるもののほか，自
　　　　然現象または動物の動作によるものでもよい。
　　　　　判 例
　　　　　・豪雨のため，稲苗が水中に没しようとしており枯死の危難がある
　　　　　　場合に，耕作者が他人所有の板堰を破壊する行為は緊急避難であ
　　　　　　る（大判昭8.11.30）。

　　　ⓑ　「危難」は客観的に存在することを要する。
　　　　➡　単に主観的に危難ありと予想したに過ぎない場合には，危難に該当し
　　　　　ない。

　　　ⓒ　危難が避難行為者自身によって招かれたもの，すなわち「自招危難」
　　　　　についても，緊急避難が成立するか否か問題となる。

📖ケーススタディ12

Aが，夜間，自動車を運転中，対向して進んできた荷車の側を通過しようとした際，その背後から人が飛び出してくるかもしれないのに，注意しないで進行したところ，突然Bが飛び出してきたので，ハンドルを急に右に切ったために自車をCに衝突させてCを死亡させた場合，Aに緊急避難は成立するか。

✎　「自招危難」に対しては，社会通念に照らしやむを得ないものとして是認されないかぎり，緊急避難は成立しない（大判大13.12.12）。

  ⓓ　緊急避難の要件として，「避難の意思」を必要とするか否か問題となるが，正当防衛における「防衛の意思」と同様に，避難の意思が必要であると解されている。

 ② やむを得ずにした行為であることを要する。→**補充の原則**
  緊急避難が成立するためには，避難行為がその危難を避けるために唯一の方法であって，他に採るべき方法がなかったことを要する（補充の原則；最判昭24.5.18）。
  ➡ 緊急避難が正対正の関係であり，無関係な第三者の法益を犠牲にできるのは，他に採るべき方法がない場合に限られるからである。

📖ケーススタディ13

吊橋の腐朽が甚だしく，落下の危険があったため，ダイナマイトでこれを爆破する行為は，その危険を避けるためにやむをえない行為といえるか。　 `H4-26-ウ`

✎　吊橋の腐朽が甚だしく，落下の危険があったとしても，ダイナマイトでこれを爆破するような激しすぎる行為は，その危険を避けるためにやむを得ない行為とはいえない（最判昭35.2.4）。

 ③ これによって生じた害が避けようとした害の程度を超えなかったことを　 `S62-25-3`
 要する。→**法益権衡の原則**
  緊急避難が成立するためには，避難行為から生じた害が避けようとした害の程度を超えないことを要する（大判昭12.11.6）。

  ㋐ 価値の大きい法益を救うために，価値の小さい法益を犠牲にすることは許される。

　⑦　同価値の法益の一方を救うために他方を犠牲にすることは許される。

　⑦　大きな価値の法益を犠牲にして，小さな価値の法益を救うことは許されない。

➡　緊急避難は正対正の関係にあるから。

📖ケーススタディ14

　Bの価格150円相当の番犬が，Aの価格600円相当の猟犬を咬み伏せたため，Aは，やむなくBの番犬に銃創を負わせて猟犬に対する危難を避けた場合，Aにつき緊急避難が成立するか。

✎　法益の均衡を満たしているため，緊急避難が成立する（大判昭12.11.6）。逆の場合，緊急避難は成立しない。

(4)　効　果

S62-25-4

　違法性が阻却され，犯罪は成立しない。

7　緊急避難の不適用

（緊急避難）
第37条
2　前項の規定は，業務上特別の義務がある者には，適用しない。

👆趣旨

　業務の性質上，危難に対処する責務が負わされている者については，業務遂行のため，危険に対し一定限度の受忍義務が要求されていることから，このような者には緊急避難の規定を排除するものである。

(1)　主　体

S62-25-1

　「業務上特別の義務がある者」である。

　業務上特別の義務がある者とは，業務の性質上，一定の危険に身をさらす義務を有する者をいう。

　具体例
　・消防職員，警察官，船長，医師など

(2)　**効　果**

①　**原　則**

業務上特別の義務のある者には緊急避難の法理は適用されない。

②　**例　外**

当該業務の範囲内で，一般人と同様に緊急避難をなしえないだけで，絶対に緊急避難の規定が適用されないというわけではない。

➡　消防士が，崩れてきた梁の下敷きになるのを免れるため，隣家の板塀を破って避難する行為は，緊急避難が成立する。

8　過剰避難

（緊急避難）

第37条　ただし，その程度を超えた行為は，情状により，その刑を減軽し，又は免除することができる。

(1)　**意　義**

過剰避難とは，緊急避難の他の要件は満たされているが，避難行為によって生じた害が避けようとした害の程度を超えている場合をいう。

①　補充性の要件を逸脱した場合（最判昭28.12.25）

②　法益権衡の原則に違反した場合（東京高判昭46.5.24）

(2)　**効　果**

違法性は阻却されないが，刑の任意的減免が認められる。

9　誤想避難

(1)　**意　義**

誤想避難とは，現在の危難がないのに，あると誤信して避難行為が行われた場合をいう。

(2)　**効　果**

違法性は阻却されないが，違法性阻却事由に関する事実の錯誤として故意が阻却される（大判昭8.6.29）。

10　超法規的緊急行為

(1)　総　説

　　超法規的緊急行為とは，刑法所定の違法性阻却事由に該当しない行為でありながら，なお違法性の実質に基づき，緊急行為として違法性が阻却されるものをいう。

　　これには，自救行為と義務の衝突がある。

(2)　自救行為

①　自救行為とは権利を侵害された者が，法律上正式な手続きではその回復をすることが不可能もしくは著しく困難な場合に，自力でその権利の回復を図る行為をいう。

②　要　件

　⑦　過去に法益に対する違法な侵害がなされたことを要する（過去の法益侵害）。

　　　判例

　　　　・窃盗の現場において被害者が窃盗犯人から盗品を取り戻す行為は自救行為ではない（最判昭24.5.18）。

　　　　➡　侵害が現に継続しているので，正当防衛の問題となる。

　⑦　被害回復について緊急性があることを要する。

　　　判例

　　　　・賃借地内に突き出ている隣家のひさしを承諾もなく切り取る行為は，自救行為とはいえない（最判昭30.11.11）。

　⑨　自救行為のためになされた行為は，被害回復のために必要であり相当なものであることを要する。

　⑤　自救の意思があることを要する（通説）。

③　効　果

　　違法性阻却により犯罪は成立しない。

(3)　義務の衝突

①　意　義

　　義務の衝突とは，互いに相容れない複数の法律上の義務が存在し，その

中のある義務を履行するためには，他の義務を怠らざるを得ないことをいう。

② 要　件
　⑦　2つ以上の義務が衝突することを要する。
　　　義務は法律上の義務に限られ，道徳上，宗教上の義務は含まない。法律上の義務は，必ずしも法令に直接規定がなくてもよい。条理，慣習に基づくものでもよい。

　　　判　例
　　　・弁護人が法廷で被告人の利益を守るために，業務上知りえた他人の秘密を漏示した場合，他人の秘密を漏らしてはならない義務（刑§134Ⅰ）と被告人の利益を擁護する義務（刑訴§293参照）が衝突する（大判昭5.2.7）。

　⑦　より高い，重要な義務を尽くすため，より程度の低い義務に違反した場合に限る（義務衡量の原則）。
　　➡　義務の衡量は，法益衡量のみならず，義務履行による救済の可能性・行為者の負担など諸般の事情が考慮されなければならない。

　　　具体例
　　　・医師が重体の急患者のもとに駆けつけるために，軽症の患者の即時の治療を拒絶する場合，ともに診療の義務が衝突する。

③ 効　果
　違法性阻却により犯罪は成立しない。

4 　法令または正当な業務による行為

（正当行為）
第35条　法令又は正当な業務による行為は，罰しない。

1 　法令による行為

(1) 意　義

　法令による行為とは，直接に成文の法律，命令に基づいて権利または義務として行われるべき行為をいう。
　➡　法令自体によって認められている行為であるから，適法行為である。ただし，

外見上は法令に基づく権利の行使のように見える行為であっても，実質上，法令の理念に反するものは，権利の濫用として違法となる場合がある。

(2)　種　類

①　職権（職務）行為

職権行為とは，法令の規定上，これを行うことが一定の公務員の職権（職務）とされている行為をいう。

➡　刑務官の受刑者に対する刑の執行，司法警察職員の被疑者・被告人に対する逮捕・勾引，勾留，住居内における捜索行為など。

②　権利行為

権利行為とは，法令の規定上，ある者の権利（または義務）とされている行為をいう。

➡　私人の現行犯逮捕行為（刑訴§213，最判昭50.4.3）

③　政策的理由から違法性が排除された行為

本来違法であるべき行為について，一定の政策的理由から，法令によって特にその違法性が排除されたもの。

➡　競馬法による勝馬投票券，自転車競技法における勝者投票券
　当せん金附証票を発売する行為など

④　法令によって注意的に適法性が明示された行為

法令によって注意的に適法性が明示された行為とは，理論上，違法性阻却事由とみられる行為について，特に法令が注意的にその適法性を明示するとともに，その方法，範囲などに制限を設け，適切な執行を図っているものをいう。

➡　母体保護法による不妊手術，人工妊娠中絶手術
　死体解剖保存法による死体の解剖など。

(3)　効　果

違法性を阻却し，犯罪は成立しない。

2　正当な業務による行為

(1)　意　義

正当な業務による行為とは，法令に直接の規定がなくとも，社会通念上正当なものと認められる業務行為をいう。

業務とは，社会生活上の地位に基づいて反復継続される行為をいい，必ずしも経済的活動に限らない。

➡　医師の手術，はり師・きゅう師の施術，相撲，ボクシングなどは，暴行罪，傷害罪とならない。

(2)　要　件

① 業務が正当なものであること
② 行為自体が，その業務の正当な範囲内であること
③ 方法が業務の目的にかなう相当なものであること

(3)　効　果

違法性を阻却し，犯罪は成立しない。

5　一般的正当行為

刑法は，35条で法令行為および正当業務行為を違法性阻却事由として規定しているが，それ以外にも社会的に相当な行為といえる行為（一般的正当行為）も違法性を阻却する趣旨と解されている。

1　被害者の承諾による行為

(1)　意　義

被害者の承諾とは，法益の主体である被害者が，その法益に対する侵害に承諾または同意を与えることをいう。

被害者の承諾が犯罪の成立に及ぼす影響は，各犯罪の性質によって異なり，原則として個人的法益に関する犯罪に限って犯罪の成否に影響を及ぼすことになる。ただし，個人的法益に関する犯罪でも，被害者の承諾が犯罪の成否に与える影響は一様ではない。

これに対して，国家的法益および社会的法益に関しては，原則として影響を及ぼさない。

(2) 要 件

> ① 処分可能な個人的法益に関する承諾であること
> ② 承諾が，承諾権を有する被害者自身によって行われたこと
> ③ 承諾能力を有する者の真意に基づく承諾であること
> ④ 承諾が行為時に存在していること
> ⑤ 承諾があることを認識して行為が行われたこと
> ⑥ 承諾に基づく行為が社会的に相当な行為であること

`H24-25-エ`
① **処分可能な個人的法益に関する承諾であること**を要する。

`H5-23-ア`
➡ 横領罪（刑§252）は，個人の財産を保護法益とするので，承諾により常に犯罪は成立しない。

`H5-23-オ`
➡ 住居侵入罪（刑§130）は，個人の住居の平穏を保護法益とするから，承諾により原則として犯罪は成立しない。

㋐ 国家的法益に対してはなんら影響を及ぼさない。

`S59-24-1`
➡ 強制執行により商品の差押えを受けた債務者が，差押えのために封印が施された商品を倉庫の中から搬出して売却した場合，それを債権者が承諾していたときにも，封印破棄罪（刑§96）が成立する。←封印破棄罪は国家的法益に対する罪であるから，債権者の承諾は意味をもたないからである。

`H5-23-エ`
㋑ 国家的法益ないし社会的法益の保護を主とするが，同時に個人的法益の保護をも併せて考慮している犯罪については，被害者個人の承諾は犯罪の成立に影響を及ぼさない。

> 判例

`H5-23-イ`
`S59-24-4`
・被告訴者の承諾を得て虚偽の告訴をした場合，虚偽告訴罪（刑§172）が成立する（大判大元.12.20）。

`H24-25-オ`
・交通反則切符中の供述書を他人の承諾を得て他人名義で作成した場合，私文書偽造罪（刑§159）が成立する（最決昭56.4.8）。

② 承諾が，承諾権を有する被害者自身によって行われたことを要する。

> 具体例

`S59-24-2`
・弁護士が受任事件の調査過程で知った第三者の秘密を，同人の承諾の下に漏らした場合，事件の依頼人が承諾していなかったときでも，秘密漏示罪（刑§134）は成立しない。

・複数の承諾権者が存在するときは，その全員の承諾が必要であるから，保護者でない者が，12歳の児童を保護者の不知の間に1泊旅行に連れて行った場合，児童本人が本心から承諾していたときでも，未成年者誘拐罪（刑§224）が成立する。

③　承諾能力を有する者の**真意に基づく承諾**であることを要する。

　➡　承諾が真意であれば，承諾を与えた動機が不法であっても，必ずしも承諾 S59-24-5 に基づく行為が犯罪性を阻却しないわけではない（最決昭55.11.13参照）。

　判 例

　・承諾の意味を理解することができない幼児がした承諾は，無効である H18-25-イ（大判昭9.8.27）。

　・たわむれにした承諾は無効である（大判明43.4.28）。

　・強盗をする目的で被害者宅玄関に行き，「今晩は」と言ったところ被 H18-25-エ 害者が来客だと思って鍵を開け「どうぞ，お入り」と言ったので，その隙に被害者宅に入った場合，住居権者の承諾は錯誤に基づく承諾であり，無効である（最判昭24.7.22）。

　・脅迫に基づいてされた承諾は，無効である（最判昭25.10.11）。

④　承諾が**行為時に存在**していることを要する。

　事後的にされた承諾は，犯罪の成否に影響を及ぼさない（大判昭 H18-25-オ 11.1.31）。

⑤　承諾があることを**認識して行為**が行われたことを要する。 S59-24-3

　主観的正当化要素（行為者の主観的認識，意思の存在によって，適法化される要素）である。

⑥　承諾に基づく行為が**社会的に相当な行為**であることを要する。 H5-23-ウ

📖ケーススタディ1

　Aは，保険金を詐取する目的で，共謀者である被害者Bの承諾を得て，B H24-25-イ の運転する自動車に自己の自動車を衝突させて，Bに傷害を負わせた場合， H18-25-ウ Aの行為につき違法性が阻却されるか。

✎　傷害罪は，個人の身体の自由を保護法益とするものであるが，被害者の承諾があっても，それが社会的に相当な行為といえないので，違法性は阻却されない（最決昭55.11.13参照）。

判 例

・暴力団甲組の組員であるBは，甲組の掟に背いたため，いわゆる指詰めをして組長の許しを得ようと考えたが，自分で指詰めできず，仲間の組員であるAに頼んで，ナイフで右手の小指を第一関節から切断してもらった。この場合，被害者の承諾があったとしても，社会的相当性を欠き法的に許容できないものであるから，その承諾は犯罪の成否に消長を来たさずAには傷害罪が成立する（最決昭55.11.13）。

(3) 被害者の承諾が犯罪の成否に及ぼす影響

	犯罪の成否に，なんら影響を及ぼさないもの	犯罪の成否に影響を及ぼすもの		
		刑の軽い他の犯罪が成立する	構成要件該当性が阻却される	違法性が阻却される
国家社会的法益	・虚偽告訴罪 ・偽証罪など （個人には処分権限がないから）	・現住建造物放火罪（刑§108） ➡非現住建造物放火罪（刑§109Ⅰ） ・非現住建造物放火罪（刑§109Ⅰ） ➡自己所有非現住建造物放火罪（刑§109Ⅱ）	な　し	な　し
個人的法益	・16歳未満の者に対する不同意性交等罪 ・16歳未満の者に対する不同意わいせつ罪 ・未成年者誘拐罪＊ ・保護責任者遺棄罪	・殺人罪（刑§199） ➡同意殺人罪（刑§202） ・堕胎罪（刑§215） ➡同意堕胎罪（刑§213前段）	・住居侵入罪 ・窃盗罪 ・横領罪	・傷害罪 ・暴行罪

（H18-25-ア）

＊　未成年者・保護者の双方または一方の同意がない場合に限られる。

2　被害者の推定的承諾による行為
(1) 意　義

被害者の推定的承諾による行為とは，被害者自身の現実的な承諾はないが，もし，被害者が事情を知っていたならば，当然，承諾をしたであろう

と推定される場合に，その意思を推定して行われる行為をいう。

☐ケーススタディ2

　Aは，アパートに住む親友Bを訪ねたところ不在であったが，玄関のドア　H24-25-ア
に鍵がかかっていなかったので，Bが帰ってくるまで待つため部屋に入った　S58-26-3
場合，Aに住居侵入罪が成立するか。

✎　住居侵入罪は個人的法益であるから，被害者の推定的承諾がある場合，住
　居侵入罪は成立しない。

➡　犯罪が成立しない理由について，違法性が阻却されると解されていたが（最判
　昭23.5.20），構成要件該当性が阻却されると解する判例（最判昭25.11.24等）が多
　くある。

(2)　**要　件**

①　被害者自身の承諾を得ることが不可能なこと
②　被害者の承諾が推定されること（客観的かつ合理的判断）
③　被害者の利益または行為者・第三者の利益を図って行う行為で
　あること
④　被害者が処分権限をもつ個人的法益に対する罪であること
⑤　推定的承諾による行為が，社会的に相当な行為であること

(3)　**効　果**

　違法性が阻却され，犯罪は成立しない。

3　安楽死（尊厳死）

　安楽死（尊厳死）とは，死期の切迫した不治の病者が，激しい苦痛に悩んで
いるときに，その苦痛から逃れさせるためにその者の生命を短縮する行為をい
う。これは，同意殺人の一形態といえる。

➡　安楽死が違法性阻却事由として犯罪の成立に影響を及ぼすか否かは争いがあり，
　高裁（名古屋高判昭37.12.22）が一定の要件を示しているが，最高裁の判例はない。

第4節　責　任

Topics・ここでは，主に責任能力と期待可能性の基本的事項について学習する。
・行為と責任の同時存在につき理解すること。
・違法性の錯誤についても，令和になって出題されているので，確認しておくこと。

1　責任の概念

　責任とは，構成要件に該当する違法な行為を行ったことについて，その行為者を非難しうることをいう（非難可能性）。

(1)　責任主義
　近代刑法においては，「責任がなければ，刑罰はない」というのが原則である。

(2)　行為者に主観的かつ個人的な責任の存在することを要する。
　① 　主観的責任
　　行為者に責任能力と，故意または過失が備わった場合にのみ責任が認められる。

　② 　個人的責任
　　犯罪行為を行った行為者個人にのみ責任を問いうる。

2　責任の要素

　責任の要素とは，責任判断の対象となり，非難可能性の存否および強弱に影響を与える事実をいう。
　責任の要素には以下のものがある。
　① 　責任能力（責任要素としない見解もある）
　② 　故意・過失
　　➡ 　責任要素としての故意・過失を，責任故意・責任過失という。特に責任故意については違法性の意識の有無が問題となる。

③　責任能力

1　意　義

　責任能力とは，有責行為能力すなわち責任非難を認めるための前提としての人格的能力をいう。責任無能力者の行為は，たとえ構成要件に該当し，違法であっても犯罪とならない。

　責任能力の内容には，行為の是非を弁別する能力（是非弁別能力）と，これに従って行動を統制する能力（行動制御能力）があり，その両方が必要である。

2　責任無能力・限定責任能力

> （心神喪失及び心神耗弱）
> **第39条**　心神喪失者の行為は，罰しない。
> 2　心神耗弱者の行為は，その刑を減軽する。
> （責任年齢）
> **第41条**　14歳に満たない者の行為は，罰しない。

R2-24-ア

(1)　責任無能力者とは，心神喪失者と刑事未成年者をいう（刑§39Ⅰ，41）。刑法は一律に14歳未満をもって，責任無能力者としたものである。

R2-24-イ

(2)　限定責任能力者とは，心神耗弱者をいう（刑§39Ⅱ）。

S63-25-2

	心神喪失者 （刑§39Ⅰ）	心神耗弱者 （刑§39Ⅱ）	刑事未成年者 （刑§41）
意　義	精神の障害により，行為の是非を弁別し，またはその弁別に従って行動する能力がない者 ＝責任無能力者	精神の障害により，行為の是非を弁別し，またはその弁別にしたがって行動する能力が著しく低い者 ＝限定責任能力者	14歳未満の者 ＝責任無能力者
効　果	罰しない	刑の必要的減軽	罰しない

4　違法性の意識または違法性の意識の可能性

1　意　義

違法性の意識とは，自己の行為が法律上違法であり，許されないことを知っていることをいう。

行為者の中には，自己の行為が法律上違法で許されないことを知らずに行為をする者がいる。そのような者にも故意責任を問うことができるかが問題となる。

<論点>

行為者に故意責任を認めるためには行為者が違法性の意識（またはその可能性）を有していることが必要なのか否かが問題となる。

	不要説（最判昭23.7.14）	必要説（厳格故意説）
内　容	故意責任の要件としては，犯罪事実の認識があれば足り，違法性の意識もしくはその可能性は不要である。	故意責任の要件としては，犯罪事実の認識だけではなく，違法性の意識も必要である。
根　拠	違法性の意識（もしくはその可能性）を故意責任の要件とすると刑事責任追及に困難を生じ，法秩序の安定を害する。	故意責任の特質は，自己の行為が法律上違法であることを知りながら，あえて違法行為を決意して実行する点にあるので，そのためには行為者の違法性の意識が必要である。

➡　違法性の意識不要説と必要説の中間に，違法性の意識は必要でないが，その可能性は必要であるとする制限故意説（可能性説）があり，これが通説であるといえる。すなわち，行為者に違法性の意識はなかったとしてもそれを持つ可能性があった場合には，故意を認めるものである。実際は違法性の意識を持つ可能性がない場合はほとんど考えられないから，不要説に近い結論になる。

2　違法性（法律）の錯誤

（故意）
第38条
3　法律を知らなかったとしても，そのことによって，罪を犯す意思がなかったとすることはできない。ただし，情状により，その刑を減軽することができる。

⑴ 意　義

　　違法性の錯誤（法律の錯誤ともいう）とは，事実の認識に欠けることはないが，自己の行為が違法であるのに違法でないと確信すること，すなわち，行為者が錯誤によって違法性の意識（またはその可能性）を欠くことをいう。

　　違法性の錯誤には，
① 　法律上許されないことを全く知らなかった場合（＝法の不知）
② 　法律上許されないことを許されると誤信した場合（＝あてはめの錯誤）
　　がある。

R3-24-エ
R2-24-ウ
H27-26-ウ

⑵　違法性の意識と違法性の錯誤の関係（刑法38条３項の解釈）

　　違法性の錯誤が，故意にいかなる影響を及ぼすかについては，故意の要件として違法性の意識（もしくはその可能性）を必要とするか否かにかかわる。

＜論点＞

	違法性の意識不要説	違法性の意識必要説 （厳格故意説）
帰 結	違法性の錯誤は，故意を阻却しない。	違法性の錯誤は，故意を阻却する（ただし，錯誤の点に過失があるときは過失犯の成立があり得る）。
理 由	刑法38条３項本文の「法律」とは違法性を意味し，違法性の錯誤は故意を阻却しない旨を明らかにした規定である。 　同項ただし書は，違法性の意識を欠いたことに斟酌・宥恕すべき事由があるときは刑を減軽しうる旨を規定したものである。	刑法38条３項本文の「法律」とは刑罰規定を意味し，故意の成立には刑罰法規を知っている必要はないことを明らかにした規定であり，違法性の意識に関する規定ではない。 　同項ただし書は，刑罰法規の認識を欠いたことに斟酌・宥恕すべき事由があるときは，刑を減軽しうる旨を規定したものである。

➡　従来の判例は，違法性の錯誤は故意の成立とは無関係であると解してきた（最判昭32.10.18等）が，その後，違法性の意識を欠くことに相当の理由があれば犯罪の成立を阻却されるとする判例が現れている（最決昭62.7.16）。

5　期待可能性

(1)　意　義

期待可能性とは，行為時に存在する具体的事情の下において，行為者に適法行為を行うことを期待しうることをいう。

期待可能性がないときは，犯罪事実の認識があり，違法性の認識（またはその可能性）があっても，責任が阻却されることになる。

➡　適法行為を全く期待することができない場合には，行為者に対して責任非難を問うことができないからである。

なお，期待可能性の不存在に基づく責任阻却については，明文の規定がなく，判例は，超法規的な責任阻却事由であるとしている（最判昭31.12.11）。

(2)　期待可能性判断の基準

適法行為の期待可能性は，誰を基準に判断されるのかが問題となる。

＜論点＞

	行為者標準説	一般人標準説 （多数説）	国家標準説
内容	行為の際の具体的事情の下で，行為者に適法行為を行うことを期待することが可能であったかどうかを基準に判断する。	一般人が行為の際，行為者の地位にあったならば，その一般人が適法行為を行うことを期待しえたか否かを基準に判断する。	行為者に適法行為を期待する国家ないし法規範を基準に判断する。

第5節　未遂犯

Topics ・ここでは，実行の着手時期を理解したうえで，実行の着手前と未遂の
区別，未遂と既遂の限界について，具体的事例に当てはめて，学習す
る。
・障害未遂と中止未遂を区別すること。

①　未遂犯（障害未遂）

（未遂減免）
第43条　犯罪の実行に着手してこれを遂げなかった者は，その刑を減軽するこ
とができる。

趣旨

　刑罰法規の示す基本的構成要件は，本来既遂犯を予定して規定されている。し
かし，犯罪が既遂に至らない段階でも，その行為の危険性が著しく，放置しえな
いものは，処罰する必要がある。未遂犯は，このような基本的構成要件を修正し，
既遂に至る前の段階における一定の犯罪行為を，それ自体として処罰するもので
ある。

(1)　**意　義**

　　未遂犯とは，犯罪の実行に着手してこれを遂げなかった場合をいう。つま
り，犯罪を完成させるに至らなかったことである。未遂には，着手未遂（実
行に着手したが実行行為が終了しなかった場合）と実行未遂（実行行為は終
了したが予期した結果が生ずるに至らなかった場合）がある。

(2)　**要　件**

　　① 　行為者が犯罪の実行に着手したこと
　　② 　構成要件的結果が発生しなかったこと

　①　行為者が犯罪の実行に着手したことを要する。
　　⑦　実行の着手とは，犯罪の実行行為を開始することをいう。
　　　ⓐ　実行に着手しない場合は，不可罰である。
　　　　➡　予備罪を処罰する規定がある場合は，予備罪として処罰される。

ⓑ　実行の着手の有無は，原則として不可罰な予備罪と未遂犯を区別するという機能をもつ。

　個々の行為について実行の着手が認められるか否かは，当該犯罪の構成要件的行為の性格，客体の特徴等の個別的・具体的な事情を総合的に考慮して判断することになる（具体的には，第2編刑法各論の各犯罪を参照）。

ⓘ　実行の着手時期
　　行為のどの段階に至ったときに，実行の着手を認めるかについて判例は，犯罪構成要件的結果（法益侵害）が発生する危険性のある行為を開始した時に実行の着手があるとしている（最決昭29.5.6等）。

ⓦ　各犯罪における実行の着手時期
　ⓐ　隔離犯（間接正犯）
　　被利用者の行為の時である。
　　➡　到達主義。

　　　判例

R2-25-イ
H24-24-エ
　　・殺人の目的で毒物を郵送した場合，相手方がこれを受領した時（殺人罪；大判大7.11.16）。
　　・殺人の目的で毒入りジュースを農道に置いた場合，被害者等がジュースを拾得飲用する直前（殺人罪；宇都宮地判昭40.12.9）。

　ⓑ　結合犯
　　一定の手段となる行為をした時である。

　　　判例

H24-24-オ
　　・不同意性交等をする目的で女性を犯人のダンプカーに引きずり込もうとした時（不同意性交等罪；最決昭45.7.28）。
H24-24-イ
　　・財物を強取する目的で相手方の反抗を抑圧するに足りる程度の暴行脅迫を開始した時（強盗罪；最判昭23.6.26）。
　　・逃走の手段として拘禁場または器具の損壊が行われた時（加重逃走罪；最判昭54.12.25）。

　ⓒ　不作為犯
　　真正不作為犯，すなわち結果発生の現実的危険が発生している場合は，作為義務違反が生じた時である。

不真正不作為犯，すなわち行為者の不作為によって結果発生の危険が生じる場合は，作為義務違反によって結果発生の現実的危険が発生した時である。

判例

・残業者が，自己の木机の下に不用意に置いた火鉢の炭火から木机に引火して燃え上がっている状態を発見しながら，自己の失策を恐れて，そのまま放置すれば事務所が燃焼することを認識したにもかかわらず，消火措置を講じないで同所を立ち去った時（放火罪；最判昭33.9.9）。

・養育の義務を負う者が殺害の意思をもって被養育者の生存に必要な食物を与えなかった時（殺人罪；大判大4.2.10）。

ⓓ　殺人罪（§199）の場合

他人の生命を断絶する現実的危険性のある行為を開始した時である。　`H10-23-4`

判例

・殺人の意思で相手の首を絞める行為をした時。

・銃で狙いを定める行為をした時。

・クロロホルムを吸引させて被害者を失神させ（第1行為），水中に自動車ごと転落させて（第2行為）溺死させる計画を実行し，その結果被害者が死亡したが，死因が溺死かクロロホルム吸引か特定できない場合において，第1行為により被害者を死亡させる認識がなかったとしても，第1行為は人を死に至らせる危険性の相当高い行為であることから，第1行為を開始した時。

➡　殺人に至る客観的危険性が明らかに認められるから（最決平16.3.22）。

ⓔ　窃盗罪（刑§235）の場合

財物について他人の占有を侵害する行為を開始した時である。

判例

・窃盗の目的で他人の家に侵入し，金員物色のためタンスに近づいた時（大判昭9.10.19）。　`H20-25-ア` `H3-27-オ`

・スリを行う目的で電車の乗客のポケットの外側に手を触れた時（最決昭29.5.6）。　`R2-25-ア` `H24-24-ア`

➡　単に物があるかどうか確認するための「あたり行為」の段階では，実行の着手とはいえない。　`H20-25-イ` `H3-27-ウ` `H元-26-3` `S56-24-1`

・窃盗の目的で店舗に侵入し，物品よりも金員をとりたいためにタバコ売り場に行きかけた時（最決昭40.3.9）。

ⓕ　強盗罪の場合（刑§236）

H24-24-イ
S56-24-2
　　財物を強取する目的で，暴行または脅迫を開始した時である。

| 判 例 |

S56-24-5
・催眠術師のAは，Bに催眠術をかけて意識に一時的な障害をもたらして金を取ろうと思い，部屋でBに対して催眠術をかけ始めた時（昏睡強盗罪；広島地判昭35.10.25）。

ⓖ　詐欺罪（刑§246）の場合

R2-25-ウ
　　行為者が財物を騙取する目的で相手方に対し欺く行為を開始した時である。

| 判 例 |

S56-24-4
・保険金詐欺の場合は，失火や不可抗力を装って保険会社に保険金の請求をした時（大判昭7.6.15）。

ⓗ　放火罪（刑§108～）の場合

　　焼損が発生する現実的危険性のある行為を開始した時である。

➡　判例は独立燃焼説による（第2編第2章第1節参照）。

| 判 例 |

・自然に発火し，導火材料を経て目的物に燃え移る状態にある装置を設置した時（大判大3.10.2）。

S56-24-3
・目的物に伝火することが物理的に明白な状態下で，媒介物に点火した時（大判大3.10.2）。

② 構成要件的結果が発生しなかったことを要する。

　犯罪を完成させる（既遂）に至らないことである。

(3)　実行の着手と未遂と既遂の限界事例

① 実行の着手に至らないため，未遂が成立しない場合

| 判 例 |

S56-24-2
・甲が，強盗の目的で乙の家に侵入したところ家人がいなかったので，居間の金庫をこじ開けて金をとろうとしたが，失敗してそのまま帰った場合，強盗罪（刑§236）の実行の着手はない（最判昭23.6.26）。

➡　強盗罪に必要な暴行・脅迫行為がない。

・放火の目的で他人の住居に侵入した場合，放火罪（刑§108）の実行　H元-26-1
　の着手はない（大判大3.10.2）。
　➡　放火行為がない。

・Aは，コンビニエンスストアに押し入って売上金を強奪することを計　H13-25-5
　画し，深夜，拳銃を持って営業中の店に侵入したが，たまたま店員が
　不在であったため，レジから売上金を奪った場合，強盗罪（刑§236）
　の実行の着手はない（最判昭23.6.26）。
　➡　暴行・脅迫がない。

・盗みの目的で，他人の家の玄関の鍵を壊して屋内に侵入した場合，窃　H3-27-ア
　盗罪（刑§235）の実行の着手はない（大判昭9.10.29）。
　➡　窃取行為がない。

② 未遂が成立する場合
　判例

・Aが，Bから金銭をだましとるつもりで，Bに対して返済する意思も　S56-24-4
　ないのに「明日返すから金を貸してくれ」とうそを言ったところ，B
　は，これをうそだと見破ったが，Aに同情して金を渡した場合，詐欺
　罪（刑§246）の未遂となる（大判大11.12.22）。

・宝石店から宝石を窃取する目的でショーウインドウの中に手をいれ指　H3-27-エ
　輪をつかんで取り出そうとしたが，店員が来る気配を察して，ショー
　ウインドウの中に指輪を落して手を引っ込めた場合，窃盗罪（刑§
　235）の未遂となる（大阪高判昭60.4.12）。

・窃盗の目的で工場内で発見した鉛版をリヤカーに積み，いったん地下
　室に隠匿すべく運搬中，発見された場合，窃盗罪（刑§235）の未遂
　罪となる（仙台高判昭29.11.2）。

・盗みの目的で他人の家に侵入した上，手提げ金庫を発見しこれに近づ　H3-27-オ
　いた場合，窃盗罪（刑§235）の未遂となる（大判昭9.10.29）。

・電気配線を直結する方法でエンジンを始動させ，他人の自動車を窃取　H元-26-2
　しようとしたが，たまたまその自動車の電池が切れていたために，エ
　ンジンを始動させることができなかった場合，窃盗罪（刑§235）の
　未遂となる（最判昭25.8.31）。

・殺人の目的で炊飯釜の中に青酸カリを入れた場合，炊いた米飯が黄色　H元-26-4
　を呈し臭気を放って人が食べるおそれが少ない場合，殺人罪（刑§
　199）の未遂となる（最判昭24.1.20）。

・ブロック塀で囲まれ，警備員により警備された敷地内にある倉庫に侵　H12-26-5
　入し，中のタイヤ2本を倉庫外に搬出したところで，敷地内において

当該警備員に発見された場合，窃盗罪（刑§235）の未遂となる（東京高判昭24.10.22）。

- ・窃盗犯人が，逮捕を免れまたは罪跡を隠滅するために暴行・脅迫を行ったが，財物を得るに至らない場合，事後強盗罪（刑§238）の未遂となる（最判昭24.7.9）。

③　既遂が成立する場合

判例

H12-26-4
H3-27-イ

- ・他人の家から自転車を盗み出して路上に出たが，家人に発見され，自転車を放置して逃げた場合，窃盗罪（刑§235）の既遂となる（大阪高判昭25.4.5）。
  - ➡　路上まで運んだ段階で既遂。

H12-26-1

- ・スーパーマーケットでの万引きの場合は，商品をかごに入れただけでは既遂とならず，レジを通過する等の時点で窃盗罪（刑§235）の既遂となる（東京高判平4.10.28）。
  - ➡　レジを通過すれば，支払の請求を確定的に免れたといえるから。

H12-26-2

- ・家人が不在中の居宅に侵入して，物色した品物のうちから衣類数点を選び出し，これを持参した袋に詰めて荷造りをして勝手口まで運んだところで，帰宅した家人に発見された場合，窃盗罪（刑§235）は既遂となる（東京高判昭27.12.11）。
  - ➡　被害者宅を出たわけではないが，被害物品を荷造りした段階で窃盗行為は完成したといえるから。
- ・会社の事務所に押し入り，居合わせた事務員全員を縛り，そこにあった洋服類を着込み，その他の物は荷造りして持ち出すばかりにした場合は，強盗罪（刑§236）の既遂となる（最判昭24.6.14）。
- ・鉄道線路の地理現場に精通している鉄道機関士が，後でその場所に戻って拾う計画で，予定の地点で積荷を列車外に突き落とした場合は，窃盗罪（刑§235）の既遂となる（最判昭24.12.22）。
- ・店頭の書籍1冊を，着用中の上着の脇下に挟んだ場合は，窃盗罪（刑§235）の既遂となる（広島高岡山支判昭28.2.12）。

⑷　効　果

（未遂罪）
第44条　未遂を罰する場合は，各本条で定める。

① 犯罪の実行に着手してこれを遂げなかった者は，未遂犯処罰規定のある場合に限って処罰される（刑§44）。

② その刑を減軽することができる（刑§43本文；任意的減軽）。

2 中止未遂（中止犯）

1 中止未遂

> （未遂減免）
> **第43条** ただし，自己の意思により犯罪を中止したときは，その刑を減軽し，又は免除する。

(1) 意　義

中止未遂とは，行為者が，「自己の意思により犯罪を中止した」場合をいう。

(2) 要　件

① 実行に着手したこと
② 自己の意思によること（中止の任意性）
③ 犯罪を中止したこと
④ 結果発生が防止されたこと
⑤ 中止行為と結果不発生との間に因果関係があること

① 実行に着手したことを要する。　　　　　　　　　　　　　　　`H27-25-オ`

中止未遂は広義の未遂犯であるから，実行に着手していることが必要である。

② 自己の意思によることを要する（中止の任意性）。　　　　　`R2-25-エ`

「自己の意思により」とは，外部的な障害によらず，中止の決意が自発的なものであることをいう。

外部的な障害によって犯罪の完成が物理的に妨げられた場合はもちろん，行為者が外部的障害があると誤信して中止した場合も，自己の意思による中止とはいえない（大判昭21.11.27）。

中止の任意性の判断基準を何に求めるかについて判例の立場は必ずしも明らかでないが，悔悟があったと認められる場合には中止未遂の成立を肯

定し（最決昭32.9.10，福岡高判昭61.3.6），恐怖，驚愕による場合には否定している（最判昭24.7.9）。

③　犯罪を中止したことを要する。
　「犯罪を中止した」とは，行為者自らが犯罪の完成を阻止したことをいう。
　「中止」には，㋐着手未遂と㋑実行未遂の形態がある。

㋐　着手未遂
　実行行為が行われたが，いまだ結果発生に向かって因果の経過が進行を開始していない場合には，それ以降の実行行為を中止すれば中止未遂が成立する。

㋑　実行未遂
H27-25-イ
　実行行為が完了し，結果発生に向けて因果の経過が既に進行を開始している場合には，結果発生を阻止するための適切な措置を講じなければ中止未遂は成立しない（東京高判昭51.7.14）。

判例
・中止行為は，結果の発生を防止するために，真摯な努力を払って行わなければならない（大判昭13.4.19）。
・中止行為は，犯人が単独で行う必要はないが，他人の助力を受けたときは，少なくとも犯人自身がその防止にあたった場合と同視するに足りる程度の努力を払ったことが必要である（大判昭12.6.25，宮崎地都城支判昭59.1.25）。
R2-25-オ
・放火犯人が，焼損の結果の発生を防止するための他人の行為に協力したにすぎない場合は，障害未遂となるにすぎない（大判昭6.12.5）。

④　結果発生が防止されたことを要する。
H27-25-ウ
H27-25-エ
　中止未遂が成立するためには，現実に結果の発生を防止できたことが必要である（大判昭13.4.19）。
H13-23-エ
　なお，結果的加重犯（たとえば傷害致死罪）には中止未遂は成立しない。
➡　傷害の点については結果が発生している（既遂）場合，傷害致死罪は傷害罪の結果的加重犯であって，結果的加重犯には未遂に関する規定がないことから，その中止未遂ということもないからである。

⑤　中止行為と結果不発生との間に因果関係があることを要する（大判昭4.9.17）

判例

・殺意をもって被害者に重傷を負わせた後，悔悟して被害者を病院に搬　H13-23-ウ
送し，一命を取り留めさせたが，たまたま落雷で病院が火事になり被
害者が死亡した場合でも，殺人罪（刑§199）の中止未遂が成立し得
る（福岡高判昭61.3.6）。

　➡　行為者は，被害者を病院に搬送し一命を取り留めさせており，その時
　　点において中止行為と結果不発生との間に因果関係が認められ，その後
　　の病院の火事による死亡については因果関係がないから。

(3)　中止未遂の成否に関する判例

①　中止未遂が成立する場合

判例

・妻を絞め殺そうとしたところ，哀願され，哀れみを覚えて実行を中止　H27-25-ア
した場合，殺人罪（刑§199）の中止未遂が成立する（大阪高判昭
33.6.10）。

・被害者が現金190円余を差し出しながら「これだけしかない，これを
とられたら明日米を買う金もない」と涙を流すのをみて憐憫を覚えて
翻意し，強盗の遂行を思いとどまった場合，強盗罪（刑§236）の中
止未遂が成立する（福岡高判昭35.7.20）。

・殺意をもって被害者の頸部をナイフで突き刺したが，流血を見て驚愕　H21-24-オ
するとともに悔悟の情から，当該頸部にタオルを当てたり救急車を呼
んで医師の手当てを受けさせたりして被害者の一命をとりとめさせた
場合，殺人罪（刑§199）の中止未遂が成立する（福岡高判昭61.3.6）。

②　中止未遂が成立しない場合

判例

・犯罪の発覚を恐れて犯行を断念した場合，中止未遂は成立しない（大　H21-24-エ
判昭12.9.21）。　　　　　　　　　　　　　　　　　　　　　　　　　　H元-26-5

・窃盗犯人が，目的物を発見することができなかったために犯行を中止
した場合，窃盗罪（刑§235）の中止未遂は成立しない（大判昭
21.11.27）。

・殺人の目的で人を傷害した者が，被害者の流血を見て驚愕恐怖し犯行　H21-24-ウ
を中止した場合は，殺人罪（刑§199）の中止未遂は成立しない（最
決昭32.9.10）。

(4)　**効　果**

　　刑を減軽し，または免除する（刑§43条ただし書；必要的減免）。

①　中止未遂の必要的減免の根拠
　　＜論点＞
　　　　中止犯につき刑を必要的に減軽または免除する根拠については，見解の対立がある。

政策説（判例）	法律説	
	違法性減少（消滅）説	責任減少（消滅）説
犯罪の完成を未然に防ぐための刑事政策的な理由に基づく（後戻りのための黄金の橋）。	実質的違法性が減少または消滅する（結果発生の現実的危険性または行為の反規範性が減少または消滅）。	責任が減少または消滅する（非難可能性の減少または消滅）。

H13-23-ア
②　中止の任意性の基準と中止未遂の根拠との関係
　　　中止未遂の要件である「自己の意思により」について，行為者本人が犯罪の完成を妨げる認識を有していたか否かを基準とする見解（主観説）は，中止未遂の根拠について責任が減少するとする立場と結び付きやすいが，違法性が減少すると解する立場からも，この見解を採ることは可能である。
　➡　確かに「違法は客観的に，責任は主観的に」を考えれば，中止未遂の法的性格についての違法性減少説は，中止未遂の要件である「自己の意思により」につき客観説に結びつきやすい。しかし，違法性減少説からも主観的違法要素を認める立場によれば，違法性の有無について行為者の主観も判断の対象になるので，「自己の意思により」につき主観説を採ることができる。

③　中止した犯罪と併合罪または科刑上一罪の関係に立つ別罪については，中止未遂の効果は及ばない。

④　共犯者の1人について中止未遂が成立しても，他の共犯者には効力を及ぼさない（大判大2.11.18）。

2　予備・陰謀の中止

　　予備・陰謀とは，犯罪を実行するための準備行為すなわち，実行に着手する前の段階での行為であり，刑法に特別の規定がある場合に限り罰せられる。

　予備・陰謀の中止とは，行為者がある犯罪の予備・陰謀を行った後，実行に着手することを思いとどまることをいう。

<論点>

　予備・陰謀の中止未遂が認められるか否かが問題となる。予備・陰謀行為の中止未遂が否定されると，進んで実行の着手をした後に中止した者に認められる恩恵（特に刑の免除）が認められないことになり，不都合となるからである。

📖 **ケーススタディ**

　Aは，Bを脅して現金を強奪するつもりで，けん銃を用意してB宅に向かったが，冷静さを取り戻したため，けん銃を川に捨てて引き返した場合，中止未遂の規定を準用することができるか。

✏️ 　予備・陰謀は「実行に着手」する前の段階であり，中止未遂は適用されないことから，刑法43条ただし書は準用されない（最判昭29.1.20）。　[H21-24-イ]

　➡　予備罪は挙動犯（結果発生を必要としない犯罪）であり，予備行為により既遂に達しているので，予備罪には未遂の観念を入れる余地はないからである。

③　不能犯

(1)　意　義

　不能犯とは，行為者が犯罪を実現する意思で行為をしたが，その行為の性質上，およそ結果発生の危険性がないもの（人を呪い殺すなど）をいい，そのような行為は犯罪の実行とは認められないから，不可罰とされる。

(2)　未遂犯との区別

　未遂犯と不能犯の区別のポイントは，①危険性の判断の基礎事情を何に求めるのか，②その判断の基準を何に求めるのか，③いつの時点を基準に判断するのか，にある。

　この点につき判例は，①一般人が認識しえた事情および行為者が特に認識していた事情（2つの事情が異なるときは，実際に存在していた事実と合致するもの）を基礎事情として，②判断基準を一般人，③判断時期を行為時により，区別している（具体的危険説）。

📖ケーススタディ

① 　Aは，現金を盗む目的で，現金支払機をこじ開けたが，支払機の工事の
ために，内密に支払機の中の現金はすでに抜かれていたので，目的を遂げ
なかった場合，窃盗罪の不能犯となるか。

② 　Aは，殺害の目的で，戸棚に隠しておいた青酸カリ入りの瓶と間違えて
砂糖と書かれた瓶を取り出して，それをコーヒーに入れてBに飲ませたが，
目的を遂げなかった場合，殺人罪の不能犯となるか。

③ 　Aは，Bを殺害する目的で丑の刻参り（迷信）をしたが，目的を遂げな
かった場合，殺人罪の不能犯となるか。

✎① 　現金自動支払機の中には現金が入っているとの事情を基礎として，行
為者本人からみても，一般人からみても，現金の窃盗が可能であったか
ら，不能犯とならない。

② 　砂糖を飲ませるとの事情を基礎として，一般人からみても，事後的・
科学的に判断しても，殺人が不可能であったので，不能犯となる。

③ 　呪うだけでは人は殺せないとの事情を基礎とするので，不能犯となる。

(3)　不能犯の成否につき問題となった判例

判例

・人を殺そうとして硫黄を飲ませる行為は，殺人罪としては不能犯である
（大判大6.9.10）

➡ 　傷害罪が成立する可能性はある。

・殺人の目的で静脈内に空気を注射したが，致死量に足りなかった場合は，
不能犯とならない（最判昭37.3.23）。

・殺人の目的で致死量に達しない殺虫剤を被害者の食用に供する味噌汁中
に投入した場合は，不能犯とならない（大判大8.10.28）。

・警察官のピストルを奪って殺害行為に及んだところ，弾丸が空であった
ため目的を遂げなかった場合は，不能犯とならない（福岡高判昭
28.11.10）。

・中毒死のおそれのない都市ガス（天然ガス）を室内に充満させることに
より2人の子供を道連れに心中しようとしたが遂げなかった母親の行為
は，不能犯とならない（岐阜地判昭62.10.15）。

➡ 　中毒死しなくとも，酸欠死などの危険性はあったから。

第6節　共　犯

Topics・ここでは，共犯について学習する。
　　　　・共犯は，本試験での出題頻度が非常に高いので，共同正犯，教唆犯，
　　　　　幇助犯の各要件を区別したうえで，具体的事例・判例事例により，ど
　　　　　のような結論になるかを整理する必要がある。

¹ 共犯の基本的概念

1 共犯の意義

　共犯とは，2人以上の者が共同して構成要件を実現することをいう。

　共犯は，必要的共犯と任意的共犯とに分かれ，必要的共犯には対向犯と多衆
犯（集合犯）があり，任意的共犯には，共同正犯，教唆犯および従犯（幇助犯）
がある。

⑴ 必要的共犯

　必要的共犯とは，構成要件上当然に2人以上の行為者の意思の連絡ある行
為を予想して規定されたものである。必要的共犯はさらに対向犯と多衆犯（集
合犯とも呼ばれる）に分かれる。

　① 対向犯

　　対向犯とは，2人以上の行為者の相互に対向した行為の存在することが
　構成要件とされる犯罪をいう。
　　➡ 重婚罪（刑§184），賄賂罪（刑§197〜198）など

　② 多衆犯（集合犯）

　　多衆犯とは，犯罪の性質上，同一の目標に向けられた多数の共同行為の
　存在が必要とされる犯罪をいう。
　　➡ 内乱罪（刑§77），騒乱罪（刑§106）など

⑵ 任意的共犯

　任意的共犯とは，法律上，本来単独犯として犯され得る犯罪を2人以上の
行為者が共同して行うものをいう。

　任意的共犯には，①共同正犯（刑§60）と，②従属的共犯（狭義の共犯）
として⑦教唆犯（刑§61），④従犯（幇助犯；刑§62）がある。

2 共犯の本質

<論点>

　　共犯の本質，すなわち共犯とはいったい何を共同にすることをいうかについて，判例は，共犯は，数人が共同して「特定の犯罪」（同一の犯罪）を行うことにより成立するとしている。

　　ただし，異なった犯罪を共同して行った場合でも，これらの犯罪が質的に重なり合う性質のものであるときは，その重なり合う限度内で共犯の成立を認める（犯罪共同説；最判昭54.4.13）。

📖**ケーススタディ1**

① 　Aは傷害の故意で，Bは殺人の故意で，共同してCに向けて拳銃を撃ったところ，Aの弾丸は外れたが，Bの弾丸が当たってCが死亡した場合，AまたはBに殺人罪の共同正犯が成立するか。

② 　Aは強盗の故意で，Bは不同意性交等の故意で，共同してCに暴行を加えたところ，いずれかの暴行行為によって傷害を負わせたが，両者ともその目的を遂げなかった場合，AまたはBに強盗・不同意性交等罪の共同正犯が成立するか。

✎　① 　傷害（致死）の限度で同質的に重なり合っているので，Aには傷害（致死）罪（刑§205）の共同正犯が成立し，Bには殺人罪（刑§199）の単独犯が成立する。

　　② 　強盗罪（性質；財産罪）と不同意性交等罪（性質；性的自由に対する罪）には，犯罪の同質性が認められないので，Aには強盗未遂罪（刑§236，243）の単独犯が，Bには不同意性交等未遂罪（刑§177，180）の単独犯が成立する。

3 共犯の従属性

⑴ 意 義

　　共犯の従属性とは，共犯は正犯の犯罪に加功するものであるから， 共犯が成立するためには正犯に従属しなければならないことをいう（この場合の共犯は教唆犯・幇助犯をさす）。

⑵ 内 容

　　共犯の従属性については，①共犯が成立するためには，正犯が現実に犯罪の実行に着手する必要があるか否か（実行従属性の問題）と，②仮に正犯の実行の着手が必要だとした場合，正犯は犯罪成立要件（構成要件該当性，違

法性，責任）のうち，どの段階まで満たしている必要があるか（要素従属性
の問題），の内容に分けることができる。

① 実行従属性の問題

　　共犯が成立するために，判例は，正犯が実行に着手する必要があるとし
ている（共犯従属性説；大判明44.12.18，大判昭15.7.22）。

　　共犯の未遂は，正犯の実行行為が未遂に終わった場合に限られる。

② 要素従属性の問題

　　正犯が実行に着手する必要があるとする見解（共犯従属性説）を前提と
した場合に，正犯は，犯罪成立要件（構成要件該当性，違法性，責任）の
うち，どの段階まで満たしている必要があるかが問題となる。

　　この点につき，判例は，正犯の行為が，構成要件に該当し，かつ違法で
あるときに共犯が成立するとしている（制限従属性説）。

H7-23

② 共同正犯

（共同正犯）
第60条　2人以上共同して犯罪を実行した者は，すべて正犯とする。

1　共同正犯
(1) 意　義

　　共同正犯とは，2人以上の者が共同して犯罪を実行することをいう。

「共同して犯罪を実行する」とは，①2人以上が共同して犯罪を実行する意
思（共同実行の意思）のもとに，②共同して実行行為を行うこと（共同実行
の事実）をいう。

　　共同正犯においては，相互に他人の行為を利用・補充して犯罪を実現した
といえることから，共同者全員を正犯として扱い，他の共同正犯者が発生さ
せた結果についても責任を負うものとしたのである（**一部実行全部責任の原
則**）。

　　広義の共同正犯には，以下の2つがある。

① 実行共同正犯

　　共同者全員が実行行為を分担し合って犯罪を実現する場合である。

②　共謀共同正犯

　　２人以上の者が特定の犯罪を行うため，共同実行の意思のもとに相互に他人の行為を利用し合い，犯罪を実現するための謀議をし，その中のある者が共同実行の意思に基づいてこれを実行する場合である。

(2)　要　件

```
①　共同実行の意思
②　共同実行の事実
```

①　共同実行の意思を要する

H10-24-4　　共同実行の意思とは，２人以上の行為者が共同して実行行為を行おうとする意思をいう。

　㋐　共同実行の意思は，必ずしも明示的方法によって発生したものであることを要せず，行為者相互間に暗黙の認識があれば足りる（最判昭23.11.30）。
　㋑　共同実行の意思は，必ずしも共同者間で直接生じたものである必要はなく，共同者中のある者を介して他の者に連絡されることによって間接的に生じたものであってもよい（大判昭7.10.11）。
　㋒　共同実行の意思は，行為のときにあれば足り，事前に共謀し，または打ち合わせがされたことなどの必要はない（最判昭23.12.14）。
平31-24-エ　㋓　意思の連絡を欠く場合，行為者の一方に共同実行の意思があっても共同正犯は成立しない（大判大11.2.25；片面的共同正犯）。

②　共同実行の事実を要する

　　共同実行の事実とは，２人以上の行為者が１個の犯罪を共同して実行することをいう（犯罪共同説）。

　㋐　各行為者の行う実行行為には，それぞれについて，また全体として犯罪を実行する現実的危険性を要する。
　㋑　共同実行の事実は，不作為によってもなしうるから，不作為の共同正犯も認められる。
　　➡　母親と第三者とが共同実行の意思のもとに相互に利用し補充し合って乳児への授乳を怠り餓死させた場合，不作為による殺人罪（刑§199）の共同正犯が成立する（大阪高判昭62.10.2）。

(3) 効　果

共犯者全員が正犯としての責任を負う。

ただし，刑の加重・減免事由などは，これを具備する各行為者についての `H4-28-5`
み考慮すべく，また具体的な刑の量定もそれぞれの行為者ごとに行う。

➡　責任は個別に考える。

(4) 共同正犯の成否

① 共同正犯が成立する場合 `H5-24-4`

判　例

・共犯者である強盗犯人Aが，夜間，ブリキ製のピストルを被害者に突きつけ脅迫した際に，その傍にBが立っていた場合，AとBには強盗罪（刑§236）の共同正犯が成立する（最判昭23.6.22）。

② 共同正犯が成立しない場合（いずれも意思の連絡のない場合） `H13-25-2` `H5-24-1` `H5-24-2` `H5-24-3` `H5-24-5`

判　例

・Aは，返済の意思もないのに，Cに対し，嘘を言って借金の申し込みをし，CはAの嘘を真実と誤信して，Aに金員の貸付を約束した。CがAに欺かれていることを知らないBは，Aからこの借入金の受取方を依頼され，Aの妻と詐称して，Cから金員を受領した。この場合，BとAとに詐欺罪（刑§246）の共同正犯は成立しない（広島高判昭29.4.21）。

2　共謀共同正犯

(1) 意　義

共謀共同正犯とは，2人以上の者が犯罪を共謀し，そのうちの一部の者が `H26-24-ア` `H10-24-1`
共謀に基づいて犯罪を実行した場合に，実行に加わらなかった他の共謀者も
共同正犯となることをいう（大判昭11.5.28）。

① 明示の意思表示がなくても，暗黙に意思の連絡があれば共謀があったといえる（最判昭23.11.30）。

② 順次に共謀が行われた場合には，その共謀をした者全員について共謀関 `S60-26-2`
係が成立する（最判昭33.5.28）。

(2) 共謀共同正犯と責任主義の関係 `H19-25-ウ`

単に共謀を行っただけで，実行行為を行っていない者も「正犯」とするの

は責任主義に反することになるか否かにつき，判例は，共謀に参加した者は，直接実行に関与していなくとも他人の行為を自己の手段として犯罪を行ったという意味で，直接実行行為に関与した者とその刑責に差異はなく責任主義に反しないとして，共謀共同正犯を認めている（最判昭33.5.28）。

📖ケーススタディ1

　　AとBおよびCは，宝石店に侵入して強盗することを共謀し，BおよびCが宝石店に向かい，Cは外で見張りをし，Bが店主に暴行を加えて宝石を奪取した場合，ABC全員につき住居侵入罪および強盗罪の共同正犯が成立するか。

　✎　共謀に基づいて犯行現場で見張りをしたにすぎない者でも，共同正犯となる（最判昭23.3.11）。

　　したがって，ABC全員に住居侵入罪（刑§130）および強盗罪（刑§236）の共同正犯が成立する。

　➡　その実益は，やくざの親分など背後の大物を逃がさないようにするためである。

3　過失犯の共同正犯

(1)　意　義

　　過失犯の共同正犯とは，2人以上の者が，ともに過失により犯罪事実を実現することをいう。

H12-23
H10-24-5

　　故意犯におけるような意思の連絡のない過失犯についても，共同正犯の主観的要件である共同実行の意思が認められるか否かにつき判例は，犯罪共同説に立っても，過失を客観的注意義務違反であるとすれば，その違反行為を共同にする意思と事実を認めることは可能であるとしている（最判昭28.1.23）。

📖ケーススタディ2

　　AとBが共同して，注意義務に違反してそれぞれ廃材をビルの屋上から落としたところ，その下を通行中のCに当たり死亡させたが，いずれの廃材が命中したかが明らかでない場合，ABにつき過失犯の共同正犯が成立するか。

　✎　ABはCの死亡という結果発生の危険が予想される状態の下で，事故防止の具体的対策を講じるにつき相互利用・補充という関係に立ち，結果回避のための共通の注意義務を負うから，共同作業中に不注意で廃材をビルの屋上から落としたという落ち度について，両者に業務上過失致死罪（刑§211）の共同正犯が成立する。

⑵　**過失犯の共同正犯の成否**

　判例

- ・共同で飲食店を経営していたAとBは，Cから仕入れたウイスキーと称するメタノールを含有する液体を不注意でなんら検査せずに客に販売した場合，過失傷害罪（刑§209）の共同正犯が成立する（最判昭28.1.23）。
  - ➡　2人以上の者に相互に利用・補充しあって，結果を防止するための共通の注意義務に違反し，これにより結果を発生させたため，共同実行の意思と事実が認められるから。
- ・2人勤務制の踏み切りにおいて，列車接近の確認業務を怠り遮断機を閉鎖しなかったため生じた衝突事故につき，業務上過失傷害罪（刑§211）の共同正犯が成立する（京都地判昭40.5.10）。
- ・鋼材の電気溶接作業に伴って発生した熱の輻射や火花などにより発生した火災について，溶接作業を交代で実施した作業員2名に対し業務上失火罪（刑§117の2）の共同正犯が成立する（名古屋高判昭61.9.30）。
- ・医師が患者の衛生上危害を生ずるおそれのある注射を看護師に命じた結果，患者を死亡させた場合，医師と看護師には上命・下服の関係があり，共同注意義務は認められないので，過失犯の共同正犯は成立しない（広島高判昭32.7.20）。

4　結果的加重犯の共同正犯

⑴　**意　義**

　　結果的加重犯の共同正犯とは，2人以上の者が基本となる犯罪を共同実行の意思のもとに実行行為を共同した場合において，その一部の者の行為によって重い結果が発生したときは，共同者全員に重い結果について共同正犯が成立することをいう。

⑵　**結果的加重犯の共同正犯の成否**

　　結果的加重犯の共同正犯が認められるか否かについて，結果的加重犯の法的構造（＝重い結果に対する過失の要否）をどのように解するかにつき，判例は，重い結果の発生につき過失は不要であるとして，基本となる犯罪と重い結果との間に条件関係が認められる限り，結果的加重犯の共同正犯が成立するとしている（最判昭22.11.5）。

　判例

- ・数名で強盗を共謀したところ，そのうちの1人が強盗致傷の結果を生じさせた場合，他の共謀者も強盗致傷罪（刑§240）の共同正犯が成立す

H19-25-オ
H6-25-オ
S61-25-4

る（最判昭22.11.5）。

・AとBは，Cに暴行を加えることを事前に共謀し，両名でCの部屋に赴き，かねての謀議のとおりCが逃走出来ないようにAが部屋の出入口をふさぎ，BがCの顔面を殴打したところ，Cは脳内出血を起こして死亡した。この場合，ＡＢには傷害致死罪（刑§205）の共同正犯が成立する（最判昭23.5.8）。

・数名が共謀のうえ，婦女を不同意性交等により傷害を与えた場合においては，何人が致傷の結果を生ぜしめたか明確でなくとも，不同意性交等致傷罪（刑§181Ⅱ）の共同正犯が成立する（最判昭25.6.6）。

5　予備罪の共同正犯

(1)　意　義

　予備罪の共同正犯とは，意思の連絡のもとに予備行為を共同して行うことをいう。

(2)　予備罪の共同正犯の成否

＜論点＞

H11-23
（推論）

　共同正犯が成立するには，共同して実行行為を行わなければならないところ，「予備」は実行の着手以前の準備行為にすぎず，予備行為は実行行為といえないから，共同正犯は成立しないのではないかが問題となる。

　予備罪の共同正犯が成立するか否かについては，刑法60条の「実行」と刑法43条の「実行」を統一的に理解するのか，異なって理解するのかによって結論を異にする。

　この点につき判例は，予備罪について共同正犯を認めている（最決昭37.11.8）。

➡　刑法60条の「実行」とは処罰範囲を確定するための概念であり，43条の「実行」とは処罰時期を確定するための概念であることから，これらを同じに解する必要はないため（実行行為概念の相対性），予備行為も実行行為といえるから。

📖ケーススタディ３

H31-24-イ
H6-25-ウ

　Aは，Cを殺害する意思をもっていたBからその真意を打ち明けられて，殺害のための毒薬の入手方を依頼され，これに応じて毒薬をBに渡したが，Bは，その後Cの殺害を思いとどまり，その毒薬を廃棄した。この場合，ＡとBには殺人予備罪の共同正犯が成立するか。

🏷　ＡＢにつき殺人予備罪（刑§201）の共同正犯が成立する。

6 承継的共同正犯

(1) 意 義

　承継的共同正犯とは，ある者（先行者）が特定の犯罪の実行に着手し，既に実行行為の一部を終了した後，他の者（後行者）がその事情を知りながら共同実行の意思をもって実行に参加することをいう。

(2) 承継的共同正犯の成否

H11-23
（推論）

＜論点＞

　後行者が関与する以前の先行者が行った部分についても，後行者が共同正犯としての責任を負うか否かが問題となる。

📖ケーススタディ4

　Bが強盗の目的でCに暴行を加え，傷害結果を生じさせて，反抗できない状態に陥れたとき，その場を通りかかったAに対し財物の取得について協力を求めたところ，Aは共同実行の意思をもって，Bと共同して財物を取得した場合，Aにも強盗致傷罪の共同正犯が成立するか。

	肯定説	一部肯定説	否定説
内 容	先行者と後行者の行為を全体として考察し，共同正犯を認める。	先行者の行った行為の結果が後行者の関与後にも及んでおり，後行者がこれを利用する限りにおいて，共同正犯を認める。	先行者は，犯罪に関与した後の行為と結果に限り，共同正犯を認める。
根 拠	後行者が先行者の行為と結果を自己の犯罪遂行の手段として利用した場合には，事前に共謀が成立していた場合と価値的に異なることがないため，後行者にも関与前の行為および結果につき責任を問うことができる。	先行者の行った結果が後行者の関与後にも及んでいる場合には，後行者は関与後にも持続している先行者の行った効果を利用して，先行者と共同して結果を惹起できるため，この限りで関与以前の行為についても責任を問うことができる。	関与以前の先行者の行為について，後行者の行為が因果性を持つことはありえないし，個人責任の原則を重視すべきであるから，犯罪に関与しない部分について責任を問うことはできない。

	肯定説	一部肯定説	否定説
ケーススタディ4の帰結	Aには強盗致傷罪（刑§240）の共同正犯が成立する。	Aには強盗罪（刑§236）の共同正犯だけが成立する。	Aには窃盗罪（刑§235）の共同正犯だけが成立する。

➡ 　この点につき判例は，強盗致傷罪の共同正犯が成立するとするもの（札幌高判昭28.6.30）と，強盗罪の共同正犯が成立するとするもの（東京高判昭57.7.13）がある。

(3)　承継的共同正犯に関する判例

①　単純一罪について

`判 例`

　・詐欺罪（刑§246）のような，構成要件上複数の行為が予想される場合は，承継的共同正犯が認められる（大判明44.11.20）。

②　継続犯について

`判 例`

　・他人が不法監禁されているとき，途中からその加害者の犯行を認識しながらこれと犯意を共通して監禁状態を利用し，自らも監禁を続けた場合は，監禁罪（刑§220）の共同正犯が成立する（東京高判昭34.12.7）。

③　結合犯について

`判 例`

　・実行行為の一部である暴行・脅迫がされた後に，参加して財物を強取した場合，強盗罪（刑§236）の共同正犯が成立する（東京高判昭57.7.13）。

③　教唆犯

> （教唆）
> 第61条　人を教唆して犯罪を実行させた者には，正犯の刑を科する。

1　意義・要件・効果
(1)　意　義

　　教唆犯とは，犯罪実行の意思のない者に対して，特定の犯罪の実行を決意 H14-23-アさせ，それに基づいて犯罪を実行させることをいう。

　　①　教唆犯は，自らは実行行為を行わない点で，共謀共同正犯の共謀者と類 H14-23-イ似しているが，犯罪の実行を実行者の意思にゆだねるものであって共同実行の意識を欠く点で，共謀共同正犯と異なる。

　　②　教唆犯は，自ら実行行為をせず，犯罪実行者の背後にあって他人の犯罪に加功するにすぎない点で，幇助犯と共通の性質を有するが，犯罪の決意を実行者に生じさせる点で幇助犯と異なる。

(2)　要　件

> ①　教唆者が人を教唆すること
> ②　教唆に基づいて被教唆者が犯罪を実行すること（共犯従属性説）
> ③　教唆行為と正犯の実行行為との間に因果関係があること

　　①　教唆者が人を教唆することを要する。
　　　　⑦　教唆の故意 H14-23-エ
　　　　　　教唆の故意の内容については，いわゆる未遂の教唆（教唆者が被教唆者の実行行為を当初から未遂に終わらせることを意図しながら，教唆した場合）に教唆犯が成立するかが問題となる。この点について，判例は，教唆の故意は，教唆の結果として被教唆者が当該犯罪を実行するに至る事実を認識していれば足りるとして，未遂の教唆が成立するとしている（大判大6.5.23）。

━━━🔲ケーススタディ1━━━━━━━━━━━━━━━━━━━━━━━

　Aは，Cがポケットに何も所持していないことを知っているのに，Bに対して，Cから財布を盗んでくるよう教唆し，Bがそれに応じて，Cの財布をすりとる行為を行った場合，Aにつき，窃盗罪の未遂の教唆犯が成立するか。

━━━━━━━━━━━━━━━━━━━━━━━━━━━━━━━━━

✎　Aは，Bに窃盗罪を実行することを決意させ窃取行為に出ることを認識しているので，窃盗罪の教唆の故意に欠けることはなく，窃盗罪の未遂の教唆犯が成立する。

　　① 教唆行為
　　　　教唆行為とは，他人に特定の犯罪を実行する決意を生じさせるのに適した行為をいう。

　　　ⓐ 特定の犯罪を実行する決意を生じさせるのに適した行為であれば，その手段・方法に制限はない（大判昭9.9.29）。
　　　　➡ 命令，要請，嘆願，誘導，甘言，欺く行為など

　　　ⓑ 日時，場所，具体的方法等，細部にわたる指示も必要ない（最判昭26.12.6）。
　　　　　しかし，単に漫然と「犯罪をせよ」，「窃盗をせよ」というだけでは教唆犯は成立しない。
　　　　➡ 教唆は「特定の」犯罪の実行の決意を生じさせるものだからである。

　　　ⓒ 被教唆者は特定していなければならないが，特定していれば，2人以上の多数者でもよい。

　　② 教唆に基づいて被教唆者が犯罪を実行することを要する。

R5-25-2
H14-23-オ
　　　㋐ 被教唆者の決意は，教唆行為によって生じたものであることを要する。
　　　　➡ 既に殺人を決意していた者に，激励をしてその殺人を実行させた場合，殺人罪の教唆犯は成立せず，幇助犯の問題となる。

S62-24-2
　　　㋑ 被教唆者が実行行為に出なければ，教唆犯は成立しない（大判明44.12.18）。

H2-25-2
　　　㋒ 被教唆者が実行行為に出たが，犯罪が未遂に終った場合，教唆者も未遂罪となる。

③　教唆行為と正犯の実行行為との間に因果関係があることを要する。

➡　被教唆者が実行行為に出ても，それが教唆行為とは無関係な場合には，教唆犯は成立しない（最判昭25.7.11）。

⑶　効　果

正犯の刑を科する。

「正犯の刑を科する」とは，教唆犯は正犯の行為に適用される構成要件に定められた法定刑の範囲内において処罰されることをいう。

しかし，処断刑が正犯に従属する意味ではないし，正犯者が処罰されたことも必要でない。

➡　正犯者の刑より教唆犯の刑の方が重いことはあり得る。

2　教唆犯と間接正犯の区別

教唆犯と間接正犯とは，他人を利用して犯罪を実行するという点で共通する。

H7-23
（推論）

＜論点＞

H7-23-3

是非弁別能力が十分認められる12〜13歳の少年（責任無能力者）を利用して他人の物を窃取させた場合，教唆犯が成立するのか，間接正犯が成立するのかが問題となる。この点につき判例は，教唆犯が成立するためには，正犯者が構成要件に該当し，違法であれば足りるとしている（制限従属性説；最決平13.10.25参照）。

ケーススタディ2

Aは，13歳のBに，コンビニで食料を窃取してくるように説得したため，Bは自ら積極的に食料を窃取した場合，Aにつき窃盗罪の教唆犯が成立するのか，または間接正犯が成立するのか。

✎　窃盗罪の教唆犯が成立する。

3　共謀共同教唆

共謀共同教唆とは，2人以上の者が教唆行為を共謀し，その一部の者が教唆行為を行うことをいう。

判例

・AとBがCを教唆してDを殺させることを共謀したが，AのみがCを教唆してDを殺させた場合，BもDに対する殺人の教唆犯になり，共謀者全員

　　（AとB）に共謀共同教唆犯が成立する（大判明41.5.18）。

4　間接教唆・再間接教唆

> （教唆）
> **第61条**
> 2　教唆者を教唆した者についても，前項と同様とする。

R5-25-1　(1)　**間接教唆**

　　①　間接教唆とは，教唆者を教唆することをいう。

　　　判　例

　　　・AがBに対し，ある犯罪を実行するように教唆したところ，Bは自ら実行せずCを教唆してその犯罪を実行させた場合，Aには間接教唆が成立する（大判大3.11.7）。

　　②　効　果

　　　正犯の刑を科する。

H14-23-ウ
H6-25-エ　(2)　**再間接教唆**

　　再間接教唆とは，間接教唆者をさらに教唆することをいう。

　　再間接教唆は，間接教唆と異なり明文がないことから，教唆犯と同様に扱われるか否かが問題となる。

　　判例は，教唆者と同視される間接教唆者をさらに教唆した者も教唆者と同視されるとして，教唆犯と同様に扱われるとしている（大判大11.3.1）。

4　**幇助犯（従犯）**

> （幇助）
> **第62条**　正犯を幇助した者は，従犯とする。
> （従犯減軽）
> **第63条**　従犯の刑は，正犯の刑を減軽する。

1　意義・要件・効果

(1)　意　義

　　幇助犯（従犯）とは，正犯を幇助した者をいう。すなわち，正犯者でない

者で，正犯の実行行為を容易ならしめることをした者をいう。

⑵　要　件

```
①　幇助者が正犯を幇助すること
②　幇助に基づいて正犯が犯罪を実行すること（共犯従属性説）
③　幇助行為と正犯の実行行為との間に因果関係があること
```

①　幇助者が正犯を幇助することを要する。
　㋐　幇助の故意を要する。
　　　幇助の故意は，正犯の実行行為を認識してこれを幇助する意思があれ　`R5-25-5`
ば足り，正犯と相互的意思の連絡があることを要しない（大判大　`H26-24-オ`
14.1.22）。　`H22-24-オ`

　㋑　幇助行為をすることを要する。
　　　幇助行為とは，実行行為以外の行為で正犯を援助し，正犯の実行行為
　　を容易ならしめる行為をいう（最判昭24.10.1）。

　　ⓐ　幇助の方法は，物質的方法であると，精神的方法であるとを問わな
　　　い（大判昭12.8.31，大判昭7.6.14）。
　　ⓑ　幇助行為が行われる時期は，正犯の実行行為の終了前でなければな
　　　らない。正犯の実行行為終了後においては，幇助犯は成立し得ない（事
　　　後従犯）。
　　ⓒ　幇助を共謀した者のうち一部の者が幇助を行い，正犯者に犯罪を実　`S59-25-1`
　　　行させたときは，共犯者全員に幇助犯が成立する（共謀共同幇助；大
　　　判昭10.10.24）。
　　ⓓ　犯人の犯罪行為を認識しながら法律上の作為義務に反して不作為に　`R5-25-4`
　　　とどまる行為は，その犯罪行為を容易ならしめるものといえるから，
　　　不作為による幇助犯が成立する（不作為による幇助；大判昭3.3.9，最
　　　判昭29.3.2，大阪高判平2.1.23）。
　　ⓔ　幇助者が幇助の故意に基づき幇助行為を行ったが，正犯はその幇助　`H2-25-3`
　　　行為があることを知らずに犯罪行為を実行した場合，幇助犯が成立す　`S60-26-3`
　　　る（片面的幇助；大判大14.1.22）。

② 幇助に基づいて正犯が犯罪を実行することを要する。

　正犯者が実行行為に出ない限り，幇助犯も成立しない（共犯従属性説から）。

③ 幇助行為と正犯の実行行為との間に，因果関係があることを要する。

　ただし，幇助行為がなかったならば正犯者は実行行為に出なかったであろうという関係までは必要ではなく，幇助行為によって，正犯の実行行為が物理的・心理的に容易になったという関係が認められれば足りる（大判大2.7.9）。

> **判 例**
>
> ・正犯者からビル地下室において人を射殺する計画を告げられた行為者は，正犯者に告げずに銃声が漏れないように同室の窓等に目張りをしたが，正犯が計画を変更し，被害者を他所で射殺した場合，行為者の目張り行為が幇助となりうるためには，それ自体正犯者を精神的に力づけ，その犯意を強化することに役立ったことが必要であるから，正犯によって認識されていなかった目張り行為は，幇助行為性を有しない（東京高判平2.2.21）。

(3)　効　果

従犯の刑は，正犯の刑を減軽する。

これは，従犯の刑を正犯について各本条に定めた法定刑に照らして減軽するとするもので，従犯者は必ずしも正犯者より軽く処罰しなければならないものではない（大判昭13.7.19）。

➡ 正犯者は3年の懲役，従犯者は5年の懲役ということもあり得る。

2　間接幇助

間接幇助とは，幇助犯をさらに幇助することをいう。

間接教唆については明文があるが（刑§61Ⅱ），間接幇助は規定がないので，再間接教唆と同様に，解釈上これを認めることができるかどうかが問題となる。

この点につき，判例は，幇助犯を処罰する理由は正犯の実行行為を容易ならしめる点にあるから，正犯を間接に幇助することにより正犯の実行行為を容易にしたといえる場合には，幇助犯として処罰されるとしている（大判大14.2.20，最判昭44.7.1）。

3 幇助犯に対する教唆

> （幇助）
> 第62条
> 2 従犯を教唆した者には，従犯の刑を科する。

　幇助犯に対する教唆とは，正犯を幇助する意思のない者に対し，正犯を幇助する決意を生じさせ，幇助行為を行わせることをいう。
　従犯を教唆した者も，従犯と同様に処罰する趣旨である。

4 幇助犯の公訴時効

　幇助犯は正犯に従属することから幇助犯の公訴時効は正犯の犯罪行為が終了 `S60-26-1` した日から期間を計算する。

5 教唆および幇助の処罰の制限

> （教唆及び幇助の処罰の制限）
> 第64条　拘留又は科料のみに処すべき罪の教唆者及び従犯は，特別の規定がなければ，罰しない。

➡ 　教唆および幇助は，あらゆる犯罪について処罰の対象となるものではない。拘留，　`R5-25-3`
科料のみにあたる罪は，本来軽い罪だから正犯のみ処罰すれば十分だからである。　`S62-24-3`

5 共犯の諸問題

1 共犯と身分

> （身分犯の共犯）
> 第65条　犯人の身分によって構成すべき犯罪行為に加功したときは，身分のない者であっても，共犯とする。
> 2 身分によって特に刑の軽重があるときは，身分のない者には通常の刑を科する。

(1) 身分犯の意義・種類
　① 身分犯とは，身分の有無によって影響を受ける犯罪をいう。
　　身分とは，一定の犯罪行為に関する犯人の人的関係である特殊な地位ま

たは状態をいう（最判昭27.9.19）。

➡　男女の性別，内外国人の別，親族の関係，公務員たる資格など

② 　身分は，真正身分犯と不真正身分犯とに分けられる。

真正身分犯とは，行為者が一定の身分を有することによって初めて構成される犯罪をいう。

➡　横領罪（刑§252），収賄罪（刑§197～197の４）など

不真正身分犯とは，行為者が一定の身分を有していなくても犯罪は構成されるが，行為者が身分を有することにより，刑の軽重に差異がある犯罪をいう。

➡　常習賭博罪（刑§186Ⅰ），保護責任者遺棄罪（刑§218）など

(2)　**刑法65条１項の「共犯」の意味**

身分犯において，単独には行為者となれない非身分者も，身分者の犯罪行為に加功するときは，共犯とする趣旨である。

65条１項にいう「共犯」とは，教唆犯，幇助犯に限るものではなく，共同正犯も含まれる（大判昭9.11.20）。

(3)　**刑法65条１項と２項の解釈**
　　＜論点＞

刑法65条は，共犯と身分犯の取扱いについて規定しているが，１項は身分が共犯者たる非身分者にも連帯的に作用すると規定し，２項は身分が個別的に作用するものと規定しているので，両者の関係をどのように捉えるかが問題となる。

📖**ケーススタディ１**

H10-24-2
H4-28-3

S62-24-4

H4-28-2

① 　非公務員Ａが，公務員Ｂと共同して賄賂を収受した場合（真正身分犯），Ａに収賄罪の共同正犯が成立するか。
② 　ＸとＹは共同して，Ｙが看病していた寝たきりのＹの父親を遺棄した場合（不真正身分犯），ＸＹに保護責任者遺棄罪が成立するか。
③ 　常習賭博者Ｗが，非常習賭博者Ｚを教唆して賭博行為を行わせた場合（不真正身分犯），Ｗに常習賭博罪の教唆犯が成立するか。

	65条1項は真正身分犯についての身分の連帯的作用を，2項は不真正身分犯についての身分の個別的作用を規定したものとする説（最判昭31.5.24；通説）	65条1項は真正身分犯および不真正身分犯を通じて身分犯における共犯の成立を，2項は特に不真正身分犯について科刑の個別的作用を規定したものとする説(有力説)。
65条1項の解釈	真正身分犯の「成立および科刑」に関する規定である。	真正身分犯と不真正身分犯の「共犯の成立」に関する規定である。
65条2項の解釈	不真正身分犯の「成立および科刑」に関する規定である。	不真正身分犯のみについての「科刑」に関する規定である。
根 拠	65条1項の「身分によって構成すべき犯罪」とは，真正身分犯をいう表現であり，同条2項の「身分によって特に刑の軽重があるとき」とは，不真正身分犯をいうと解すべきである。	65条1項の「共犯とする」とは，非身分者についても身分犯の共犯が成立する旨を示したものに対し，同条2項の「刑を科する」とは，特に非身分者に対する科刑の基準を定めたものである。

ケーススタディ1の帰結

①	65条1項の適用により，非身分者Aおよび身分者Bには収賄罪（刑§197Ⅰ）の共同正犯が成立する（大判昭7.5.11）。		
②	65条2項の適用により，非身分者Xは単純遺棄罪（刑§217）の共同正犯が成立し，身分者Yには保護責任者遺棄罪（刑§218）の共同正犯が成立する。	65条1項の適用により，非身分者Xには保護責任者遺棄罪（刑§218）の共同正犯が成立し，2項の適用により単純遺棄罪（刑§217）の刑で処され，身分者Yには保護責任者遺棄罪（刑§218）の共同正犯が成立する。	H6-25-イ / S60-26-4
③	65条2項の適用により，身分者Wには常習賭博罪（刑§186Ⅰ）の教唆犯が成立し，非身分者Zには単純賭博罪（刑§185）の正犯が成立する。	65条の問題ではなく，共犯従属性の問題であるとして，身分者Wには単純賭博罪（刑§185）の教唆犯が成立し（共犯従属説），非身分者Zには単純賭博罪（刑§185）の正犯が成立する。	

(4) 具体的適用

判例

① 65条1項について

・公務員が非公務員と共謀の上，収賄した場合，非公務員についても収賄罪（刑§197Ⅰ）の共同正犯が成立する（大判昭7.5.11）。

H10-24-3
H4-28-1
H2-25-4

② 65条２項について

H4-28-4
S60-26-5

・賭博の非常習者が，常習賭博者の賭博行為を幇助した場合には，単純賭博罪（刑§185）の従犯が成立する（大判大2.3.18）。

・賭博の常習者が非常習者の賭博行為を幇助した場合，常習賭博罪（刑§186Ⅰ）の従犯となる（大判大3.5.18）。

➡　判例は，身分者が非身分者に加功した場合にも65条２項の適用を認める。

平31-24-ウ
H26-24-エ

・ＡとＢは，共謀してＢのみが業務上占有する金員を両名で着服費消した。この場合，業務上の占有者に対して非占有者が加功して，業務上の占有物を領得したことから，判例は，ＡＢにつき１項により業務上横領罪（刑§253）の共犯が成立するが，非占有者Ａには２項により単純横領罪（刑§252）の刑が科されるとしている（最判昭32.11.19）。

➡　業務上横領罪は，占有者という構成身分（真正身分犯）と業務上という加減身分（不真正身分犯）とが混在する特殊な形態の犯罪であるとの考え方によるものと解される。

2　共犯の錯誤

(1)　意　義

共犯の錯誤とは，共犯者が認識した犯罪事実と正犯者が実行した犯罪事実とが一致しないことをいう。

(2)　共犯の錯誤の形態

共犯の錯誤には，①同一共犯形式内の錯誤として，㋐共同正犯内の錯誤，㋑教唆犯内の錯誤，㋒従犯内の錯誤等がある。

また，②異なる共犯形式間の錯誤として，㋐共同正犯と幇助犯の錯誤，㋑教唆犯と幇助犯の錯誤，③間接正犯と共犯との間の錯誤がある。

(3)　共犯の錯誤があった場合の故意の成立範囲

H16-26

共犯の錯誤があった場合に，共犯者につきいかなる範囲で故意が認められるかについては，原則として単独犯に対する錯誤理論によって解決される。判例は，法定的符合説に立っている（最判昭25.7.11）。

H31-24-ア

① 同一共犯形式内の錯誤

同一構成要件内の錯誤については故意を阻却しない（大判昭6.7.8）。

異なった構成要件間の錯誤であるときは，原則として共犯の故意は阻却される。

しかし，異なった構成要件間の錯誤であっても，それぞれの基本的構成

要件が重なり合うときは，重なり合う限度で共犯の故意を認める。

⑦　共同正犯内の錯誤

　　共同行為者が認識・予見した事実と現実に発生した結果に不一致が生　H26-24-イ
じた場合をいう。

　判例

・AおよびBが窃盗を共謀し，Bが屋外で見張りをしていた場合にお　H6-25-ア
　いて，Aが進んで屋内で強盗をしたときは，Bには窃盗罪（刑§　S61-25-2
　235）の範囲内で共同正犯が成立する（最判昭54.4.13）。

・暴行・傷害を共謀した数人のうち1人が暴行中に殺意を生じ被害者　平31-24-オ
　を殺害した場合，殺意のなかった者には傷害致死罪（刑§205）の　H14-25-5
　共同正犯が成立する（最判昭54.4.13）。　　　　　　　　　　　　H2-25-1

・数名で強盗の共謀をしたところ，そのうちの1人が強盗殺人の結果　H19-25-エ
　を生じさせた場合，殺意のあった者には強盗殺人罪の共同正犯（刑
　§240）が成立し，殺意のなかった者には軽い罪である強盗致死罪
　の共同正犯（刑§240）が成立する（大阪地判平8.2.6）。

④　教唆犯内の錯誤

　　教唆者が認識した事実と正犯によって現実に実現された結果に不一致
がある場合をいう。

　判例

・A方で住居侵入・窃盗を教唆したところ，正犯者がA方で住居侵入
　および強盗を行った場合，住居侵入罪（刑§130）および窃盗罪（刑
　§235）の範囲で教唆犯の責任を負う（最判昭25.7.11）。

・AおよびBが，Cに対して虚偽公文書の作成を教唆することを共謀　S61-25-3
　したが，BがAに無断でDを教唆して，同一目的の公文書を偽造さ
　せた場合には，Aは公文書偽造罪（刑§155）の教唆犯の責任を負
　う（最判昭23.10.23）。

➡　両罪は罪質を同じくするものであり，かつ法定刑も同じだから。

⑦　従犯内の錯誤

　　幇助者が認識した事実と正犯によって現実に実現された結果に不一致
がある場合をいう。

　判例

・正犯者が被害者に傷害を加えるかもしれないと認識しつつ幇助者が
　あいくちを貸したところ，正犯者が被害者を殺害した場合，幇助者

は傷害致死罪（刑§205）の幇助犯の責任を負う（最判昭25.10.10）。

② 異なる共犯形式間の錯誤

H14-23-オ
異なる共犯形式であっても，ともに正犯を通じて間接的に法益を侵害する行為であるから構成要件の重なり合いが認められ，軽い方の共犯形式が成立する。

⑦ 共同正犯と幇助犯の錯誤
➡ 窃盗の共同正犯として見張りをする意思で行為したのに，結果として幇助にとどまった場合，窃盗罪（刑§235）の幇助犯が成立する。

④ 教唆犯と幇助犯の錯誤
➡ 窃盗を実行することを決意しているBに対し，これを知らないAが，窃盗を実行するように働きかけ，Bがこれを実行した場合，Aには窃盗罪（刑§235）の幇助犯が成立する。

③ 間接正犯と共犯との間の錯誤
利用者の主観的な故意を考え，また客観的に成立した事実を考慮し，間接正犯は自ら直接に法規範に違反する意識を含むのに対して，教唆犯は他人を介して法規範に違反する意識が含まれるのにすぎないので，その軽いとみられる事実関係に従って利用者の犯罪性を確定すると解する（折衷説）のが通説である。

⑦ 間接正犯の意思で，教唆にあたる結果を引き起こした場合
「他人を利用する意思」という点では間接正犯の故意は教唆の故意を含んでいるといえるので，罪責の軽い教唆犯が成立する。

④ 教唆の意思で間接正犯にあたる結果を引き起こした場合
判 例
・殺人を教唆するつもりで働きかけたところ，客観的には間接正犯にあたる事実が発生した場合は，殺人罪（刑§199）の教唆犯が成立する（仙台高判昭27.2.29）。

3 共犯と未遂

(1) 共犯の障害未遂
自己の行為により法益の侵害に対する結果が発生しなかった場合，単独犯

の場合は未遂が成立する。しかし共同正犯においては，他の共同者によって
結果が発生した以上，共同正犯の未遂が成立することはない。
　同様に，教唆犯および幇助犯においても，正犯行為によって結果が発生し
た以上，教唆犯および幇助犯も既遂となる（共犯従属性説）。

① 　共同正犯の障害未遂
　　共同正犯の未遂は，共同者の１人について実行の着手があり，しかも共
　同者のすべての行為から結果が発生しなかった場合に認められる。

② 　教唆犯および幇助犯の障害未遂　　　　　　　　　　　　　　H2-25-2
　　教唆犯および幇助犯の未遂は，正犯者が実行に着手し，しかも正犯者が
　未遂に終わった場合にのみ成立する。

(2)　共犯と中止未遂
　＜論点＞
　　　共犯にも刑法43条ただし書の中止未遂の規定が適用されるが，自ら中止
　　行為をしなかった他の共犯者または正犯者に，中止未遂が成立するかが問
　　題となる。

📖**ケーススタディ2**
　　ＡＢは強盗する目的でコンビニに入り，Ｂは店員にナイフを突きつけて現
　金を奪おうとし，Ａは入り口で見張りをしていたところ，Ａは今日が母の命
　日であることを思い出し，犯行を中止しそのまま逃走したが，Ｂは犯行を続
　行し，現金を奪って逃げた。この場合，Ａにつき強盗罪の中止未遂が成立す
　るか。

✎　Ａに中止未遂が認められるためには，Ｂの強盗の実行行為を中止させて，
　未遂に止まらせる必要があり，これを阻止しないで，単に自己だけが行為を
　中止しても，強盗罪（刑§236）の中止未遂は成立しない。

① 　共同正犯の中止未遂
　　共犯者の全員が任意にその犯罪を中止した場合，または共犯者のうち一　　H13-23-オ
　部の者が任意に他の共犯者の共同実行を阻止するか（着手未遂），もしく
　は結果の発生を阻止したとき（実行未遂）に中止未遂が認められる。
　　共同正犯者が実行行為に着手した後，一部の関与者について中止未遂が
　認められるためには，その関与者が自己の犯行を中止しただけでなく，着

手未遂の場合には他の共犯者の行為を阻止したこと，実行未遂の場合には
自己および共犯者の行為から生ずべき結果を阻止したことが必要である
（最判昭24.12.17）。

② 　教唆犯および幇助犯の中止未遂
　教唆者，幇助者が正犯の結果の発生を阻止したときに認められる。

③ 　中止未遂の効果は，中止者個人に専属し，他の共犯者には効果を及ぼさ
ない（大判大2.11.18）。したがって，中止未遂による刑の減免を受けるのは，
中止した者に限られる。

4　共犯関係からの離脱
(1)　意　義
　共犯関係からの離脱とは，犯罪遂行の共謀者のうちの一部が，犯罪の完成
に至るまでの間に犯罪を放棄し，その後の犯罪行為に関与しないことをいう。
　この場合に，離脱者が離脱後に発生した結果についても責任を負うかにつ
いては，離脱により共犯関係が解消されたといえるか否かによって決定され
る。
➡　共犯においても，自己の行為の結果についてのみ責任を問われるはずであり，
自己の影響力が及んでない結果についてまで責任を問われるのは不合理である
ことから，離脱者以外の共犯者により犯罪の結果が発生した場合には，離脱者に
一定の範囲で免責を認めるべきだから。

(2)　離脱の態様
　共犯関係からの離脱には，①実行に着手する以前の離脱（実行着手前の離
脱）と，②実行に着手した後の離脱（実行着手後の離脱）とに分けられ，離
脱の要件も異なることになる。

① 　実行着手前の離脱
　共謀関係からの離脱といえるためには，自己と他の共謀者との共謀関係
を完全に解消することが必要である。
㋐　いったん他の者と犯罪の遂行を共謀した場合でも，その着手前に他の
共謀者に離脱する意思を表明し，残余の共謀者がこれを了承すれば，共
犯関係からの離脱が認められる（東京高判昭25.9.14）。

H19-25-イ
㋑　特に離脱しようとする者が，共謀者団体の頭領であり，他の共謀者を
統制支配し得る立場にある場合には，たとえ残余の共謀者が離脱を了承

しても，離脱者において共謀関係がなかった状態に復元させなければ，共謀関係が解消されたとはいえない（松江地判昭51.11.2）。

⑦　共犯者数名と住居侵入強盗に及ぶことを共謀した場合，共犯者の一部が住居内に侵入した後，共犯からの離脱の意思表明を強盗の着手前に伝えて離脱したときであっても，現場の下見や謀議に参加するなど一定の役割を果たし，また，他の共犯者により，強盗が実行される切迫した危険がある場合には，結果防止措置を講じず，一方的な離脱意思の表明とそれについての他の共犯者の認識があるだけでは，共犯からの離脱は認められない（最決平21.6.30）。

② 実行着手後の離脱

離脱者が残余の共謀者に離脱の意思を表明し，これを了承させただけにとどまらず，さらに進んで他の共謀者の実行を中止させるなど，結果防止の処置をとる必要がある。

H26-24-ウ
H22-24-エ

意思を通じ共同して暴行に着手した者が，「おれ帰る」と言っただけで，他の共犯者について，なお暴行を加えるおそれが消滅していなかったのに，格別これを防止する措置を講ずることなく，成り行きに任せて現場を去った場合，共犯関係からの離脱は認められない（最決平元.6.26）。

ケーススタディ3

①⑦　ＡＢＣは，コンビニに強盗に入ることを共謀して出発したが，Ａは途中で怖くなり，ＢＣに「今日は日が悪いから帰る」と言って，ＢＣの了承のもとに立ち去ったため，ＢＣは2人で強盗を実行することにして，現金を奪取した。この場合，Ａにつき強盗の共同正犯からの離脱が認められるか。

①④　Ａは拳銃を用意して，ＢＣとともにコンビニに強盗に入ることを共謀したところ，Ａは途中で怖くなり，ＢＣに「おれはやめる」と言って，ＢＣに了承させ立ち去ったが，拳銃を回収するなどの共謀関係を解消する行為をしなかったため，ＢＣはその拳銃を用いて現金を奪取した。この場合，Ａにつき強盗の共同正犯からの離脱が認められるか。

②　ＡＢＣは，コンビニに強盗に入ることを共謀し，コンビニの店員にナイフを向けて脅迫を開始したところ，ＡはＢＣに「今日は日が悪いから帰る」と言って，そのまま逃げ帰った。この場合，Ａにつき強盗の共同正犯からの離脱が認められるか。

🖊 ①⑦の場合，強盗の実行着手前に，ＢＣに共犯の離脱を伝え，ＢＣも了承
していることから，共犯関係からの離脱が認められる。

　①④の場合，Ａは拳銃を用意しているなどから，Ａを中心として共謀がな
されたといえるので，Ａに離脱が認められるためには，ＢＣに強盗の中止を
周知徹底させ，拳銃を回収するなどして，共謀以前の状態に回復させる必要
があるため，単にＢＣの了承を得ただけでは，共犯関係からの離脱は認めら
れない。

　②の場合，Ａは強盗の実行に着手したことから，ＢＣの強盗を止めさせる
などの処置をとっていないため，共犯関係からの離脱は認められない。

第7節　罪　数

Topics　・ここでは，罪数について学習する。出題は結構あるから，おろそかにできない。

　　　　　・併合罪を覚える必要はなく，観念的競合と牽連犯を除いたものが併合罪と覚えればよい。

1　総　説
(1)　意　義

罪数とは，犯罪の個数をいう。

成立した犯罪が数個と評価される場合には，2つ以上成立した犯罪相互の関係が刑罰を適用するうえで，また刑事訴訟手続を進めるうえで重要な意義を有してくる。

(2)　種　類

① 一罪（本来的一罪）

一罪には単純一罪と広義の包括的一罪（集合犯，結合犯，狭義の包括的一罪，不可罰的事後行為）および法条競合がある。

② 数　罪

数罪には単純数罪と科刑上一罪（観念的競合と牽連犯）および併合罪がある。

2　本来的一罪
(1)　意　義

本来的一罪とは，ある事実が1つの構成要件によって1回的に評価されることによって一罪とされる場合をいう。

(2)　種　類

① 単純一罪

1つの行為によって1つの結果が発生した場合である。

➡　AがBにピストルを1発発射してBを殺害したような場合である。

② 広義の包括的一罪

㋐ 集合犯

1つの構成要件が初めから数個の行為を予定している場合である。

- 常習賭博罪（刑§186 I）は，常習的に賭博をする人を主体に予定している構成要件であるから，賭博の常習者が逮捕されるまでに10回賭博を繰り返し行ったとしても，罪数としては一罪として評価される（最判昭26.4.10）。

- 一度に数人の者に対し，わいせつ写真を販売した場合，集合犯としてわいせつ物頒布等罪（刑§175 I）一罪になる（福岡高判昭27.2.15）。

④　結合犯

それぞれ単独でも犯罪とされる2個以上の行為を結合して，1つの構成要件とした犯罪である。

➡　強盗・不同意性交等罪（刑§241前段）は，強盗罪（刑§236）と不同意性交等罪（刑§177）との結合犯である。

⑤　狭義の包括的一罪

同一構成要件にあたる数個の行為が，各行為の間における密接な関係から，同一法益の侵害に向けられた行為者の1つの人格態度の発現とみられることによって，包括的にその構成要件に該当する一罪と評価される場合である。

- 人を逮捕し，引き続き監禁したときは，1個の逮捕監禁罪（刑§220）が成立する（大判大6.10.25）。
- 賄賂を要求し，約束し，収受したときは，1個の収賄罪（刑§197）が成立する（大判昭10.10.23）。

- 1時間以内に3回に分けて同一の倉庫から財物を盗んだ場合，窃盗罪（刑§235）は一罪となる（接続犯；最判昭24.7.23）。
- 医師が，同一の麻薬中毒患者に対し，その中毒治療以外の目的で約4か月にわたり，数日おきに塩酸モルヒネ0.1ないし0.2g ずつ交付した場合，麻薬および向精神薬取締法27条3項，65条1項にあたる包括一罪である（連続犯；最判昭32.7.23）。

⑥　不可罰的事後行為

状態犯について，形式上他の構成要件にあたるように見えても，犯罪完成後の違法状態がすでに構成要件によって評価し尽くされているため，別罪を構成しない行為である。

➡ 窃盗犯が窃取した財物を破壊しても，窃盗罪（刑§235）とは別に器物損 **H26-25-オ**
壊罪（刑§261）は成立しない。

③ 法条競合
　法条競合とは，1個の行為について，数個の構成要件が外見的には競合するようにみえるが，実はそれらの中のいずれか1個の構成要件だけが適用され，他は当然に排除されるべき場合をいう。これには以下の種類がある。

㋐ 特別関係
　1個の行為が，一般法とともに特別法に該当する場合である。
➡ 特別公務員職権濫用罪（刑§194）が適用されれば，逮捕監禁罪（刑§220）の適用はない。

㋑ 一方の構成要件が他方の構成要件の中に必然的な過程または手段として含まれている場合である。

ⓐ 吸収関係
　主たる構成要件によって完全に評価されているので，別罪に問う必要のない場合である。
➡ 不同意性交等罪（刑§177）は暴行罪・脅迫罪を吸収する。
　殺人罪（刑§199）は殺人予備罪を吸収する。
　衣服の上からナイフを突き刺した場合，殺人罪（刑§199）だけが成立し，被害者の衣服に対する器物損壊罪はこれに吸収される。

ⓑ 補充関係
　1個の行為が同時に基本法と補充法の構成要件にあたるようにみえる場合である。
➡ 傷害罪（刑§204）が適用されるときは，暴行罪は適用されない。

ⓒ 択一関係
　1個の行為に同時に適用されるようにみえる数個の構成要件が両立しえない関係に立つときに，一方のみが適用される場合。
➡ 横領罪（刑§252）が成立するときには，背任罪は成立しない（大判明45.6.1）。

3　数　罪

(1)　意　義

　　数罪とは，数個の構成要件にそれぞれ該当し，犯罪が2個以上成立する場合をいう。

　　数罪には，科刑上一罪（観念的競合と牽連犯がある）と刑法の規定する要件を充たした場合に認められる併合罪がある。

(2)　科刑上一罪

> （1個の行為が2個以上の罪名に触れる場合等の処理）
>
> **第54条**　1個の行為が2個以上の罪名に触れ，又は犯罪の手段若しくは結果である行為が他の罪名に触れるときは，その最も重い刑により処断する。

　　①「1個の行為が2個以上の罪名に触れるとき」を観念的競合といい，②「犯罪の手段若しくは結果である行為が他の罪名に触れるとき」を牽連犯といい，両者を併せて科刑上一罪という。

　　① 観念的競合

　　　⑦ 意　義

　　　　観念的競合とは，1個の行為が2個以上の罪名に触れる場合をいう（刑§54Ⅰ前段）。

　　　　刑法54条1項の「1個の行為」とは，法的評価を離れ，構成要件的観点を捨象した自然的観察のもとで，行為者の動態が社会的見解上1個のものと評価されるものをいう（最判昭49.5.29）。

　　　　数個の罪，罪名は，同種であると別種であるとを問わない（大判大6.11.9）。

> **H26-25-エ**

　　　　判例

　　　　・職務執行中の警察官に暴行を加えて負傷させた場合，公務執行妨害罪（刑§95）と傷害罪（刑§204）の観念的競合となる（大判明42.7.1）。

> **H14-26-b**
> **H3-28-ア**
> **H3-28-イ**

　　　　・盗品等であることを知ってこれを賄賂として受け取った場合，盗品等収受罪（刑§256）と収賄罪（刑§197）の観念的競合となる（最判昭23.3.16）。

> **R3-26-エ**

　　　　・駅構内で1つの爆弾を爆発させることによって複数の駅員，乗客および通行人を殺害した場合，殺人罪（刑§199）は観念的競合となる（大判大6.11.9）。

> **H14-26-d**

- 自動車を運転中に不注意によってバスに衝突し，バスの乗客数名を
  負傷させた場合，業務上過失致傷罪（刑§211）の観念的競合とな
  る（大判大7.1.19）。 `S58-25-1`
- 通行中の3人連れを呼び止めて，ピストルで脅迫しながらその場で
  各人から順次金員を交付させた場合，強盗罪（刑§236）の観念的
  競合となる（最判昭22.11.29）。 `S58-25-3`
- 男女2人が密会している物置小屋の扉に鍵をかけ，これを監禁した
  場合，監禁罪（刑§220）の観念的競合となる（最判昭28.6.17）。 `S58-25-4`
- 一個の書面で数名を虚偽告訴した場合，虚偽告訴罪（刑§172）の
  観念的競合となる（大判明42.10.14）。

④　効　果

その最も重い刑により処断する。

「その最も重い刑により処断する」とは，数個の罪名中最も重い刑を
定めている法条によって処断するという趣旨とともに，他の法条の最
下限の刑よりも軽く処断することはできないという趣旨を含む（最判
昭28.4.14）。

➡　A罪が3年以上10年以下の刑，B罪が4年以上7年以下の刑を定めて
　いた場合は，4年以上10年以下の範囲で処断刑を定める。

最も重い刑をもって処断すべき場合において，数罪の刑が相等しい
場合は，犯情によって軽重を定める。

観念的競合にあたる数罪中，最も重い罪に没収，追徴がない時でも，
その他の罪にその旨の規定がある場合には，没収，追徴を科すること
ができる。

②　牽連犯

牽連犯とは，数個の行為がそれぞれ別個の構成要件に該当するが，その
間に一方が他方の手段であるか，他方が一方の結果である関係が認められ
る場合をいう（刑§54Ⅰ後段）。

この手段・結果の関係は，犯人の主観においてその一方を他方の手段ま
たは結果として実行したというだけでは足りず，その罪質上，通常，手段・
結果の関係が存在すべきものであることを要する（最判昭32.7.18）。

`判例`

- 小切手を偽造し，その偽造小切手を銀行に提示した場合，有価証券偽
  造罪（刑§162Ⅰ）と同行使罪（刑§163Ⅰ）とは牽連犯となる（大判
  明42.2.23）。

H14-26-a
・他人の住居に侵入し，被害者の反抗を抑圧して金員を奪った場合，住居侵入罪（刑§130）と強盗罪（刑§236）は牽連犯となる（最判昭23.12.24）。

H26-25-イ
・他人名義の文書を偽造して財物を騙取した場合は，私文書偽造罪（刑§159）と詐欺罪（刑§246）の牽連犯である（大判明42.7.27）。

・他人の印章・署名を使用して委任状を偽造し，その委任状を使って公正証書の原本に不実の記載をさせ，かつ，それを行使した場合は，私文書偽造罪（刑§159）と偽造私文書行使罪（刑§161Ⅰ）と公正証書原本不実記載罪（刑§157）と不実記載公正証書原本行使罪（刑§158）との牽連犯である（大判明42.3.11）。

・共犯者の一方が財物騙取の目的で詐欺訴訟を提起し，その目的を遂げるために他の共犯者が証人として偽証した場合は，偽証罪（刑§169）と詐欺罪（刑§246）との牽連犯である（大判大2.1.24）。

・公正証書原本不実記載罪およびその行使罪（刑§157，158）と詐欺罪（刑§246）とは，牽連犯である（最決昭42.8.28）。

・他人の住居に侵入して放火した場合は，住居侵入罪（刑§130）と放火罪（刑§108）との牽連犯である（大判明43.2.28）。

・他人の住居に侵入して財物を窃取した場合は，住居侵入罪（刑§130）と窃盗罪（刑§235）との牽連犯である（大判明45.5.23）。

H26-25-ア
・人の住居に侵入し，複数の人を殺害した場合，殺人罪は併合罪となり，殺人罪と住居侵入罪は牽連犯となるが，殺人を犯すための手段として1つの住居侵入罪が犯されたので，全体として，1つの牽連犯となる（かすがい現象；最判昭29.5.27）。

(3) 併合罪

（併合罪）
第45条　確定裁判を経ていない2個以上の罪を併合罪とする。ある罪について禁錮以上の刑に処する確定裁判があったときは，その罪とその裁判が確定する前に犯した罪とに限り，併合罪とする。

① 併合罪については，原則として，その最も重い罪の法定刑に一定の加重を施して処断する。

➡ 刑法上，個々に成立した犯罪を個別的に処理せず一括処理をし，また加重主義をとって算術的に刑を加算しないものとした。単純に刑を加算すると，場合によってはアメリカのように何百年の懲役などということになり得るが，

これではかえって刑法の所期する刑罰の目的を達しえないからである。

② 「確定裁判」とは，通常の上訴という手段では取り消すことのできなくなった状態に至った刑事裁判（判決）をいう。

③ 確定裁判前の数罪と確定裁判後の数罪とは，相互に併合罪の関係を生じない（大判明44.9.25）。

判例

・母親が，殺意をもって自分の子供を殺し，死体をそのまま犯行現場に放置して立ち去った場合，殺人罪（刑§199）と死体遺棄罪（刑§190）との併合罪となる（大判明43.11.1）。 `H26-25-イ` `H5-25-イ` `S57-26-2`

・恐喝の目的で他人を監禁し，恐喝の目的を遂げた場合は，監禁罪（刑§220）と恐喝罪（刑§249）との併合罪となる（最判平17.4.14）。

・保険金取得の目的で放火した後，保険金を騙取した場合，放火罪（刑§108）と詐欺罪（刑§246）との併合罪となる（大判昭5.12.12）。 `H14-26-e` `H3-28-エ`

・手形用紙を横領して手形を偽造した場合，横領罪（刑§252）と有価証券偽造罪（刑§162 I）との併合罪となる（東京高判昭38.7.25）。 `H3-28-オ` `S57-26-1` `S57-26-4`

・業務上横領をし，その犯跡を隠ぺいするため文書偽造をした場合，業務上横領罪（刑§253）と文書偽造罪（刑§159）との併合罪となる（大判大11.9.19）。

・教唆して窃取させた盗品を譲り受けた場合，窃盗教唆罪（刑§235, 61）と盗品等有償譲受け罪（刑§256）との併合罪となる（大判明42.3.16）。 `S57-26-3`

・窃取または騙取した郵便貯金通帳を利用して，郵便局係員を欺罔し，貯金払戻名義のもとに金員を騙取した場合，通帳に対する窃盗罪（刑§235）と金員に対する詐欺罪（刑§246）との併合罪となる（最判昭25.2.24）。

・婦女を不同意性交した後，犯行の発覚をおそれて殺意を生じ，その場で同女を殺害した場合，不同意性交等罪（刑§177）と殺人罪（刑§199）との併合罪となる（大判昭7.2.22）。

・傷害の目的で他人を監禁し，傷害を与えた場合，監禁罪（刑§220）と傷害罪（刑§204）との併合罪となる（最決昭43.9.17）。

第3章
刑罰論

Topics・ここでは，刑罰について学習するが，条文を読んでおけば十分である。
　　　　・刑の執行猶予については，出題されており，条文が解りにくいので，
　　　　　整理して覚えておく必要がある。
　　　　・没収については，具体例で覚えておけばよい。

① 刑罰の意義・種類

1 刑罰の意義
　刑罰とは，犯罪に対する法的効果として国家によって犯人に科せられる一定の法益の剥奪をいう。

2 刑罰の種類（刑§9，11〜24）
(1) 主 刑
　主刑とは，付加刑である没収に対するもので，その中には生命刑，自由刑と財産刑がある。

① 生命刑
　生命刑とは，すなわち「死刑」のことである。
➡　世界的には死刑廃止が潮流となっているが，わが刑法は，殺人など重罪について，死刑を存続させている。

② 自由刑
　自由刑とは，犯人の行動の自由を奪う刑をいう。
　自由刑には，㋐懲役，㋑禁錮，㋒拘留の3つがある。

㋐ 懲 役
　懲役は，拘置所などの刑事施設に拘置して，所定の作業を行わせることである（刑§12Ⅱ）。
　無期（期限がない）と有期があり，有期は，1月以上20年までであるが（刑§12Ⅰ），加重事由があるときは30年まで，減軽事由があるときは1月未満に下げることもできる（刑§14Ⅱ）。

死刑または無期の懲役を減軽して有期懲役とする場合，その長期を30年とする（刑§14Ⅰ）。

　(イ)　禁　錮

　　禁錮は，刑事施設に拘置することは懲役と同じだが，所定の作業は行わせないことである（刑§13Ⅱ参照）。期間は懲役と同様である。

　(ウ)　拘　留

　　拘留は，刑事施設に拘置し，所定の作業は行わせないことである（刑§16）。期間は1日以上30日未満である。

③　財産刑

　　財産刑には，㋐罰金と㋑科料がある。

　(ア)　罰　金

　　金額は1万円以上であり，完納することができないときには，労役場 | S57-24-3 |
に留置し，労役を賦課する。期間は，1日以上2年以下（併科する場合は3年以下）である（刑§18ⅠⅢ）。

　　ただし，裁判確定後30日以内は本人の承諾がなければ労役場留置の執 | S57-24-2 |
行はできない（刑§18Ⅴ）。

　　また，法人が罰金を完納することができない場合においても，その法 | S57-24-4 |
人の代表者を労役場に留置することはできない。

　➡　法人と代表者は別人格者だからである。

　(イ)　科　料

　　科料とは，金額1,000円以上1万円未満をいい，完納することができないときは労役場に留置する。期間は，1日以上30日以下（併科するときは60日以下）である（刑§18ⅡⅢ）。

　　ただし，裁判確定後10日以内は，本人の承諾がなければ執行はできな | S57-24-1 |
い（刑§18Ⅴ）。

　　また，少年については，科料を完納することができない場合において | S57-24-5 |
も，労役場に留置することはできない。

(2) 付加刑（没収）

①　意　義

　　没収とは，物の所有権を剥奪して国庫に帰属させる処分をいう。

刑法19条１項１号，２号は保安処分，主として犯罪予防を目的とし，３号，４号は犯罪による利益を犯人に残さないようにする趣旨である。

19条１項各号に該当しなければ，任意的没収の対象とならない。

H元-24-4
S57-25-4
　➡　賭博によって取得した金を貸して得た利子は，犯人がそれ自体は犯罪でない行為によって得たものであり，また，犯罪行為によって得た物の対価として得た物ともいえないから，没収することができない。

② 要　件
　㋐　有体物であることを要する。

　　　不動産も没収することができる。

H元-24-3
　　➡　正当な権限なく他人の土地を占拠して建築した物置小屋は，没収の対象となる。

　㋑　19条１項各号の対象物であることを要する。
　　ⓐ　犯罪組成物（刑§19Ⅰ①）

H元-24-2
　　　　犯罪組成物とは，構成要件上不可欠の物件をいう（大判明44.2.16）。
　　　判例
　　　・賄賂罪における提供物は，犯罪組成物である（大判大7.11.20）。

S57-25-1
　　　・賄賂として提供したが受領を拒絶された犯人所有の金は，没収することができる（最判昭24.12.6）。
　　　　➡　賄賂が収受された場合は，収受者から没収する（必要的没収；§197の５）。
　　　・偽造文書行使罪における偽造文書は，犯罪組成物に当たる（大判明43.11.22）。

　　ⓑ　犯罪供用物（刑§19Ⅰ②）
　　　　犯罪供用物とは，犯罪の実行に不可欠なものではないが，実行行為の用に供した物，または供しようとした物をいう。
　　　➡　犯罪行為に供した物には，犯罪の構成要件である行為自体に供した物のほか，犯罪完了直後その結果を確保するための用に供した物を含み（東京高判昭28.6.18），単に結果からみて犯行に役立っただけでは足りず，犯人がこれを犯行の用に供し，または供しようとする意図で使用した物であることを要する（名古屋高判昭30.7.14）。
　　　判例
　　　・日本刀を携えて殺人の予備をした場合には，その日本刀は，殺人供用物である（大判大14.12.1）。

・強盗の犯行時に，たまたま犯人が使用していた眼鏡，草履，靴等は，犯罪供用物件ではない（仙台高判昭27.10.31）。
・文書偽造の用に供せられた偽造印章は，犯罪供用物である（大判昭7.7.20）。
・殺人事件に使用された拳銃の弾倉およびサックは，没収することができる（大判昭2.8.28）。 H元-24-1
・殺人に使用した犯人所有の刀のさやは，没収することができる（大判昭2.8.23）。 S57-25-5

ⓒ　犯罪生成物（刑§19Ⅰ③）
　　犯罪生成物とは，犯罪行為により作り出された物をいう。
　判例
　　・文書偽造罪における偽造文書は，犯罪行為により生じたものである（大判明43.1.28）。

ⓓ　犯罪取得物（刑§19Ⅰ③）
　　犯罪取得物とは，既に存在している物であって，犯罪行為によって取得した物をいう。
　判例
　　・恐喝により得た証書は，犯罪取得物である（大判昭5.4.28）。
　　・闘鶏賭博用に鶏を提供し，賭金中から得たその使用の対価としての金員は，犯罪行為によって得た物である（大判大13.6.25）。

ⓔ　犯罪報酬物（刑§19Ⅰ③）
　　犯罪行為の報酬として得た物である。
　具体例
　　・違法な堕胎手術に対する報酬として得た金銭。 H元-24-5
　　・殺人犯人をかくまったことの謝礼として受け取った金。 S57-25-2
　　・嘱託殺人によって得た報酬金。

ⓕ　犯罪対価物（刑§19Ⅰ④）
　　犯罪対価物とは，19条1項3号に掲げる物の対価として得た物をいう。
　判例
　　・詐欺犯人が騙取した金で買ったカメラ。 S57-25-3
　　・窃取した現金で買い受けた物（仙台高判昭30.11.8）。

➡️ 　ただし，犯罪組成物件を換価した代金は，法律上は被換価物その
ものであって，その対価ではない（最決昭25.10.26）。

㋒　犯人以外の者に属しないこと（刑§19Ⅱ）を要する。
　➡️ 　犯人以外の者に属するかどうかは，判決時の権利関係を標準とする（大
判明43.7.8）。
　　犯人以外の者が所有権その他の物権を有する場合に限り没収すること が
できない趣旨であり，単にその物に関して債権を有するにすぎないときは，
没収することができる（最判昭40.6.29）。

判 例

・第三者の所有物でも，その者に返還請求権がないときは，没収でき
る（大判大4.1.20）。
・相続人の所有となった物は，没収できない（大判昭7.3.14）。
・所有者が返還請求権を放棄したと認められる物は，犯人以外の者の
所有に属さない物として，没収できる（最決昭27.6.26）。
・所有者不明の物は，没収できる（最決昭27.6.26）。
・偽造手形のような法禁物は，何人の所有をも許さないものであるか
ら，没収できる（最決昭31.11.1）。
・盗品の対価代金は，盗品が犯人以外の者に属する場合でも，代金が
犯人の所有である限り没収できる（最判昭23.11.18）。

㋓　現物が存在することを要する。

判 例

・賄賂の目的物たる反物で単衣を作っても，未だ没収しえない程度に
加工変更した物とはいえず，没収できる（大判大6.3.2）。
・賄賂として収受した反物を着物の表とした場合は，加工により新た
な衣類に変更したものであり，没収できない（大判大6.6.28）。
・金銭は両替しても性質を変更するものではないから，没収できる（大
判大7.3.27）。
・犯行当時懐胎中の親狸を没収するときに，仔狸は親狸と一体をなし
ているものと認められるから，犯行後の仔狸も没収できる（大判昭
15.6.3）。
・偽造部分と真正部分とが分割できない場合には，文書全体を没収で
きる（大判大3.11.19）。

カ　勺留・科料のみにあたる罪でないことを要する（刑§20）。

　　ただし，勺留・科料のみにあたる罪であっても，犯罪組成物件の要件を満たすときは，沒収できる。

▶　勺留・科料のみにあたる罪は，軽罪だからである。

(3)　追　徴

　追徴とは，沒収が不可能な場合に，それに代わるべき一定の金額を国庫に納付すべきことを命ずる処分をいう。これは刑罚ではないが，刑罚的性格としての沒収に準ずる性質を有する。

　金銭のような代替物は，特定していない限り，沒収することができない場合に該当するとして，その価額を追徴することができる（最判昭23.6.30）。

② 刑の軽重

　刑は，死刑，懈役，禅銚，罩金，拕留，科料の順で軽くなる（刑§10,9）。

③ 刑罰の適用

1　法定刑・処断刑・宣告刑

　法定刑とは，刑罚法規の各条項において規定された刑をいう。

　処断刑とは，法定刑に法律上または裁判上の加重減軽を加えた刑をいう。

　宣告刑とは，処断刑の範囲内で具体的に言い渡される刑をいう。

2　刑の加重・減軽

　刑の加重・減軽事由には，法律上のものと裁判上のものがある。

　法律上の加重事由には，伏合罪加重と再犯（累犯）加重があり，減軽事由には，必要的減軽と任意的減軽がある。

　裁判上の加重事由には，たとえば選択刑を情状により併科する場合が実質上これにあたり，減軽事由には酔量減軽がある。

(1)　法律上の加重事由

①　伏合罪加重（刑§47）

　　２個以上の罪につき有期懈役または禅銚に処するときは，その最も重い罪について定めた刑の長期に２分の１を加えたものを長期とする。ただし，各罪に対する刑の長期の合計を超えないことを要する。

　デ　伏合罪のうちにすでに確定裁判を経た罪とまだ確定裁判を経てない罪

があるときは，確定裁判を経ていない罪について更に処断する（刑§50）。

⑦　併合罪について2個以上の裁判があったときは，その刑を併せて執行する（刑§51）。

② 再犯（累犯）加重（刑§56，57，59）

累犯とは，広義において，刑罰に処せられた者が，その執行を受け終わった日またはその執行の免除を受けた日から一定の期間内に，更に犯した犯罪をいう（刑§56）。

再犯加重とは，広義の累犯のうち一定の要件を満たすことによって刑が加重されるものをいう。懲役に処せられた者がその執行を終わった日またはその執行の免除を得た日から5年以内に罪を犯し，有期懲役に処するときは，再犯とする。

⑦　要　件

ⓐ　前犯として懲役に処せられた者，または，これに準ずべき者であることを要する。

➡　「懲役に処せられた者」とは，懲役の確定裁判を受けた者をいう。

ⓑ　前犯の刑の執行を終わった日，または執行の免除があった日から5年以内に後犯が犯されたことを要する。

ⓒ　後犯についても有期の懲役に処すべきことを要する。

④　三犯以上の累犯

➡　前犯と後犯および後犯と三犯との間に，それぞれ刑法56条に定める要件が具備されるべきことはもちろん，前犯と三犯との間に同一の条件が認められなければならない（大判明42.6.21，最判昭29.4.2）。

⑦　効　果

再犯の刑は，その罪について定めた懲役の長期の2倍以下とする（刑§57）。ただし，30年を超えることはできない。

S58-24-1

➡　再犯加重の要件が備わっている場合には，裁判官は必ず再犯加重をしなければならない。

S58-24-2

再犯加重する場合，宣告刑が前犯の刑より軽くても構わないので，必ずしも前刑より重い刑を言い渡さなければならないわけではない。

(2) 法律上の減軽事由

① 自首（刑§42 I）

㋐ 「自首」とは，犯人が捜査機関の取り調べをまたずに，自発的に捜査 H30-25-エ
機関に自己の犯罪事実を申告し，その処分を求める行為をいう。

 ⓐ 犯人が捜査機関に発覚する前に限られる。 H30-25-オ

  ➡ 罪を犯した者が自首した場合，犯罪事実が既に発覚していても犯人が S63-25-3
誰であるか発覚する前であれば，自首が成立する。 S62-26-2

  ➡ 犯罪事実および犯人が誰であるかが判明していれば，犯人の所在が判 H30-25-ウ
明していなくても自首は成立しない（最判昭24.5.14）。

 ⓑ 自首は，予備罪および未遂罪についても適用がある。 S62-26-5

 ⓒ 自首は，必ずしも罪を犯した者本人がする必要はなく，他人を介し S62-26-4
て捜査機関に自己の犯罪事実を申告してもよい。

 ⓓ 自己の犯罪事実について警察官から取調べを受けている者が，他に H30-25-ア
も犯罪を犯していないか（余罪）との質問を受けて犯行を自供した場
合，自発的申告とはいえないので（東京高判昭52.12.26），自首は成立
しない。

㋑ 効果は，刑の任意的減軽である。 H30-25-1
共犯者の1人が自首したことにより，他の共犯者の刑を減軽すること H4-28-5
はできない。 S62-26-1

② 首服（刑§42 II）

首服とは，親告罪の犯人が，自己の犯罪事実を告訴権者に告白し，その S62-26-3
告訴を委ねることをいい，刑の任意的減軽事由である。

(3) 裁判上の減軽事由（刑§66，67）

犯罪の情状に酌量すべきものがあるときは，その刑を減軽することができ
る（酌量減軽）。

➡ 「犯罪の情状」とは，その犯罪に関する一切の情状をいう。犯罪自体の客観的
事情および主観的事情のほか，犯罪前における行為者の人格形成の面，さらに犯
罪後における各種の情況，たとえば反省の情や被害弁償など，すべてを含む。

酌量減軽は，法定刑の最低をもってしてもなお重い場合に限りすべきもの
である（大判昭7.6.6）。

(4)　主な減軽または減免，免除の適用犯罪

必要的減軽・免除		任意的減軽・免除	
必要的減軽・免除	必要的減軽	任意的減軽・免除	任意的減軽
・中止未遂（刑§43ただし書）	・心神耗弱者の行為（刑§39Ⅱ） ・従犯の刑（刑§63）	・過剰防衛（刑§36Ⅱ） ・過剰避難（刑§37Ⅰただし書） ・偽証・虚偽鑑定告訴等と裁判確定前等の自白（刑§170，171，173）	・法律の錯誤（刑§38Ⅲただし書） ・自首（刑§42Ⅰ） ・未遂犯（刑§43本文） ・酌量減刑（刑§66）
必要的免除		任意的免除	
・直系血族・配偶者・同居の親族間の窃盗，不動産侵奪，詐欺，背任，恐喝，横領（刑§244Ⅰ，251，255） ・盗品等罪の犯人と配偶者・直系血族・同居の親族およびその配偶者との間の盗品等罪（§257Ⅰ）		・犯人蔵匿，証拠隠滅と親族間の犯罪（刑§105） ・放火予備（刑§113ただし書） ・殺人予備（刑§201ただし書）	

4　刑罰の執行

1　刑の執行猶予

　刑の執行猶予とは，刑を言い渡すにあたって，犯情により必ずしも刑の現実的な執行を必要としない場合において，一定の期間，その執行を猶予し，その猶予期間を無事に経過したときは刑罰権の消滅を認める制度をいう。

　刑の執行猶予には，刑の全部の執行猶予（刑§25～27）と刑の一部の執行猶予（刑§27の2～27の7）とがある。

2　刑の全部の執行猶予

(1)　目　的

　短期自由刑の執行による弊害，および前科のもたらす弊害を回避すること，取消しによる刑の執行の可能性を警告することによって，犯人の善行を保持させ，再犯を防止することである。

(2) **要 件**

① 初度の刑の全部の執行猶予の要件（刑§25Ⅰ）

初度の執行猶予とは，執行猶予中でない者について，執行を猶予することである。

⑦ⓐ　前に禁錮以上の刑に処せられたことがない者であること　　　H16-25-ア

　ⓑ　前に禁錮以上の刑に処せられたことがあっても，その執行が終わっ　H16-25-オ
　　た日またはその執行の免除を得た日から5年以内に禁錮以上の刑に処　S56-27-1
　　せられたことがない者であること　　　　　　　　　　　　　　　　S56-27-2

④　3年以下の懲役もしくは禁錮または50万円以下の罰金の言渡しを受けたこと　→勾留，科料には認められない。

⑨　情状すべきものがあること

⑩　1年以上5年以下の期間，その刑の全部の執行を猶予することができる。

　┃判例┃

　・「前に」とは，「執行猶予を言い渡す判決の言渡し前に」の意味である。前の罪と今度の罪との犯罪時の前後を指すのではない（最判昭31.4.13）。

　・「禁錮以上の刑に処せられた」とは，その刑を言い渡した判決が確定したことを意味する（最判昭24.3.31）。

　・ある罪について執行猶予の言渡し判決が確定した後，その罪と併合罪の関係に立つべき余罪が発覚したとき，執行猶予中の者にその余罪についてさらに執行を猶予しうるかという問題があるが，判例は，執行猶予を言い渡すことができるとしている（最判昭32.2.6）。

　・併合罪関係に立つ数罪が前後して起訴され，前に起訴された罪につ　H6-24-エ
　　いて刑の執行猶予が言い渡されていた場合，後に起訴された余罪が同時に審判されていたならば一括して執行猶予が言い渡されていたであろう事情が存するときは，その余罪についても執行猶予を言い渡すことができる（最判昭31.5.30）。

　・仮釈放（仮出獄）を許されてそのまま刑期を終了した後，新たな罪　H6-24-イ
　　を犯した者に対し，刑期満了の日から4年目に，新たな罪につき執行猶予付きの懲役刑を言い渡すことはできない。

　　　➡　5年経過していないから。

　・懲役刑の執行猶予期間中に新たな罪を犯した者に対し，執行猶予期　H6-24-オ
　　間経過後に，その新たな罪につき保護観察に付する執行猶予付き懲役刑を言い渡すことができる。

②　再度の刑の全部の執行猶予の要件（刑§25Ⅱ）

H16-25-イ

再度の執行猶予とは，執行猶予中の者に対し，再度執行猶予を言い渡す場合をいう。

㋐　前に禁錮以上の刑に処せられたことがあっても，その刑の全部の執行を猶予された者であり，かつ保護観察に付されていないこと
　➡　「前に」とは，再度の全部の執行猶予の判決の言渡し前の意味である。
㋑　新たな罪につき1年以下の懲役または禁錮の言渡しを受けること
㋒　情状に特に酌量すべきものがあること
㋓　1年以上5年以下の期間，その刑の全部の執行を猶予することができる。

H6-24-ア

懲役と罰金とが併科される場合に，一方のみ執行猶予を言い渡すこと，双方について言い渡すことは可能である。

(3) 刑の全部の執行猶予と保護観察（刑§25の2）

H6-24-エ
初度の執行猶予の場合…任意的
H6-24-ウ
再度の執行猶予の場合…必要的
　➡　執行猶予全期間に付する。

(4) 刑の全部の執行猶予の猶予期間経過の効果

刑の全部の執行猶予の言渡しを取り消されることなくその執行の期間を経過したときは，刑の言渡しは，効力を失う（刑§27）。

3　刑の一部の執行猶予
(1) 意義・目的

刑の一部執行猶予は，言い渡した刑の一部の執行を猶予し（猶予刑），猶予されなかった刑の部分（実刑部分）の執行に続く一定の猶予期間を設定し，一部執行猶予が取り消されることなく猶予期間を経過した場合，猶予刑の効力を失わせ，実刑部分の刑期に相当する刑に減軽することである。

その目的は，施設内処遇と社会内処遇の連携により，犯罪者の改善更正と再犯防止を図ることである。

(2) 要　件（刑§27の2）

①㋐　前に禁錮以上の刑に処せられたことがない者であること
　㋑　前に禁錮以上の刑に処せられたことがあっても，その刑の全部の執行

を猶予された者

　⑰　前に禁錮以上の刑に処せられたことがあっても，その執行を終わった日またはその執行の免除を得た日から5年以内に禁錮以上の刑に処せられたことがない者

②　3年以下の懲役または禁錮の言渡しを受けたこと

③　犯情の軽重および犯人の境遇その他の情状を考慮して，再び犯罪をすることを防ぐために必要であり，かつ相当であると認められること

④　1年以上5年以下の期間，その刑の一部の執行を猶予することができる。

(3)　刑の一部の執行猶予と保護観察（刑§27の3）

猶予の期間中保護観察に付することができる。

(4)　刑の一部の執行猶予の猶予期間経過の効果

刑の一部の執行猶予の言渡しを取り消されることなくその猶予の期間を経過したときは，その懲役または禁錮を執行が猶予されなかった部分の期間を刑期とする懲役または禁錮に減軽する。この場合においては，当該部分の期間の執行を終わった日またはその執行を受けることがなくなった日において，刑の執行を受け終わったものとする。

4　刑の全部の執行猶予または刑の一部の執行猶予の取消し（刑§26, 26の2, 26の3, 27の4, 27の5, 27の6）

①　必要的取消し

　⑦　執行猶予の期間内に更に罪を犯して禁錮以上の刑に処せられ，その刑につき執行猶予の言い渡しがないとき。

H16-25-ウ
S56-27-4

　④　執行猶予の言渡し前に犯した他の罪について，禁錮以上の刑に処せられ，その刑について執行猶予の言渡しがないとき。

　⑰　執行猶予の言渡し前に他の罪について禁錮以上の刑に処せられ（刑の全部の執行猶予），またはその刑の全部について執行猶予の言渡しがないこと（刑の一部の執行猶予）が発覚したとき。

②　裁量的取消し

　⑦　執行猶予の期間内に更に罪を犯し，罰金に処せられたとき。

　④　保護観察に付せられた者（刑§25の2Ⅰ）が，遵守すべき事項を遵守せず，その情状が重いとき（刑の全部の執行猶予），または遵守すべき事項を遵守しなかったとき（刑の一部の執行猶予）。

　⑰　執行猶予の言渡し前に他の罪について禁錮以上の刑に処せられ，その執

行を猶予されたことが発覚したとき（刑の全部の執行猶予）。

5　仮釈放（刑§28～30）

　仮釈放とは，仮出獄と仮出場との総称であり，言い渡された自由刑の執行がまだ完全に終了していないが，それまでの執行の状況によって，さらに執行を続ける必要がないとみられる場合に，受刑者を仮に釈放し，残余の期間を無事経過したときは，その執行を免除する制度である。

①　仮出獄は，懲役または禁錮に処せられた者に改悛の状があるときに認められる（刑§28）。

②　仮出場は，拘留に処せられた者に情状により行政官庁の処分によって認められる（刑§30）。

5　刑の時効および刑の消滅

1　総　説

　刑罰の消滅とは，いったん発生した個別的刑罰権が，何らかの事由によって消滅することをいう。

具体例
　・犯人の死亡，犯人たる法人の消滅
　・恩赦
　・時効
　・刑の執行の終了，仮釈放期間の満了，刑の執行猶予期間の満了
　・刑の消滅（復権）

2　刑の時効（刑§31～34）

　刑（死刑を除く。）の言渡しを受けた者は，時効によりその執行の免除を得る（刑§31）。

(1)　根　拠

①　犯人の改善が推測されるからである。
②　時の経過とともに，立証が困難になるからである。
③　長期間の逃避により，犯人がすでに十分な呵責（かしゃく）を受けているからである。
④　犯罪に対する社会的な規範感情が時間経過とともに緩和され，必ずしも現実的な処罰を要求しなくなるからである。

(2) 時効期間・時効の効果

刑		期間 (刑§32)	時効中断 (刑§34)	時効停止 (刑§33)	効果 (刑§31)
死 刑		な し			
無期の懲役・ 禁錮		30年	刑の言渡しを 受けた者をそ の執行のため に拘束すること により中断。	法令により執行 を猶予しまたは 停止した期間内 は，時効は進行 しない。 懲役，禁錮，罰 金，拘留および 科料の時効は， 刑の言渡しを受 けた者が国外に いる場合には， その国外にいる 期間は，進行し ない。	執行の免除を 得る（刑罰執 行権の免除）。
有期の懲役・禁錮	10年以上	20年			
	3年～ 10年未満	10年			
	3年未満	5年			
罰 金		3年	執行行為によ り中断。		
拘留・科料・ 没収		1年		執行停止期間 内は，時効は 進行しない。	

➡ なお，人を死亡させた罪であって，死刑に当たるもの（殺人罪（刑§199），強
盗致死罪（刑§240後段），強盗・不同意性交等致死罪（刑§241Ⅲ），現住建造物
等放火罪（刑§108））については，公訴時効期間の適用はない（刑訴§250Ⅰ）。

3 刑の消滅（刑§34の2）

(1) 意 義

刑罰権が消滅しても，刑の言渡しに伴う他の法律的効果は，必ずしも消滅
しない。

そこで，前科の抹消を図り，法律上の復権を認めるために，刑の消滅の制
度が設けられた。

(2) 要 件

① 禁錮以上の場合

㋐ 刑の執行を終わり，または執行の免除を得た者が，罰金以上の刑に処
せられないことを要する。

　　　　⑦　10年を経過したことを要する。

　　② 罰金以下の場合
　　　　⑦　刑の執行を終わり，または執行の免除を得た者が，罰金以上の刑に処せられないことを要する。
　　　　⑦　５年を経過したことを要する。

　　③ 刑の免除の言渡しを受けた場合
　　　　⑦　刑の免除の言渡し確定後,罰金以上の刑に処せられないことを要する。
　　　　⑦　２年を経過したことを要する。

(3) **効　果**
　　① 罰金以上の場合および②罰金以下の場合は，刑の言渡しの効力を失う。
　　③ 刑の免除の言渡しを受けた場合は，刑の免除の言渡しの効力を失う。

第2編

刑法各論

第1章
個人的法益に対する罪

第1節　生命・身体に対する罪

Topics・ここでは，個人的法益を侵害する犯罪のうち，人または胎児の生命・身体を侵害する行為について学習する。
・傷害罪，業務上過失致死傷等罪について，特に注意が必要である。

① 殺人の罪

1　殺人罪

> （殺人）
> **第199条**　人を殺した者は，死刑又は無期若しくは5年以上の懲役に処する。
> （未遂罪）
> **第203条**　未遂は，罰する。

(1) **保護法益**
個人の生命である。

(2) **客体**
人である。

H30-26-ア　人とは，行為者を除く自然人に限られ，出生（胎児が母体から一部露出したとき；大判大8.12.13）から，死亡に至るまでである。

(3) **行為**
人を殺すことである。その手段・方法を問わない。不作為による殺人，間接正犯による殺人等を含む。

(4) **着手時期**
H10-23-4　殺意をもって他人の生命を危険にする行為を開始した時である。

判例

・殺人の目的で毒物を郵送した場合に，相手方がこれを受領した時（大判大7.11.16）。

・クロロホルムを吸引させて被害者を失神させ（第1行為），水中に自動車ごと転落させて（第2行為）溺死させる計画を実行し，その結果被害者が死亡したが，死因が溺死かクロロホルム吸引か特定できない場合において，第1行為により被害者を死亡させる認識がなかったとしても，第1行為を開始した時（最決平16.3.22）。

➡ 第1行為は人を死に至らせる危険性の相当高い行為であり，殺人に至る客観的危険性が明らかに認められるから。

(5) **既遂時期**

人を殺す行為に基づいて被害者の死亡の結果が発生した時である（侵害犯）。

2 殺人予備罪

（予備）

第201条 第199条（殺人）の罪を犯す目的で，その予備をした者は，2年以下の懲役に処する。ただし，情状により，その刑を免除することができる。

殺人予備とは，殺人の準備行為であって，実行の着手に至らない行為をいう。殺人の目的を前提に，その目的を実現するのに実質的に役立つ行為でなければならない（目的犯）。

➡ 殺人の用に供すべき物を準備し機会をうかがっているうち，財物を奪取しようとの意思を生じ，強盗殺人の行為を遂行した場合は，強盗殺人罪が成立し，殺人予備罪は成立しない（大判昭7.11.30←殺人予備罪は強盗殺人罪に吸収される）。

具体例

・殺害目的で凶器を携えて人を探し歩く行為。

・刺殺目的で日本刀を入手する行為。

・毒殺目的で毒薬を調達する行為。

3 自殺関与および同意殺人罪

（自殺関与及び同意殺人）

第202条 人を教唆し若しくは幇助して自殺させ，又は人をその嘱託を受け若しくはその承諾を得て殺した者は，6月以上7年以下の懲役又は禁錮に処する。

（未遂罪）
第203条　未遂は，罰する。

(1)　**自殺関与罪**

　本罪は，教唆によって意思決定能力のある者に自殺の意思を起こさせるか，自殺意思のある者の自殺を幇助することによって成立する。

　客体は，行為者以外の自然人で，少なくとも自殺の何であるかを理解しうる能力と自由に意思を決定しうる能力とを有する者である。

➡　幼児，心神喪失者などは本罪の客体にはならない。

判例

・行為者が追死の意思がないのに被害者を欺き，追死するものと誤信させて自殺の意思を抱かせ，自殺するに至らせた場合，自殺関与罪は成立しない（最判昭33.11.21）。

　➡　行為者の追死が自殺の決意を固めるうえで本質的なものであり，それが欠けたら自殺は考えられないから殺人罪（刑§199）が成立する。

(2)　**同意（嘱託・承諾）殺人罪**

　殺人の意味を理解し，死について自由な意思決定能力を有する者から嘱託を受け，またはその者の承諾を得て殺すことによって成立する。

①　嘱託・承諾は，被殺者本人の意思によるものであることを要する。

②　通常の事理弁識能力のある者の自由かつ真意に基づくものであることを要する。

③　嘱託は明示的であることを要するが，承諾は黙示的で足りる。

④　嘱託・承諾は，被殺者に対する殺害行為の時に存することを要する。

② 傷害の罪

1　傷害罪

（傷害）
第204条　人の身体を傷害した者は，15年以下の懲役又は50万円以下の罰金に処する。

⑴　保護法益

人の身体の安全である。

⑵　行　為

人の身体を傷害することである。 H22-26-ウ

「傷害」とは，人の生理的機能に障害を与えることをいう（最決昭32.4.23，最判昭27.6.6）。有形的方法（暴行）のほか，無形的方法（脅迫・欺く行為）による場合も含む。

判例

・中毒症状を起こし，めまい・嘔吐をもよおさせること（大判昭8.6.5），下痢をさせること。 H14-25-4

・いやがらせ電話により，ノイローゼに陥れること（東京地判昭54.8.10）。

・病毒を他人に感染させること（最判昭27.6.6）。

・長時間失神させること（大判昭8.9.6）。

・毛髪を毛根から引き抜いて表皮を損傷させること（大阪高判昭29.5.31）。

　➡　単に根元から切断したときは傷害にならない（大判明45.6.20←暴行罪となる）。

⑶　故　意

基本的には傷害の故意を要するが，暴行を原因として傷害を負わせた場合は，暴行についての意思があれば足り，特に傷害の意思の存在を必要としない（最判昭25.11.9）。

➡　なお，無形的方法による場合は，傷害の意思を必要とする。

判例

・Aが暴行の意思でBの顔面を平手打ちしたところ，Bは，倒れ込んで片腕を骨折した場合，Bの傷害の結果につき，Aの暴行の意思を超えていたとしても，Aには傷害罪が成立する（最判昭25.11.9）。 H30-26-エ H14-25-2

⑷　未　遂

傷害の故意をもって暴行の結果を生じた場合は，傷害罪の未遂処罰規定がないため，暴行罪の規定により処罰される（大判昭4.2.4）。

具体例

・Aは，Bに怪我をさせようと背後から木刀で殴りかかったが，Bが身をかがめたため，Bの背を軽くたたいたにとどまった場合，Aには暴行罪が成立するにとどまる。 H14-25-3

(5)　被害者の承諾

H22-26-イ
　　　保険金を騙し取る目的で，被害者の承諾を得て傷害を負わせた場合，違法性は阻却されないので，傷害罪が成立する（最決昭55.11.13）。

2　傷害致死罪

> （傷害致死）
> **第205条**　身体を傷害し，よって人を死亡させた者は，3年以上の有期懲役に処する。

(1)　行　為
　　　人の身体を傷害することである。

(2)　結　果
　　　人を死亡させたことである（傷害罪の結果的加重犯）。

(3)　因果関係

H22-26-エ
　　　傷害（暴行）行為と被害者の死亡との間には因果関係（条件関係）が必要であり，かつそれで足りる（大判昭17.4.11）。

　　具体例

H14-25-1
　　・Aが路上でBの顔面を手拳で殴打したため，Bは，数歩後ずさりしてから仰向けに倒れ，後頭部を道路わきの縁石に強く打ち付けて死亡した場合，Aの暴行とBの死亡との間には因果関係が認められるから，Aには傷害致死罪が成立する。

(4)　故　意
　　　基本的には傷害の故意を要するが，少なくとも暴行の故意があれば足りる。
　➡　人の身体に暴行を加える認識のもとに暴行を加え，よって致死の結果を生じさせた場合，傷害致死罪が成立する（大判昭17.4.11）。

H14-25-5
　　　暴行の共謀をした以上，その死傷の結果に対しては，暴行の実行に加わらなかった者も傷害致死罪の共同正犯の責任を負う（最判昭23.5.8）。

3　現場助勢罪

（現場助勢）
第206条　204条・205条（傷害・傷害致死）の犯罪が行われるに当たり，現場
　において勢いを助けた者は，自ら人を傷害しなくても，１年以下の懲役又は
　10万円以下の罰金若しくは科料に処する。

(1)　行　為

　　傷害または傷害致死を生じさせる暴行が行われている際に，その場所で扇
動的行為をし，行為者の犯罪意思を強める行為をすることである。
　　現場で勢いを助ける行為があれば足り，その結果，傷害行為者の行為が容
易になったことを要しない。

➡　たとえば「もっとやれ」とか「どっちも負けるな」など，はやし立てる場合が
　　これにあたる。

(2)　傷害罪の従犯との関係（法的性格）

　　勢いを助ける行為とはなにか，すなわち本罪と傷害罪の幇助犯との関係を
いかに解すべきかにつき，判例は傷害の幇助犯とはならないような，単なる
助勢行為を独立に処罰するものであるとしている（大判昭2.3.28）。

➡　特定の正犯者の傷害行為を容易にした場合は，傷害罪の幇助犯であり，本罪に
　　は当たらない（同判例）。

4　同時傷害の特例

（同時傷害の特例）
第207条　２人以上で暴行を加えて人を傷害した場合において，それぞれの暴
　行による傷害の軽重を知ることができず，又はその傷害を生じさせた者を知
　ることができないときは，共同して実行した者でなくても，共犯の例による。

🖟趣旨

　　２人以上の者が同一機会に人に暴行を加え，傷害の結果を生じさせた場合，本
来ならば誰の行為によって傷害の結果が発生したかが証明されなければ，それぞ
れにつき暴行罪の限度で処罰されるにすぎないところ，政策的見地から，行為者
において自己がその傷害を生じさせていないことの証明がない限り，共同者でな
くても共同正犯として扱うことにしたものである。

⑴　**要　件**

　①　２人以上の者が，意思の連絡なくして同一の被害者に暴行を加えたことを要する。

　②　数人の暴行が，時間的・場所的に近接しているか，少なくとも同一機会に行われたことを要する。

　③　数人の暴行によって傷害を生じたが，傷害の程度を知ることができないか，またはその傷害を生じさせた者を知ることができない場合であることを要する。

　④　被告人において，自己の暴行と傷害の結果との間の因果関係の不存在が証明できない場合であることを要する。

⑵　**適用範囲**

　　傷害罪（刑§204）のほか，傷害致死罪（刑§205）にも適用される（最判昭26.9.20）。

　➡　傷害致死罪は傷害罪の結果的加重犯であり，立証の困難という点では傷害致死罪の場合でも同じだから。

5　暴行罪

（暴行）

第208条　暴行を加えた者が人を傷害するに至らなかったときは，２年以下の懲役若しくは30万円以下の罰金又は拘留若しくは科料に処する。

---

(1)　**暴行の概念**

	意　味	客　体	犯　罪
最広義の暴行	すべての不法な有形力の行使	人でも物でもよい	騒乱罪（刑§106） 多衆不解散罪（刑§107） 内乱罪（刑§77）
広義の暴行	人に対する不法な有形力の行使。 　物に対して加えられた有形力でも，それが人の身体に物理的に強い影響を与える場合（間接暴行）を含む。	人	公務執行妨害罪（刑§95Ⅰ） 職務強要罪（刑§95Ⅱ） 加重逃走罪（刑§98） 逃走援助罪（刑§100Ⅱ） 特別公務員暴行陵虐罪（刑§195） 強要罪（刑§223）
狭義の暴行	人の身体に対する不法な有形力の行使。	人の身体	暴行罪（刑§208） 傷害罪（刑§204）
最狭義の暴行	相手方の反抗を抑圧するに足りる程度のもの。	人	強盗罪（刑§236） 事後強盗罪（刑§238）
	相手方の反抗を著しく困難にする程度のもの。		不同意性交等罪（刑§177） 不同意わいせつ罪（刑§176）＊

＊　不同意わいせつ罪の暴行について，他人の意思に反してその身体に力を加えることであり，その力の大小強弱を問わない（大判大13.10.22）。

(2)　**行　為**

　人に「暴行」を加えること（狭義の暴行），すなわち，人の身体に対し，不法に有形力を加えることである。

　身体に直接加えられなくても，傷害の結果発生の具体的危険を生じさせる行為であれば足りる。傷害の結果を惹起すべきものであることを要しない（大判昭8.4.15）。

　判例

　・被害者の身辺で大太鼓などを連打し，同人に対し頭脳の感覚が鈍り意識もうろうたる気分を与え，または脳貧血を起こさせる行為は，暴行にあたる（最判昭29.8.20）。　H22-26-オ

・婦女の頭髪をカミソリで不法に切断する行為は暴行にあたる（大判明45.6.20）。

・狭い四畳半の部屋で，在室中の被害者を脅かすために日本刀の抜き身を振り回す行為は暴行にあたる（最決昭39.1.28）。

⑶ **故　意**

暴行の故意がある場合が原則であるが，傷害の故意をもって暴行した場合も含む。

➡ 傷害の故意をもって，人の身体に対して不法に有形力を行使したところ，傷害の結果が発生しなかった場合，暴行罪が成立する（大判昭4.2.4）。

➕ **アルファ**

危険運転致死傷罪（刑§208の2）は削除され，「自動車の運転により人を死傷させる行為等の処罰に関する法律」に移行された。

6 凶器準備集合および結集罪

（凶器準備集合及び結集）
第208条の2 2人以上の者が他人の生命，身体又は財産に対し共同して害を加える目的で集合した場合において，凶器を準備して又はその準備があることを知って集合した者は，2年以下の懲役又は30万円以下の罰金に処する。
2 前項の場合において，凶器を準備して又はその準備があることを知って人を集合させた者は，3年以下の懲役に処する。

趣旨

凶器を持った集団による，他人の生命，身体，財産に対する共同加害行為の予備に対する罪である。

同時に本罪は凶器を持った集団の抗争により巻き添えとなる，不特定多数の安全に対する公共危険罪としての性格も有している。

3　過失傷害の罪

1　過失傷害罪

> （過失傷害）
> **第209条**　過失により人を傷害した者は，30万円以下の罰金又は科料に処する。
> 2　前項の罪は，告訴がなければ公訴を提起することができない。

(1) 行　為

過失行為，すなわち法律上の注意義務に違反して傷害の結果を惹起することを要する。

(2) 主観的要件

傷害したことにつき過失があることを要する。
- ➡　傷害の結果発生が暴行の故意または傷害の故意によるときは，傷害罪（刑§204）が成立する。

2　過失致死罪

> （過失致死）
> **第210条**　過失により人を死亡させた者は，50万円以下の罰金に処する。

(1) 行　為

過失行為，すなわち法律上の注意義務に違反して死亡の結果を発生させることを要する。

(2) 主観的要件

人を死亡させたことにつき過失があることを要する。
- ➡　死亡の結果発生が暴行の故意または傷害の故意によるときは，傷害致死罪（刑§205)が成立する。さらに，死亡の結果発生について認識・認容があったときは，殺人罪（刑§199）が成立する。

3 業務上過失致死傷等罪
(1) 業務上過失致死傷罪

> （業務上過失致死傷等）
> **第211条** 業務上必要な注意を怠り，よって人を死傷させた者は，５年以下の懲役若しくは禁錮又は100万円以下の罰金に処する。

　　身分犯であり，一定の危険な業務に従事する業務者には，通常人よりも特に重い注意義務が課されている（大判大3.4.24）。

H30-26-オ　　「業務」とは，①人が社会生活上の地位に基づき，②反復・継続して行う行為であって，③他人の生命・身体に危害を加えるおそれのあるものである（最判昭33.4.18）。さらに，身体の危険を防止することを業務内容とするものも含まれる（最決昭60.10.21）。

①　社会生活上の地位に基づくことを要する。

　　業務は適法であるか否かを問わない（大判大13.3.31）。

　　主たる業務と関連性をもたない狩猟（最判昭33.4.18）や，自動車の運転（大判昭13.12.6）であっても，それに反復継続性があり，その行為者が社会生活上，狩猟者，自動車運転者と認められるのであれば，業務性が肯定される。

H11-25-5　➡　親の育児や人の散歩などの，私人の日常的な家庭生活に属する反復・継続行為は含まれない。

H11-25-1　②　反復・継続性を有することを要する。

　　継続して行う意思の下で行為に出た場合には，１回の行為でも反復・継続性が認められる。

　　➡　初めて公道上に出て自動車を運転した場合でも，反復・継続の意思があれば反復・継続性が認められる（福岡高宮崎支判昭38.3.29）。

H11-25-3　③　身体・生命に対し危険な行為であることを要する。

　　保護者または建造物等の管理者の地位に基づく保護・管理事務者の行為などが業務に当たる。

　　➡　競技者による場合を除き，自転車の走行は業務にあたらない。

📖 ケーススタディ

　Aは，運転免許を有していないにもかかわらず，いつものように友人から自動車を借りて行楽に出かける途中，Bを轢いて負傷させた場合，Aにつき業務上過失傷害罪が成立するか。

✎　無免許でも，継続した自動車の運転は業務であり，娯楽の目的の自動車の運転も業務といえるので，Aにつき業務上過失傷害罪が成立する。

(2) 重過失致死傷罪

（業務上過失致死傷等）
第211条　重大な過失により人を死傷させた者も，同様とする。

　「重大な過失」とは，行為者の注意義務に違反した程度が著しいことをいう（東京高判昭62.10.6）。

➕ アルファ

　自動車運転過失致死傷罪（刑§211Ⅱ）は削除され，「自動車の運転により人を死傷させる行為等の処罰に関する法律」に移行された。

4 堕胎の罪

　堕胎の罪は，自然の分娩期に先立って人為的に胎児を母体から分離・排出させる犯罪である。
　堕胎罪（刑§212），同意堕胎および同致死傷罪（刑§213），業務上堕胎および同致死傷罪（刑§214），不同意堕胎罪（刑§215），不同意堕胎致死傷罪（刑§216）が規定されている。

(1) 保護法益
　第1次的には胎児の生命・身体の安全である。
　第2次的には母体の生命・身体の安全である。

(2) 堕胎の意義
　「堕胎」とは，自然の分娩期に先立って，人為的に胎児を母体から分離・排出させることをいう（大判明44.12.8）。
　堕胎の罪の成立には，その結果として胎児が死亡することは必要でない（同

判例)。

(3)　各犯罪の比較

	自己堕胎罪 (刑§212)	同意堕胎罪 (刑§213前段)	業務上堕胎罪 (刑§214前段)	不同意堕胎罪 (刑§215)
主体	妊娠中の女子	刑§212，214の主体以外の者	医師・助産師・薬剤師・医薬品販売業者(身分犯)	妊婦以外の者
行為	自己堕胎 (他人によるも可)	妊婦の嘱託・承諾を得ての堕胎		妊婦の嘱託・承諾を得ずにした堕胎
未遂処罰	なし			あり (刑§215Ⅱ)
結果的加重犯	なし	同意堕胎致死傷罪 (刑§213後段) ＊	業務上堕胎致死傷罪 (刑§214後段) ＊	不同意堕胎致死傷罪 (刑§216) ＊

＊　堕胎自体が未遂であっても，致死傷罪は成立する。

5 遺棄の罪

1 総説

(1)　保護法益

　　被遺棄者の生命・身体の安全である（大判大4.5.21）。

　　遺棄罪が成立するためには，被遺棄者の生命・身体に対して抽象的に危険が生ずれば足り，現実に被遺棄者の生命・身体に危険が生じたことは必要でない（抽象的危険犯：大判大4.5.21）。

(2)　遺棄の意味

　　広義の遺棄は，被遺棄者と保護者との間に場所的離隔を生じさせて，被遺棄者の生命・身体に対して危険を生じさせることであり，狭義の遺棄すなわち移置のほか置去りをも含む（最判昭34.7.24）。

　　「移置」とは，被遺棄者を危険な場所に移転させることである。

　　「置去り」とは，被遺棄者を危険な場所に放置して立ち去ることである。

2　（単純）遺棄罪

> （遺棄）
> **第217条**　老年，幼年，身体障害又は疾病のために扶助を必要とする者を遺棄
> した者は，1年以下の懲役に処する。

⑴　**主　体**

制限されていない。ただし，被遺棄者に対する保護責任を有しない者に限
る。

⑵　**客　体**

老年，幼年，身体障害または疾病のために扶助を必要とするものである。
これらの者は，他人の扶助がなければ日常生活を営むべき動作をなし得ない
からである。

⑶　**行　為**

遺棄すなわち移置することである。

3　保護責任者遺棄等罪

> （保護責任者遺棄等）
> **第218条**　老年者，幼年者，身体障害者又は病者を保護する責任のある者がこ
> れらの者を遺棄し，又はその生存に必要な保護をしなかったときは，3月以
> 上5年以下の懲役に処する。

⑴　**主　体**

老年者，幼年者，身体障害者または病者を保護する責任のある者である（身
分犯）。

「保護責任」とは，生命・身体の安全を保障すべき法律上の義務をいう。
この保護義務の根拠は，直接法令の規定によるもののほか，契約・事務管理
や条理による場合でもよい。

具体例
　　・法令による保護責任　➡　夫婦，親子，養親など
　　・事務管理による保護責任　➡　病者を自宅に引き取り同居させた者など
　　・条理による保護責任　➡　過失によって通行人に歩行不能の重傷を負わせ
　　　　　　　　　　　　　　　た自動車運転者など

┌─📖ケーススタディ──────────────────────
　Aは，Bとともに登山に出かけたが，山中でBが重傷を負ったにもかかわ
らず，何らの行為もせずに，そのまま下山した場合，Aにつき保護責任者遺
棄罪が成立するか。
└──────────────────────────────────

✎　Bが重傷を負った場合，AにはBに対する条理上の保護義務があり，置き
　去りも遺棄に当たるから，Aにつき保護責任者遺棄罪が成立する。

⑵　**客　体**
　　老年者，幼年者，身体障害者または病者である。

⑶　**行　為**
　　遺棄（移置のほか置去りも含む）または生存に必要な保護をしないことで
　ある。

4　遺棄等致死傷罪

┌──────────────────────────────────
（遺棄等致死傷）
第219条　217条・218条（遺棄・保護責任者遺棄等）の罪を犯し，よって人を
　死傷させた者は，傷害の罪と比較して，重い刑により処断する。
└──────────────────────────────────

　（単純）遺棄罪および保護責任者遺棄罪の結果的加重犯である。
　本罪が成立するためには，（単純）遺棄罪または保護責任者遺棄罪の故意を
もって行為すれば足り，それを超えて被遺棄者の生命・身体に危害を加えるこ
との認識をもつ場合は含まれない。

5　（単純）遺棄罪と保護責任者遺棄等罪の比較

	（単純）遺棄罪（刑§217）	保護責任者遺棄等罪（刑§218）
主　体	制限なし	老年者，幼年者，身体障害者または病者を保護すべき責任ある者
客　体	老者，幼者，身体障害者，病者	
行　為	遺棄（狭義；被遺棄者を危険な場所に移転させること） ＊置去りを含まない	ⓐ　遺棄（広義；移置のみならず危険な場所への置去りを含む） ⓑ　生存に必要な保護をしないこと
結果的加重犯	遺棄等致死傷罪（刑§219）	

第2節　自由に対する罪

Topics・ここでは，個人の意思決定の自由および身体活動の自由の侵害に対する罪について学習する。

・自由に対する罪として，脅迫の罪，逮捕および監禁の罪，略取および誘拐の罪，特に，令和5年刑法一部改正による不同意わいせつの罪および不同意性交等の罪が重要である。

1 脅迫の罪

1 脅迫の意味

脅迫とは，恐怖心を起こさせる目的で，害悪を告知することをいう。

	意　味	犯　罪
広義の脅迫	通知される害悪の内容や性質，害悪告知の方法の如何を問わないもの。	公務執行妨害罪（刑§95Ⅰ） 職務強要罪（刑§95Ⅱ） 加重逃走罪（刑§98） 逃走援助罪（刑§100Ⅱ） 恐喝罪（刑§249） 騒乱罪（刑§106）
狭義の脅迫	告知される害悪の種類が限定されるもの。	脅迫罪（刑§222） 強要罪（刑§223）
最狭義の脅迫	相手方の反抗を抑圧するに足りる程度の恐怖心を起こさせるもの。	強盗罪（刑§236） 事後強盗罪（刑§238）
	相手方の反抗を著しく困難にする程度の恐怖心を起こさせるもの。	不同意性交等罪（刑§177） 不同意わいせつ罪（刑§176）

2 脅迫罪

（脅迫）

第222条　生命，身体，自由，名誉又は財産に対し害を加える旨を告知して人を脅迫した者は，2年以下の懲役又は30万円以下の罰金に処する。

2　親族の生命，身体，自由，名誉又は財産に対し害を加える旨を告知して人を脅迫した者も，前項と同様とする。

(1) **保護法益**

個人の意思決定の自由である。

(2) **行　為**

被告知者本人またはその親族の生命・身体・自由・名誉または財産に対して，害を加える旨を告知して人を脅迫することである（抽象的危険犯）。相手方が現実に畏怖したことは要しない。

「脅迫」とは，人を畏怖させる目的で，被告知者本人またはその親族の生命・身体・自由・名誉または財産に対し，害を加える旨を告知することをいう。

「自由」の中には貞操が，「名誉」の中には信用が含まれる。

告知される害悪は，人を畏怖させるに足りる程度のものであることを要する。

告知者が第三者をして害悪を加えさせる旨を告知する場合（間接脅迫）も含むか，その場合，告知者が第三者の意思決定に影響を及ぼす地位にあることを示す必要がある。ただし，実際にこのような地位にあることは不要である。

(3) **既遂時期**

害悪が相手方に知らされた時である。

3　強要罪

（強要）

第223条　生命，身体，自由，名誉若しくは財産に対し害を加える旨を告知して脅迫し，又は暴行を用いて，人に義務のないことを行わせ，又は権利の行使を妨害した者は，3年以下の懲役に処する。

2　親族の生命，身体，自由，名誉又は財産に対し害を加える旨を告知して脅迫し，人に義務のないことを行わせ，又は権利の行使を妨害した者も，前項と同様とする。

3　前二項の罪の未遂は，罰する。

(1) **保護法益**

意思決定の自由・意思活動の自由である。

(2)　**行　為**

　　被告知者本人またはその親族の生命・身体・自由・名誉または財産に対して害を加える旨を告知して人を脅迫し，または被告知者本人に対して暴行を用い，人に義務のないことを行わせ，または権利の行使を妨害することである（侵害犯）。

(3)　**脅迫・暴行の程度**

　　本罪の脅迫・暴行は，被害者の恐怖心を起こさせるに足りる程度のものであることを要し，それで足りる。

(4)　**実行の着手時期**

　　脅迫または暴行を開始した時である。

(5)　**既遂時期**

　　義務のないことを行わせ，または権利の行使を妨害した時である。
　　脅迫・暴行を行ったが，相手方が要求に応じなかった場合や，相手方が恐怖を抱かずに任意に相手方の要求に応じた場合は，未遂となる。

2 　逮捕および監禁の罪

1 　総　説

　　個人の身体活動の自由を保護するものである。
　　本罪は侵害犯であるが，身体活動の自由の侵害が継続することが要求されており，継続犯である（大判昭7.2.29）。

2 　逮捕および監禁罪

（逮捕及び監禁）
第220条　不法に人を逮捕し，又は監禁した者は，３月以上７年以下の懲役に処する。

(1)　**客　体**

　　身体活動の自由を有する自然人である。

＜論点＞

H12-24
（推論）

　本罪の客体たる自然人につき，その者が意思に基づく身体活動の能力，すなわち行動能力を有することが必要であるか，さらに，その行動能力は潜在的・可能的なもので足りるか否かが問題となる。

	現実的自由侵害説	可能的自由侵害説 （最決昭33.3.19）
内　容	監禁罪における行動の自由は，現実的な場所的移動の自由である。	監禁罪における行動の自由は，可能的な場所的移動の自由で足りる。
根　拠	行動の自由は行動の意思を前提とし，また行動し得る者のみ存在する。	意思活動能力とは，事実上のものをいい，法的な意味での行為能力・責任能力・意思能力の存否は関係ない。
容　体	・泥酔者や睡眠中の者，生後間もない嬰児や高度の精神病者などは客体とならない。 ・被害者が監禁の事実を認識していることが必要である。	・泥酔者や睡眠中の者はもちろん，幼児や精神病者も逮捕・監禁罪の客体となるが，生後間もない嬰児や高度の精神病者など，まったく意識を欠くものは，客体とならない。 ・行動の自由の可能性がある限り，被害者が監禁の事実を認識していることは必要でない。

📖ケーススタディ

　Aが，熟睡中のBを倉庫に閉じ込めた場合，Aにつき監禁罪が成立するか。

✎　熟睡中の者であって，監禁された認識がなくても，途中で目を覚ますこと等があることから，可能的行動の自由が制限されているといえるため，Aにつき監禁罪が成立する。

➡　現実的自由侵害説では，Aにつき監禁罪が成立しない。

判例

　・逃げ出した女性を連れ戻すため，入院中の母のもとへ行くものと誤信させ，タクシーに乗せ，容易に脱出できなくした場合，監禁罪が成立する（最決昭33.3.19）。

　・不同意性交等の目的を秘して女性を自動車に乗せ犯行現場まで連行したが，同女はそれまでその意図に気付かず降車を求めなかった場合，監禁

罪が成立する（広島高判昭51.9.21）。

(2) 行　為

逮捕または監禁することである。

「逮捕」とは，人の身体に対して直接的支配を設定し，その行動の自由を拘束することをいう。多少の時間，拘束が継続する必要がある（大判昭7.2.29）。

「監禁」とは，人が一定の区域から出ることを不可能または著しく困難にすることをいう。

3　逮捕等致死傷罪

（逮捕等致死傷）
第221条　前条（逮捕及び監禁）の罪を犯し，よって人を死傷させた者は，傷害の罪と比較して，重い刑により処断する。

逮捕・監禁罪の結果的加重犯である。

致死傷の結果は，逮捕・監禁そのものから生じ，またはその手段である暴行または脅迫から生ずることを要する。

H30-26-ウ

この場合の傷害には，精神疾患の一種である外傷後ストレス障害，いわゆる再体験症状，回避・精神麻痺症状および過覚醒症状等の継続的発現を特徴とするPTSDも含まれる（最決平24.7.24）。

3　略取，誘拐および人身売買の罪

未成年者略取および誘拐罪（刑§224），営利目的等略取および誘拐罪（刑§225），身の代金目的略取等罪，同予備罪（刑§225の2，228の3），所在国外移送目的略取および誘拐罪（刑§226），人身売買罪（刑§226の2），被略取者等所在国外移送罪（刑§226の3），被略取者引渡し等罪（刑§227）が規定されている。

これらの罪の未遂は，罰する（刑§228）。

1　総　説

(1) 趣　旨

略取，誘拐および人身売買の罪は，人を従来の生活環境から離脱させて，自己または第三者の実力支配内に移す犯罪である。

　「略取」とは，暴行・脅迫を手段として被略取者を自己または第三者の実力的支配内に移すことをいう。

　「誘拐」とは，欺罔・誘惑を手段として被略取者を自己または第三者の実力的支配内に移すことをいう。

⑵　**保護法益**

　被略取者の自由および被略取者が要保護状態にある場合は親権者等の監護権である（大判明43.9.30）。

2　各犯罪の比較

	未成年者略取・誘拐罪（刑§224）	営利目的等略取・誘拐罪（刑§225）	身の代金目的略取等罪（刑§225の2Ⅰ）
客体	未成年者（18歳未満の者）	未成年者であると成年者であるとを問わない。	
行為	略取または誘拐		
目的	なし	営利，わいせつ，結婚または生命・身体に対する加害の目的	近親者その他略取・誘拐された者の安否を憂慮する者の憂慮に乗じてその財物を交付させる目的
既遂	被略取者を自己または第三者の実力的支配下に置いたとき		
予備	なし	なし	あり
解放減軽	なし	なし	あり

3　解放による刑の減刑（刑§228の2）

（解放による刑の減軽）

第228条の2　第225条の2又は第227条第2項若しくは第4項の罪を犯した者が，公訴が提起される前に，略取され又は誘拐された者を安全な場所に解放したときは，その刑を減軽する。

趣旨

　身代金目的の略取罪あるいは身代金目的の被略取者引渡し等罪を犯した者について，当該犯人から被略取者の生命の安全を図るという刑事政策的見地から，公訴の提起前に被略取者を安全な場所に解放したときは，刑の必要的減軽の恩恵を与えたものである。

4　不同意わいせつおよび不同意性交等の罪

1　保護法益

　個人の性的自由である。

　現行法は，その体系上明らかに社会的法益としての性風俗・道徳に対する罪として，公然わいせつ罪等の社会の性感情および性秩序を保護法益とする罪と同じ章に，本罪を置いている。

　しかし，その本質は個人の人格的自由としての性的自由・感情の侵害であるから，個人的法益に対する罪という面を重視すべきである。

2　不同意わいせつ罪

（不同意わいせつ）

第176条　次に掲げる行為又は事由その他これらに類する行為又は事由により，同意しない意思を形成し，表明し若しくは全うすることが困難な状態にさせ又はその状態にあることに乗じて，わいせつな行為をした者は，婚姻関係の有無にかかわらず，6月以上10年以下の懲役に処する。

　一　暴行若しくは脅迫を用いること又はそれらを受けたこと。

　二　心身の障害を生じさせること又はそれがあること。

　三　アルコール若しくは薬物を摂取させること又はそれらの影響があること。

　四　睡眠その他の意識が明瞭でない状態にさせること又はその状態にあること。

　五　同意しない意思を形成し，表明し又は全うするいとまがないこと。

　六　予想と異なる事態に直面させて恐怖させ，若しくは驚愕させること又はその事態に直面して恐怖し，若しくは驚愕していること。

　七　虐待に起因する心理的反応を生じさせること又はそれがあること。

　八　経済的又は社会的関係上の地位に基づく影響力によって受ける不利益を憂慮させること又はそれを憂慮していること。

> 2　行為がわいせつなものではないとの誤信をさせ，若しくは行為をする者について人違いをさせ，又はそれらの誤信若しくは人違いをしていることに乗じて，わいせつな行為をした者も，前項と同様とする。
>
> 3　16歳未満の者に対し，わいせつな行為をした者（当該16歳未満の者が13歳以上である場合については，その者が生まれた日より5年以上前の日に生まれた者に限る。）も，第1項と同様とする。
>
> （未遂罪）
>
> **第180条**　第176条，第177条及び前条（不同意わいせつ・不同意性交等）の罪の未遂は，罰する。

(1)　行　為

わいせつな行為をしたことである。

「わいせつ」とは，徒に性欲を興奮または刺激せしめ，かつ，普通人の正常な性的羞恥心を害し，善良な性的道義観念に反することをいう（最判昭26.5.10）。

① 　婚姻関係の有無にかかわらず，以下に掲げる行為または事由その他これらに類する行為または事由により，同意しない意思を形成し，表明しもしくは全うすることが困難な状態にさせまたはその状態にあることに乗じて，わいせつな行為をしたこと。

　⑦　暴行もしくは脅迫を用いることまたはそれらを受けたこと。

　④　心身の障害を生じさせたることまたはそれがあること。

　⑦　アルコールもしくは薬物を摂取させることまたはそれらの影響があること。

　㋐　睡眠その他の意識が明瞭でない状態にさせることまたはその状態にあること。

　㋔　同意しない意思を形成し，表明しまたは全うするいとまがないこと。

　㋕　予想と異なる事態に直面させて恐怖させ，もしくは驚愕させることまたはその事態に直面して恐怖し，もしくは驚愕していること。

　㋖　虐待に起因する心理的反応を生じさせることまたはそれがあること。

　㋗　経済的または社会的関係上の地位に基づく影響力によって受ける不利益を憂慮させることまたは憂慮していること。

② 　行為がわいせつなものではないとの誤信をさせ，もしくは行為をする者について人違いをさせ，またはそれらの誤信もしくは人違いをしていることに乗じて，わいせつな行為をしたこと。

③　16歳未満の者に対し，わいせつな行為をしたこと。わいせつな行為をした者は，当該16歳未満の者が13歳以上である場合については，その者が生まれた日より５年以上前の日に生まれたものに限る。

R4-25-イ

➡　16歳未満の者から，事実上の承諾を得てわいせつな行為をした場合でも，不同意わいせつ罪が成立する。

判例

・被害者の意思に反してキスをする行為はわいせつ行為に当たる（東京高判昭32.1.22）

(2)　実行の着手時期

①　(1)①の⑦から②までの行為等を手段としてわいせつな行為をしたときは，手段としての行為を開始した時である。

(1)①の⑦から②までの事由等の状態に乗じてわいせつな行為をしたときは，わいせつな行為を開始した時である。

②　行為がわいせつなものではないと誤信等をさせてわいせつな行為をしたときは，当該誤信等を生じさせる行為を開始した時，わいせつなものでないと誤信等をしている状態に乗じてわいせつな行為をしたときは，わいせつな行為を開始した時である。

③　16歳未満の者に対してわいせつな行為をしたときは，わいせつな行為を開始した時である。

(3)　主観的要件

①　「わいせつな行為」に当たるか否かの判断基準については，行為そのものが持つ性的性質の有無および程度を十分に踏まえた上で，当該行為が行われた際の具体的状況等の諸般の事情をも総合考慮し，社会通念に照らし，その行為に性的な意味があるといえるか否か，その性的な意味合いの強さによって判断されるべきであり，故意以外の行為者の性的意図を一律に不同意わいせつ罪の成立要件とすることは相当でない（最判平29.11.29）。

R4-25-ウ

➡　児童ポルノを製造して対価を得る目的で，自己の性欲を満たす意図を持たない場合でも，わいせつな行為をしてこれを撮影する行為は，当該行為そのものが持つ性的性質が明確な行為であるから，客観的にわいせつな行為に当たり，不同意わいせつ罪が成立する。

② 16歳未満の者に対する不同意わいせつ罪については，被害者が16歳未満であることを認識する必要がある。

　➡ 被害者を16歳以上と誤信して，その同意を得てわいせつな行為をした場合は，事実の錯誤として故意を阻却する。

3　不同意性交等罪

> （不同意性交等）
> **第177条**　前条第1項各号に掲げる行為又は事由その他これらに類する行為又は事由により，同意しない意思を形成し，表明し若しくは全うすることが困難な状態にさせ又はその状態にあることに乗じて，性交，肛門性交，口腔性交又は膣若しくは肛門に身体の一部（陰茎を除く。）若しくは物を挿入する行為であってわいせつなもの（以下この条及び第179条第2項において「性交等」という。）をした者は，婚姻関係の有無にかかわらず，5年以上の有期懲役に処する。
> 2　行為がわいせつなものではないとの誤信をさせ，若しくは行為をする者について人違いをさせ，又はそれらの誤信若しくは人違いをしていることに乗じて，性交等をした者も，前項と同様とする。
> 3　16歳未満の者に対し，性交等をした者（当該16歳未満の者が13歳以上である場合については，その者が生まれた日より5年以上前の日に生まれた者に限る。）も，第1項と同様とする。
> （未遂罪）
> **第180条**　第176条，第177条及び前条（不同意わいせつ・不同意性交等）の罪の未遂は，罰する。

(1)　主　体
　　男子も女子も，本罪の主体となる。

　➡ 客体も女子，男子を問わない。　　　　　　　　　　　　　　　　R4-25-ア

(2)　行　為
　① 婚姻関係の有無にかかわらず，以下に掲げる行為または事由その他これらに類する行為または事由により，同意しない意思を形成し，表明しもしくは全うすることが困難な状態にさせまたはその状態にあることに乗じて，性交，肛門性交，口腔性交または膣もしくは肛門に身体の一部（陰茎を除く）もしくは物を挿入する行為であってわいせつなもの（以下，「性交等」という）をしたこと。　　R4-25-オ

⑦　暴行もしくは脅迫を用いることまたはそれらを受けたこと。

⑦　心身の障害を生じさせたることまたはそれがあること。

⑰　アルコールもしくは薬物を摂取させることまたはそれらの影響があること。

⑭　睡眠その他の意識が明瞭でない状態にさせることまたはその状態にあること。

⑭　同意しない意思を形成し，表明しまたは全うするいとまがないこと。

⑭　予想と異なる事態に直面させて恐怖させ，もしくは驚愕させることまたはその事態に直面して恐怖し，もしくは驚愕していること。

⑭　虐待に起因する心理的反応を生じさせることまたはそれがあること。

⑰　経済的または社会的関係上の地位に基づく影響力によって受ける不利益を憂慮させることまたは憂慮していること。

② 行為がわいせつなものではないとの誤信をさせ，もしくは行為をする者について人違いをさせ，またはそれらの誤信もしくは人違いをしていることに乗じて，性交等をしたこと。

③ 16歳未満の者に対し，性交等をしたこと。性交等をした者は，当該16歳未満の者が13歳以上である場合については，その者が生まれた日より５年以上前の日に生まれたものに限る。

H元-28-3

➡　16未満の者から。事実上の承諾を得て性交等をした場合でも，不同意性交等罪が成立する。

⑶　実行の着手時期

① ⑴①の⑦から⑰までの行為等を手段として性交等をしたときは，手段としての行為を開始した時である。

⑴①の⑦から⑰までの事由等の状態に乗じて性交等をしたときは，性交等を開始した時である。

② 行為がわいせつなものではないと誤信等をさせて性交等をしたときは，当該誤信等を生じさせる行為を開始した時，わいせつなものでないと誤信等をしている状態に乗じて性交等をしたときは，性交等を開始した時である。

③ 16歳未満の者に対して性交等をしたときは，性交等を開始した時である。

判例

・AとBが，夜間1人で道路を通行していたC女を車内で性交等をしようと共謀し，必死に抵抗するC女をダンプカーの運転席に引きずり込もうとしたときは，不同意性交等罪の実行の着手が認められる（最決昭45.7.28）。

4　監護者わいせつおよび監護者性交等罪

（監護者わいせつ及び監護者性交等）
第179条　18歳未満の者に対し，その者を現に監護する者であることによる影響力があることに乗じてわいせつな行為をした者は，第176条第1項（不同意わいせつ）の例による。
2　18歳未満の者に対し，その者を現に監護する者であることによる影響力があることに乗じて性交等をした者は，第177条第1項（不同意性交等）の例による。
（未遂罪）
第180条　未遂は，罰する。

　本罪は，一般に精神的に未熟である上，生活全般にわたって自己を監督し保護している監護者に経済的にも精神的にも依存しているところ，依存・被依存ないし保護・被保護の関係に乗じて，性的行為をすることは，不同意わいせつまたは不同意性交等と同等の悪質性・当罰性が認められるからである。

5　不同意わいせつ等致死傷罪

（不同意わいせつ等致死傷）
第181条　第176条（不同意わいせつ）若しくは第179条第1項（監護者わいせつ）の罪又はこれらの罪の未遂罪を犯し，よって人を死傷させた者は，無期又は3年以上の懲役に処する。
2　第177条（不同意性交等）若しくは第179条第2項（監護者性交等）の罪又はこれらの罪の未遂罪を犯し，よって人を死傷させた者は，無期又は6年以上の懲役に処する。

(1)　法的性格
　本罪は，不同意わいせつ罪，不同意性交等罪，監護者わいせつおよび監護者性交等罪の結果的加重犯である。

　　基本犯は既遂であることを要せず，未遂罪（刑§180）も含まれる（最判昭23.11.16，同24.7.9参照）。

(2)　行為と結果

　　死傷の結果は，不同意わいせつ，不同意性交等の行為自体から生じた場合であると，その手段として暴行・脅迫行為等によって発生したものであるとを問わず，また，不同意わいせつ行為，不同意性交等の行為の機会に行われたものと密接に関連する行為に基づくものでもよい（最決昭43.9.17参照）。

(3)　罪　数

　　致死の結果に対して認識がある場合には，殺人罪と不同意わいせつ等致死傷罪の観念的競合となる（最判昭31.10.25）。

6　16歳未満の者に対する面会要求等

（16歳未満の者に対する面会要求等）

第182条　わいせつの目的で，16歳未満の者に対し，次の各号に掲げるいずれかの行為をした者（当該16歳未満の者が13歳以上である場合については，その者が生まれた日より5年以上前の日に生まれた者に限る。）は，1年以下の懲役又は50万円以下の罰金に処する。

一　威迫し，偽計を用い又は誘惑して面会を要求すること。

二　拒まれたにもかかわらず，反復して面会を要求すること。

三　金銭その他の利益を供与し，又はその申込み若しくは約束をして面会を要求すること。

2　前項の罪を犯し，よってわいせつの目的で当該16歳未満の者と面会をした者は，2年以下の懲役又は100万円以下の罰金に処する。

3　16歳未満の者に対し，次の各号に掲げるいずれかの行為（第2号に掲げる行為については，当該行為をさせることがわいせつなものであるものに限る。）を要求した者（当該16歳未満の者が13歳以上である場合については，その者が生まれた日より5年以上前の日に生まれた者に限る。）は，1年以下の懲役又は50万円以下の罰金に処する。

一　性交，肛門性交又は口腔性交をする姿態をとってその映像を送信すること。

二　前号に掲げるもののほか，膣又は肛門に身体の一部（陰茎を除く。）又は物を挿入し又は挿入される姿態，性的な部位（性器若しくは肛門若しくはこれらの周辺部，臀部又は胸部をいう。以下この号において同じ。）を触り

又は触られる姿態，性的な部位を露出した姿態その他の姿態をとってその映像を送信すること。

(1) 行　為

① わいせつの目的で，16歳未満の者に対し，以下に掲げるいずれかの行為をしたこと。面会要求等をした者は，当該16歳未満の者が13歳以上である場合については，その者が生まれた日より5年以上前の日に生まれたものに限る。

　⑦ 威迫し，偽計を用いまたは誘惑して面会を要求すること。

　④ 拒まれたにも関わらず，反復して面会を要求すること。

　⑦ 金銭その他の利益を供与し，またはその申込みもしくは約束をして面会を要求すること。

② 面会要求等の罪を犯し，よってわいせつ目的で当該16歳未満のものと面会したこと。

③ 16歳未満の者に対し，以下に掲げるいずれかの行為（拒まれたにもかかわらず，反復して面会を要求する行為については，当該行為をさせることがわいせつなものであるものに限る）を要求したこと。

　⑦ 性交，肛門性交，または口腔性交をする姿態をとって，その映像を送信すること。

　④ 膣または肛門に身体の一部（陰茎を除く）または物を挿入しまたは挿入される姿態，性的な部位(性器もしくは肛門もしくはこれらの周辺部，臀部又は胸部をいう) を触りまたは触られる姿態，性的な部位を露出した姿態をとってその映像を送信すること。面会を要求した者は，当該16歳未満の者が13歳以上である場合については，その者が生まれた日より5年以上前の日に生まれたものに限る。

第3節　私生活の平穏に対する罪

Topics・ここでは，私生活の平穏に対する罪について学習する。

・住居侵入等罪の保護法益と住居の「侵入」の意義の関係を理解すること。

・秘密を侵す罪については，条文で確認する程度でよい。

1 住居を侵す罪

1 住居侵入罪

（住居侵入等）

第130条　正当な理由がないのに，人の住居若しくは人の看守する邸宅，建造物若しくは艦船に侵入し・・・・・た者は，3年以下の懲役又は10万円以下の罰金に処する。

（未遂罪）

第132条　未遂は，罰する。

(1) 保護法益

＜論点＞

住居侵入等罪は個人的法益に対する罪であるが，その内容については，平穏説と新住居権説との対立がある。

	平穏説（最判昭49.5.31）	新住居権説（最判昭58.4.8）
保護法益	事実上の住居の平穏である。	住居に誰を立ち入らせるのかを決める自由である。
批判	・平穏の内容が抽象的で漠然としている。 ・住居侵入罪を個人的法益に対する罪と位置付けていることに抵触する。	・たとえ平穏な立入りであっても，住居権者の意思に反したときは住居侵入罪が成立する点で，処罰範囲の拡大につながる。 ・複数の住居者がいる場合，誰の承諾が必要か明確でない。

(2) **客　体**

人の住居または人の看守する邸宅，建造物もしくは艦船である。

① 「住居」とは，日常生活に使用するために人が占有する場所であり，必ずしも人の起臥寝食に使用される場所であることを要しない。また，法律上の権限の有無を問わない（最決昭28.5.14）。
➡ 借家人が賃貸借契約終了後も立ち退かないので，家主が借家人を追い出す　S58-26-2
ため借家に立ち入った場合は，住居侵入罪が成立する（大判大9.2.26）。

住居は日常生活に使用されるべくある程度の設備を備えた場所であることを要する。
1棟の建物中の区画された一部分でもよいし，住居の一部でもよい。　H23-25-エ
居住者が常に現在していることを要しないから，一時不在の場合または一定の期間だけ使用する住居ないし別荘も住居である。
判例
・警察官に追跡された窃盗犯人が他人の住居の屋根に上った場合，住居　S58-26-1
侵入罪が成立する（東京高判昭54.5.21）。

② 「人の」住居とは，他人の住居を意味する。
他人と共同生活を営んでいた者が当該共同生活から離脱した場合，共同生活していた住居は他人の住居にあたる。
判例
・家出中の息子が，父親の物を盗むつもりで，深夜，父親の住居に立ち　H29-24-エ
入った場合は，住居侵入罪が成立する（最判昭23.11.25）。

③ 「人の看取する邸宅」とは，他人が事実上管理・支配しており，住居として使用する目的で造られた家屋であって，人の住居として使用されていないもの，および塀などの通常は越えられない設備により囲まれたその付属地帯をいう。

④ 「建造物」とは，住居，邸宅以外の家屋および塀などで囲まれたその付　H29-24-オ
属地帯をいう（最判昭25.9.27）。　H23-25-イ
　H23-25-ウ
具体例
・官公署の庁舎，学校，工場，事務所，倉庫，駅舎なども，建造物にあたる（最判昭59.12.18）。

・外部から見ることができない敷地内の様子を確認する目的で，塀の上部に上がった場合，建造物侵入罪が成立する（最決平21.7.13）。

(3) 行　為

正当な理由がないのに，侵入することである。

＜論点＞

「侵入」の意義については，保護法益をいかに解するかにより，見解の対立がある。

複数の者が同一の住居に居住している場合に，現に住居に居合わせた者の承諾は得たが，他の不在者の（推定的）意思に反して住居に立ち入った場合に，「侵入」にあたるか否かが問題となる。

📖ケーススタディ

Aは，BC夫婦が同居している住居に，Cが嫌がっているにもかかわらず，Cの出張中をいいことに，Bの承諾を得て立ち入った場合，Aにつき住居侵入罪が成立するか。

	平穏説←平穏侵害説	新住居権説←意思侵害説	
意　義	保護法益を，事実上の住居の平穏と解することから，住居の平穏を害するような態様による立ち入りをいう。	保護法益を，住居にだれを立ち入らせるのかを決める自由と解することから，住居権者（居住者・看守者）の意思に反する立ち入りをいう。	
帰　結	承諾の有無は住居の平穏な侵害といえるかどうかの判断資料に過ぎないので，全員の承諾が必要か否かということは問題とならず，現に住居に居合わせた者の承諾を得て立ち入った場合は，「侵入」にあたらない。	現に住居に居合わせた者の承諾があれば足りるとすれば，「侵入」にあたらない。	住居者全員の承諾を必要とすれば，「侵入」にあたる。
ケーススタディの帰結	Aにつき，住居侵入罪は成立しない。	Aにつき，住居侵入罪は成立しない。	Aにつき，住居侵入罪が成立する。

具体例

・飲食店に違法行為をする目的で立ち入った場合，住居侵入罪が成立し得る。 `S58-26-4`

・強盗殺人の目的で客と信じさせて店に入った場合，住居侵入罪が成立する（最判昭23.5.20）。

・窃盗の目的を隠して「今晩は」と挨拶し，家人が来客であると思い，「お入り」と答えたので，その中に入った場合，錯誤による承諾は無効であり，住居侵入罪が成立する（最判昭24.7.22）。 `H29-24-ウ` `H18-25-エ` `S57-28-3`

・親友のアパートを訪ねたところ不在であったが，表戸に鍵がかかっていなかったので，帰りを待つつもりで部屋に入った場合，侵入とはならない（最判昭25.11.24）。 `S58-26-3` `H5-23-オ`

　➡　推定的承諾が認められるから。

・一般に客等の立入りが許容されている建造物に，平穏かつ公然に立ち入ったときでも，銀行の現金自動預払機を利用する客のカードの暗証番号等を撮影する目的で，行員の常駐しない出張所に営業時間中に立ち入った場合，侵入に当たる（最決平19.7.2）。 `H29-24-ア`

　➡　銀行支店長の意思に反するから。

⑷　**罪　数**

　本罪の個数は，実際上住居・建造物等の個数によって決せられ，数個の建造物への侵入は建造物の数に応じた住居侵入罪が成立する（東京高判昭27.4.16）。

判例

・殺人または強盗の目的で（たとえば凶器を携える等して）他人の住居に侵入したときは，殺人予備罪または強盗予備罪と本罪の観念的競合となる（東京高判昭25.4.17）。

・面会を強要する目的で被害者宅の玄関のガラスなどを手拳で破り入り込んだ場合は，器物損壊等罪と本罪の牽連犯となる（東京高判昭63.10.5）。

2　不退去罪

（住居侵入等）

第130条　正当な理由がないのに，・・・・・要求を受けたにもかかわらずこれらの場所から退去しなかった者は，３年以下の懲役又は10万円以下の罰金に処する。

(1) **行　為**

要求を受けたにもかかわらず，住居等から退去しないことである（真正不作為犯）。

退去の要求は，住居権者により，明示的に行われる必要がある。

(2) **罪　数**

H23-25-ア 不法に住居等に侵入したことによって住居侵入罪が成立した以上，その侵入者が退去の要求に応じなかったとしても，別に不退去罪は成立しない（最決昭31.8.22）。

② 秘密を侵す罪

1　保護法益

秘密を犯す罪は，個人の秘密を侵害することを内容とする犯罪であり，現行法は社会的法益に対する罪として編別してはいるが，個人的法益に対する罪と解すべきである。

個人の秘密である。

国家・公共団体における公共の秘密は含まない。ただ，法人のほか，法人格のない団体の秘密も保護の対象となる。

➡ 個人は，一身上のみならず家庭その他社会生活上の秘密をもって生活しており，この秘密が他人によってみだりに暴露されるのを抑制して，個人の私生活の平穏を維持する必要があるから。

2　信書開封罪

（信書開封）
第133条　正当な理由がないのに，封をしてある信書を開けた者は，1年以下の懲役又は20万円以下の罰金に処する。
（親告罪）
第135条　133条の罪は，告訴がなければ公訴を提起することができない。

(1) **客　体**

封をしてある信書である。

⑵　**行　為**

　開けることである。

　➡　光線にすかして信書の内容を了知しても本罪は成立しない。

3　秘密漏示罪

（秘密漏示）

第134条　医師，薬剤師，医薬品販売業者，助産師，弁護士，弁護人，公証人
又はこれらの職にあった者が，正当な理由がないのに，その業務上取り扱っ
たことについて知り得た人の秘密を漏らしたときは，6月以下の懲役又は10
万円以下の罰金に処する。

2　宗教，祈祷若しくは祭祀の職にある者又はこれらの職にあった者が，正当
な理由がないのに，その業務上取り扱ったことについて知り得た人の秘密を
漏らしたときも，前項と同様とする。

（親告罪）

第135条　134条の罪は，告訴がなければ公訴を提起することができない。

⑴　**主　体**

　医師，薬剤師，医薬品販売業者，助産師，弁護士，弁護人，公証人，宗教，
祈禱もしくは祭祀の職にある者，またはこれらの職にあった者に限られる（身
分犯）。

⑵　**客　体**

　業務上取り扱ったことについて知り得た人の秘密である。

　①　「秘密」とは，特定の小範囲の者にしか知られていない事実であって，
　　他人に知られないことに本人の利益が認められるものをいう。

　②　「人」とは，自然人のみならず，法人，法人格のない団体も含まれるが，
　　国および公共団体は含まれない。

　③　秘密は，その業務上取り扱ったことについて知り得たものであることを
　　要する。

⑶　行　為

正当な理由がないのに，漏らすことである。

「漏らす」とは，業務上取り扱ったことについて知り得た人の秘密を，未だ知らない第三者に告知することをいう。

⑷　既遂時期

秘密が，漏らした相手方に到達した時である。

➡　相手方がその内容を了知しなくても，既遂に達する。

第4節　名誉・信用および業務に対する罪

Topics・ここでは，名誉毀損罪と信用毀損罪および業務妨害罪について学習する。
・業務妨害罪の業務の意義について，業務上過失傷害罪の業務の意義と比較すること。

　名誉・信用に対する罪は，名誉・信用という人に対する社会的評価を侵害する行為を内容とする犯罪である。名誉が人の人格に対する社会の評価をその内容とするのに対し，信用は人の経済的側面に対する社会の信頼をその内容とする。

1　名誉に対する罪

1　保護法益
　人の名誉である。
　名誉の概念については，一般に次の3つに分類される。

内部的名誉	客観的に存在する人の内部的な人格的価値そのもの（真価）をいう。他人の行為によって侵害される可能性がないので，本罪の保護法益とはなりえない。
外部的名誉 （社会的名誉）	人の価値に対して社会が与える評価（評判）をいう。
名誉感情 （主観的名誉）	人の価値に対して本人自身が有する価値意識・感情をいう。

＜論点＞
　名誉毀損罪と侮辱罪の保護法益を同一に解するか否かについて争いがある。
　この点につき判例は，名誉毀損罪および侮辱罪の保護法益は，ともに外部的名誉であるとしている（大判大15.7.5，最決昭58.11.1など）。
　①名誉毀損罪は事実を摘示して他人の外部的名誉を害する行為であり，②侮辱罪は事実を摘示しない方法で他人の外部的名誉を害する行為である。
　・幼児・法人に対しては，名誉毀損罪も侮辱罪も成立し得る。
　・刑法230条の2（公共の利害に関する場合の特例）に規定する事実の証明があって名誉毀損罪が成立しない場合は，侮辱罪も成立し得ない。

2　名誉毀損罪

> （名誉毀損）
> **第230条**　公然と事実を摘示し，人の名誉を毀損した者は，その事実の有無に
> かかわらず，3年以下の懲役若しくは禁錮又は50万円以下の罰金に処する。
> （親告罪）
> **第232条**　第230条の罪は，告訴がなければ公訴を提起することができない。
> 2　告訴をすることができる者が天皇，皇后，太皇太后，皇太后又は皇嗣であ
> るときは内閣総理大臣が，外国の君主又は大統領であるときはその国の代表
> 者がそれぞれ代わって告訴を行う。

(1)　客　体
人の外部的名誉（社会的評価）である（大判昭8.9.6）。

➡　人の経済的支払能力・支払意思に対する社会的評価は，信用毀損罪（刑§233
前段）によって保護されることから，本罪の客体とはならない。

H31-26-ア
名誉の主体としての「人」には，自然人（幼児，精神障害者を含む）の
ほか，法人（大判大15.3.24），法人格を有しない団体も含まれる。

(2)　行　為
公然と事実を摘示して人の名誉を毀損することである。

H31-26-ウ
①　「公然」とは，不特定または多数人が認識しうる状態をいい（大判昭
6.6.19，最判昭36.10.13），現実に認識することは要しない（最判昭34.5.7）。
直接の相手方が特定かつ少数人であっても，そこから伝播して不特定ま
たは多数人が認識し得る可能性があれば，公然性を認め得る（伝播性の理
論；最判昭34.5.7）。

②　「事実の摘示」とは，人の社会的評価を低下させるに足りる具体的事実
を告げることをいう。
➡　具体性に欠ける場合には，侮辱罪が成立するにすぎない。
摘示された事実の内容が真実であると虚偽であるとを問わず，風聞でも，
噂でもよい。また，非公知の事実であると公知の事実であるとを問わない。

H31-26-イ
③　「毀損した」とは，人の社会的評価を低下させるに足りる事実を公然と
摘示したことをいい，現実に社会的評価を低下させたことまでは要しない
（危険犯；大判昭13.2.28）

④　人の社会的評価を低下させる事実を摘示することの認識（故意）があれ H31-26-エ
ば足り，積極的に人の名誉を棄損する目的・意図を要しない（大判大
6.7.3）。

⑶　**既遂時期**

被害者の社会的評価を低下させるに足りる事実を公然と摘示した時である
（抽象的危険犯；大判昭13.2.28）。

3　公共の利害に関する場合の特例

（公共の利害に関する場合の特例）
第230条の2　前条第1項（名誉毀損）の行為が公共の利害に関する事実に係り，
かつ，その目的が専ら公益を図ることにあったと認める場合には，事実の真
否を判断し，真実であることの証明があったときは，これを罰しない。
2　前項の規定の適用については，公訴が提起されるに至っていない人の犯罪
行為に関する事実は，公共の利害に関する事実とみなす。
3　前条第1項（名誉毀損）の行為が公務員又は公選による公務員の候補者に
関する事実に係る場合には，事実の真否を判断し，真実であることの証明が
あったときは，これを罰しない。

趣旨

公共の利害に関する事項は，個人の名誉を保護すべき利益よりも，それを暴露
して真実を知らしめる公共的必要が大きいことから，人格権としての名誉の保護
と憲法21条による表現の自由の保障との調和を図り，事実が真実であることの証
明があったときに限り，これを処罰しないとしたものである。

⑴　**要　件**
①　原　則
㋐　事実の公共性
摘示された事実が公共の利害に関するものであることを要する。

㋑　目的の公益性
もっぱら公益を図る目的に出たものと認められることを要する。
㋒　事実の真実性の証明
裁判所の事実の真否の判断の結果，摘示された事実が真実であること
が証明されたことを要する。

➡ 事実が真実であることの証明がない場合でも，行為者がその事実を真実であると誤信し，その誤信したことについて，確実な資料，根拠に照らし相当の理由があるときは，犯罪の故意がなく，名誉毀損罪は成立しない（最判昭44.6.25）。

② 特 則

起訴前の事実については，㋐事実の公共性の要件が擬制される（刑§230の2Ⅱ）。

公務員または公選による公務員の候補者に関する事実については，㋐事実の公共性，㋑目的の公益性の要件が擬制される（同Ⅲ）。

4 死者の名誉毀損罪

（名誉毀損）
第230条
2 死者の名誉を毀損した者は，虚偽の事実を摘示することによってした場合でなければ，罰しない。
（親告罪）
第232条 第230条の罪は，告訴がなければ公訴を提起することができない。

趣旨

死者に対しては，正しい歴史的評価を下すべき必要があるため，正しい事実を摘示した場合は，処罰しないことにしたものである。

虚偽の事実を公然と摘示して死者の名誉を毀損することにより成立する。

5 侮辱罪

（侮辱）
第231条 事実を摘示しなくても，公然と人を侮辱した者は，1年以下の懲役若しくは禁錮若しくは30万円以下の罰金又は拘留若しくは科料に処する。
（親告罪）
第232条 第231条の罪は，告訴がなければ公訴を提起することができない。

(1) 客 体

人の外部的名誉である（大判大15.7.5）。

⑵　**行　為**

　　事実を摘示しないで，公然と人を侮辱することである。

　　「事実を摘示しなくても」とは，事実を摘示しないで，の意味である（大
判大15.7.5）。

　　「侮辱」とは，他人の人格を蔑視する価値判断を表示することをいう。

➡　　名誉毀損罪と侮辱罪の区別は，事実の摘示の有無にあり，ともに保護法益は外
部的名誉であるため，事実の真実性の証明がなされ名誉毀損罪が成立しないとき
は，侮辱罪も成立しない。

② 信用および業務に対する罪

1　信用毀損罪

（信用毀損及び業務妨害）
第233条　虚偽の風説を流布し，又は偽計を用いて，人の信用を毀損・・・・・
した者は，3年以下の懲役又は50万円以下の罰金に処する。

⑴　**客　体**

　　人の信用である。

H15-26-5

　　「人」とは，自然人，法人，その他法人格のない団体も含まれる（大判大
15.2.15）。

　　人の「信用」とは，人の経済的側面に関する価値，すなわち，人の支払能
力または支払意思に関する社会の信頼（大判大5.6.1），および，商品の品質
に対する社会的信頼である（最判平15.3.11）。

⑵　**行　為**

　　虚偽の風説を流布し，または，偽計を用いて人の信用を毀損することであ
る。

①　「偽計を用いて」とは，他人の錯誤または不知を利用することをいう。

②　「毀損」したとは，他人の信用が低下するおそれのある状態を生じさせ
ることをいい，必ずしも現実に信用の低下したことを要しない（危険犯；
大判大2.1.27）。

2　偽計業務妨害罪

> （信用毀損及び業務妨害）
> **第233条**　虚偽の風説を流布し，又は偽計を用いて・・・・・その業務を妨害
> した者は，３年以下の懲役又は50万円以下の罰金に処する。

⑴　客　体

人の業務である。

① 　人の「業務」とは，職業その他社会生活上の地位に基づき継続して行う
事務または事業をいう（大判大10.10.24）。
１回的な行事は含まれない（東京高判昭30.8.30）。

H11-25-2
H11-25-4
H11-25-5
　娯楽のために行われる行為は含まないが，必ずしも報酬または収入を伴
うものでなくてもよい（大判大10.10.24）。
➡ 　個人的な活動（趣味としての散策，学生の学習活動など）や家庭生活上の
活動（料理，清掃，育児など）は除外される。

判　例

H15-26-4
・嫌がらせで夜中に人家の前で大声をあげて家人の睡眠を妨害しても業
務妨害罪は成立しない（大判大10.10.24）。

H11-25-3
② 　業務は，直接に危害を加えるおそれのあるものに限らず，他人の生命身
体に生ずる危害を防止することを目的とするものも含む（最決昭
60.10.21）。

H15-26-1
③ 　業務は適法なものでなくても，刑法上保護に値するものであれば足りる
（東京高判昭27.7.3）。

④ 　公務に対する業務妨害罪の成否
＜論点＞

　公務の執行を暴行・脅迫を用いて妨害した場合は公務執行妨害罪（刑
§95Ⅰ）として処罰されるが，妨害の手段が偽計・威力にとどまった場
合は，公務も業務に含まれるとして業務妨害罪の成立を認めることがで
きるかが問題となる。

㋒　公務の内容（最決平12.2.17）

公務のうち非権力的公務および強制力を行使しない権力的公務については，業務妨害罪が成立するのに対して，強制力を行使する権力的公務については，業務妨害罪は成立しない。

㋓　根　拠

・非権力的公務は，一般市民の業務と何ら差異がなく，これが公務であるという一事だけで法的保護に差異を設ける理由はない。

・権力的公務は，暴行・脅迫に至らない程度の虚偽の風説・偽計・威力等に対しては，その抵抗を排除しうる実力を備えているのであるから，特にそうした手段による妨害に対して保護する必要はない。これに対して，非権力的公務は，それらの手段によっても妨害されやすく，これを刑法上，保護する必要がある。

⑵　**行　為**

虚偽の風説を流布し，または偽計を用いて業務を妨害することである。

①　「虚偽の風説の流布」とは，内容虚偽の風説を不特定または多数人に伝播させることをいう（大判大5.12.18）。

②　「偽計を用いて」とは，他人の錯誤または不知を利用し，または欺罔・誘惑の手段を用いることをいう。

③　「妨害」とは，広く業務の経営を妨害する一切の行為をいう（大判昭8.4.12）。

④　業務の遂行に対する具体的な妨害の結果を発生させる恐れのある行為をしただけで足り，現実に業務妨害の結果が発生したことは必要ない（危険犯；大判昭11.5.7）。　H15-26-3

3　威力業務妨害罪

（威力業務妨害）

第234条　威力を用いて人の業務を妨害した者も，前条（信用毀損及び業務妨害）の例による。

⑴　**客　体**

人の業務である。

⑵　**行　為**

威力を用いることである。

「威力」とは，人の意思を制圧するに足りる勢力を使用することをいい，暴行・脅迫を使用する場合のほか，社会的地位や権力を利用する場合も含む（最判昭28.1.30）。

威力は，必ずしも直接現に業務に従事する者に対して行使されることを要しない（最判昭32.2.21）。

　判例

・弁護士の鞄を奪取・隠匿した場合は，威力にあたる（最決昭59.3.23）。

4　電子計算機損壊等業務妨害罪

（電子計算機損壊等業務妨害）

第234条の2　人の業務に使用する電子計算機若しくはその用に供する電磁的記録を損壊し，若しくは人の業務に使用する電子計算機に虚偽の情報若しくは不正な指令を与え，又はその他の方法により，電子計算機に使用目的に沿うべき動作をさせず，又は使用目的に反する動作をさせて，人の業務を妨害した者は，5年以下の懲役又は100万円以下の罰金に処する。

2　前項の罪の未遂は，罰する。

趣旨

近時，コンピューターの普及により，電子情報処理組織による大量・迅速な情報処理の範囲が拡大したため，電子計算機システムの損壊等が業務の遂行を阻害する度合いも深刻かつ重大なものとなった。

そこで，コンピューターに対する加害行為を手段とする業務妨害を新たに業務妨害の一類型として捉え，偽計・威力業務妨害罪より重く処罰する規定として新たに追加されたものである。

⑴　**客　体**

電子計算機による人の業務である。

⑵　**行　為**

　①電子計算機もしくはその用に供する電磁的記録を損壊する方法，②電子
計算機に虚偽の情報もしくは不正な指令を与える方法，またはその他の方法
により，人の業務を妨害したことである。

第5節　財産に対する罪

Topics ・ここでは，個人の財産を保護法益とする犯罪について学習する。
・本試験において，最も多く出題される論点であり，重要なところである。
・窃盗罪，強盗罪，詐欺罪，横領罪については完全にしておく必要がある。

1　総　説

1　財産罪の分類

　財産罪とは，個人の財産を保護法益とする犯罪をいう。窃盗の罪（刑§235, 235の2），強盗の罪（刑§236〜241），詐欺の罪（刑§246, 246の2, 248），背任罪（刑§247），恐喝の罪（刑§249），横領の罪（刑§252〜254），盗品等の罪（刑§256），毀棄および隠匿の罪（刑§258〜263）がある。

(1)　行為態様による分類

①　領得罪——不法領得の意思をもって財物を領得する罪
　㋐　直接領得罪（直接に領得する罪）
　　ⓐ　奪取罪—被害者の占有を排除し，財物を自己または第三者の占有に移す罪
　　　・盗取罪—被害者の意思に反して財物を奪取する罪
　　　　　窃盗の罪　強盗の罪
　　　・交付罪—被害者の瑕疵ある意思に基づいて財物を奪取する罪
　　　　　詐欺の罪　恐喝の罪

　　ⓑ　横領罪—被害者の占有に属しないものを領得する罪
　　　　横領の罪，遺失物等横領罪

　㋑　間接領得罪（他人が領得したものを，さらに間接的に領得する罪）
　　　盗品等に関する罪

②　毀棄罪——財物の効用を滅却・減少させる罪
　　毀棄および隠匿に関する罪

(2) 行為客体による分類

① 財物罪と利得罪

⑦ 財物罪—財物（動産・不動産）のみを客体とする罪

窃盗罪　不動産侵奪罪　1項強盗罪　1項詐欺罪　1項恐喝
罪　横領罪　盗品等の罪　毀棄・隠匿罪

④ 利得罪—財物以外の財産上の利益（債権・無体財産など）に対する罪

2項強盗罪　2項詐欺罪　2項恐喝罪　背任罪

② 個別財産に対する罪と全体財産に対する罪

⑦ 個別財産に対する罪—個々の財物および個々の財産上の利益（債権・
無体財産など）を侵害する罪

窃盗罪　横領罪　強盗罪　詐欺罪
恐喝罪　盗品等の罪　毀棄・隠匿罪

④ 全体財産に対する罪—全体財産，すなわち財産状態を侵害する罪（被
害者の財産状態全体に対して侵害が加えられ，
その損害が発生した場合に成立する）

背任罪

2 財産罪の客体

(1) 「財物」の意義

① 「財物」は必ずしも有体物であることを要しない。

⑦ **管理が可能である限り，無体物も財物である**（大判明36.5.21；管理可
能性説）。

・電気は財物とみなす（刑§245，251）。

・電気以外のエネルギー（水力，人工冷気，空気の圧力）

④ 管理不可能な無体物は，原則として財物ではない。

・放送電波，人間の労力

・情報

➡ 情報も用紙等に記載されている場合は，管理可能性が認められ，用紙等 `S61-27-1`
と一体になって財物性を肯定することができる（東京地判平9.12.5，東京地
判昭59.6.28）。

② 財物は価値を有するものでなければならない。

　　ただし，この価値は，客観的な経済的価値のあるものでなくてもよく，主観的・感情的な価値であってもよいし，他人の手に渡って悪用されないことについての消極的な価値があるものでもよい。

　具体例

　　・ラブレター，友人がくれた記念品

R4-26-イ　③　法令上私人による所有・占有が禁じられている物，すなわち禁制品も財物である。

　具体例

　　・あへん煙，麻薬，銃砲刀剣類

　　➡　法律上所持を禁止された麻薬を窃取した行為は，窃盗罪を構成する（最判昭26.8.9）。

　④　人の身体は財物ではない。人の死体も財物ではない（大判大4.6.24）。

　　➡　かつら製作のために切り取られた毛髪は，財物性が認められる。

(2) 財産上の利益の意義

　①　「財産上の利益」とは，財物以外の物で財産的価値のある利益をいう。

　　　財産上の利益は，強盗利得罪（刑§236Ⅱ），詐欺利得罪（刑§246Ⅱ），恐喝利得罪（刑§249Ⅱ），背任罪（刑§247）の客体である。

　　➡　権利の取得のような積極的利益でも，債務の免除のような消極的利益でもよく（大判明43.5.31），また，永久的利益でも一時的利益でもよい（大判明45.4.22）。

　②　利益取得の態様

　　㋐　被害者に財産上一定の処分をさせる場合

　　　➡　債務の免除または履行期の延期をさせること

　　㋑　被害者に一定の労務を提供させる場合

　　　➡　タクシーや列車に乗車して運行させること

　　㋒　被害者に一定の意思表示をさせる場合

　　　➡　債務の負担を口頭で約束させること，土地所有権の移転の意思表示をさせること

3　財産罪の保護法益（本権説と所持（占有）説）

<論点>

　　財産罪の保護法益については，財物に対する他人の所有権その他の本権（適法な権原に基づいて財物を占有する権利）であるとする本権説と，所持自体であるとする所持説（＝占有説）とが対立している。

　　両説の対立は，刑法242条が，「自己の財物であっても，他人が占有し，または公務所の命令により他人が看守するものであるときは，他人の財物とみなす」と規定していることから，「他人が占有」する自己の物とは，法律上正当な権原に基づくものであることを要するか否かをめぐっての問題となる。

　　具体的には，本権に対して法律上正当な権原を有していない占有者（たとえば，窃盗犯人）の事実上の占有を奪った場合に，窃盗罪が成立するか否かにつき結論を異にする。

H16-27
（推論）

📖ケーススタディ

ⓐ　Aは，Bに絵画を盗まれたことに気づき，Bの留守中に持ち帰った場合。

ⓑ　Aの絵画をBが盗んだところ，さらにCが，その絵画をBの留守中に持ち去った場合。

ⓒ　Aは，1か月1万円で半年間車を貸す契約をBと締結したところ，期間が過ぎても返してくれなかったので，その車を取り戻した場合。

ⓓ　Aは，Bの所持していた覚醒剤を奪った場合。

ⓔ　Aは，売春行為の前金として，Bから金銭を騙し取った場合。

		本権説	所持説（占有説）
保護法益		所有権その他の本権である。	所持自体である。
根拠		・財産罪は所有権を中核とする私有財産制度を維持するためのものである。 ・「他人の占有」とは，権原による占有をいい，刑法242条は例外規定である。	・現代社会の複雑な財産関係を前提に考えた場合，占有自体を保護すべきである。 ・刑法242条は注意規定である。
帰結	ケーススタディ ⓐ	窃盗罪不成立 ➡　所有者自身の行為であり，所有権の侵害がないから。	窃盗罪成立 ➡　Bの占有を侵害したから。ただし，自救行為が成立する場合は，違法性が阻却される。
	ケーススタディ ⓑ	窃盗罪不成立 ➡　ただし，間接的に所有権を侵害するとして窃盗罪の成立を認める説もある。	窃盗罪成立 ➡　Bの占有を侵害したから。
	ケーススタディⓒ	窃盗罪不成立	窃盗罪成立
	ケーススタディ ⓓ	窃盗罪不成立 ➡　禁制品には所有権が認められないから。ただし，違法な所持も，私人に対する関係では，なお法秩序によって保護されるとして，窃盗罪の成立を認める説もある。	窃盗罪成立 ➡　禁制品でも所持自体はあるから（最判昭24.2.15）。
	ケーススタディ ⓔ	詐欺罪不成立 ➡　ただし，民法上の返還請求権がなくても，刑法上は保護に値するとして詐欺罪を認める説もある。	詐欺罪成立

H28-25-エ　　＊　判例は，不法な占有でも，占有それ自体が独立の法益として保護されるべきとして，所持説（占有説）をとっている（最判昭34.8.28，最決平元.7.7）。

2　窃盗の罪

1　窃盗罪

> （窃盗）
> **第235条**　他人の財物を窃取した者は，窃盗の罪とし，10年以下の懲役又は50万円以下の罰金に処する。
> （未遂罪）
> **第243条**　未遂は，罰する。

(1)　客　体

他人の占有する他人の財物である。

> （他人の占有等に係る自己の財物）
> **第242条**　自己の財物であっても，他人が占有し，又は公務所の命令により他人が看守するものであるときは,この章の罪については,他人の財物とみなす。

① 「占有」の意義

刑法における「占有」とは，財物に対する事実上の支配を意味する（大判大4.3.18）。

➡　民法における「占有」に比較して，より現実的な内容をもつもので，民法のような代理人による占有や相続人による占有移転は認められない。

② 「占有」の要件

㋐ 客観的要件

財物に対して事実的支配を有していることを要する（**占有の事実**）。

➡　財物に対する現実の握持や監視は不要であるが，占有者の物理的支配力の及ぶ場所内に存在する場合のほか，社会観念上その財物の支配者を推知しうる一定の状態に置かれている場合にも認められる。

㋑ 主観的要件

財物を実力的に管理支配しようとする意思を要する（**占有の意思**）。

➡　通常は，財物に対する事実的支配が明瞭なので，積極的な占有の意思は必要ない。幼児や精神病者も，占有を有することができる。もっとも，財物が遠方にあるなどの理由から事実的支配が希薄な場合には，より積極的な占有の意思を必要とする。

> 判例

R4-26-ウ
H20-26-ウ
・ゴルフ場にゴルファーが放置した，いわゆるロストボールは，ゴルフ場側がこれを回収し，販売等をすることになっていた場合には，ゴルフ場側の所有に帰するので，無主物とはいえず，それを盗む行為につき窃盗罪が成立する（最決昭62.4.10）。

H28-25-ウ
・バス停で行列していた者が，カメラをその場に置き，行列の移動につれて改札口近くに進んだ後，カメラを忘れたことに気付いたが，時間にして5分，距離にして約20mにすぎなかった場合，置き忘れた者に占有は属する（最判昭32.11.8）。

・公園のベンチ上に置き忘れたポシェットを取得した場合，持主がポシェットのことを一時的に失念したまま現場から立ち去ったとしても，その場から27mしか離れていなかったことから，窃盗罪が成立する（最決平16.8.25）。

H20-26-オ
・キャッシュカードを用いて銀行が占有する第三者名義の口座内の現金を引き出した場合には，銀行との関係で窃盗罪が成立する（東京高決平17.12.15）。

　→　銀行の現金支払機内の現金は銀行の管理ないし占有に属するから

　　③　占有の主体・占有の他人性
　　　㋐　共同所有・共同占有（保管）

---┌──ケーススタディ1──────────────────

H9-25-イ
ⓐ　AおよびB共有の自転車をAが1人で保管していたところ，Aが勝手にこれを売却した。

H29-26-ア
H9-25-ア
ⓑ　AおよびB共有の自転車をAB共同で保管していたところ，Aは，Bの同意を得ずにこれを売却した。

✎ ⓐの共同所有単独保管の場合，窃盗罪にいう占有は，財物に対する事実上の支配であり，代理占有（民§181）のような観念的な占有は含まれないので，自転車に対する占有は保管者だけに認められるから，窃盗罪は成立しない。←横領罪の問題となる（大判昭10.8.29）。

R4-26-オ
ⓑの共同所有共同保管の場合，保管者全員に占有が認められ，その占有は目的物全体に及ぶため，その中の1人が他の保管者の同意を得ずに自己単独の占有に移す場合，他の保管者の占有を侵害するものとして窃盗罪が成立する（最判昭25.6.6）。

④　上下主従の占有関係

　　主たる支配者が事実的支配をもっている場合は，刑法上の占有者であ　H9-25-オ
って，従たる支配者は単なる占有補助者ないし監視者に過ぎないから，
下位者が財物を領得した場合，窃盗罪が成立する（大判大7.2.6）。

➡　もっとも，商品の管理をゆだねられている支店長・支配人のように，下
　　位者ではあるが上位者である主人・雇主との間に高度の信頼関係があり，
　　その現実に支配している財物につき，ある程度の処分権が委ねられている
　　場合には，下位者にその占有を認めるべきであるから，そのような下位者
　　がその財物をほしいままに処分する行為は，窃盗罪ではなく，横領罪が成
　　立する。

⑦　封緘委託物の占有関係

📖ケーススタディ2

ⓐ　郵便集配人Aが，封印された信書を開封して在中の小為替証書を抜き取　H9-25-エ
った。
ⓑ　郵便局員Bが，配達中の封印された紙幣在中の郵便物全体を着服した。　H8-25-ア

✎　封緘委託物については，包装物全体の占有は受託者にあるが，受託者は在
中物を自由に支配しうる状態にないことを理由とし，在中物の占有は委託者
にあり，受託者が在中物を抜き取れば窃盗罪が成立する（最決昭32.4.25）。
　　ⓐの場合，窃盗罪が成立する（大判明45.4.26）。
　　ⓑの場合，業務上横領罪が成立する（大判大7.11.19）。

㋐　死者の占有
　　<論点>
　　　人が死ねば財物を事実上支配することができなくなることから，死
　　者に占有は認められないと解すべきか否かにつき問題となる。
　　　仮に，死者の占有を否定したとすると，殺人など，何らかの形で被
　　害者の死亡に関与した者が死者から財物を奪ったときでも，遺失物等
　　横領罪しか成立しないことになるかどうかが問題となる。

📖ケーススタディ3

H22-25-オ
H20-26-ア

ⓐ　Aは，Bを殺した後，初めてBの財布を取ろうと思い，Bの所持していた財布を領得したが，その領得がBの殺害と時間的場所的に近接した範囲内にあった場合。

ⓑ　Aは，Bを殺して財布を奪う目的で，Bを殺した後に，Bの所持していた財布を領得した場合。

ⓒ　AがBを殺したところを偶然に通りかかった第三者Cが，Bの所持していた財布を領得した場合。

✎　ⓐの場合，Aにつき，殺人罪のほかに窃盗罪が成立する（最判昭41.4.8）。

➡　被害者が生前有していた財物の所持はその死亡直後においてもなお継続して保護するのが法の目的にかなうことから，全体的に考察すべきだから。

　　ⓑの場合，Aにつき，強盗殺人罪が成立する（大判大2.10.21）。

　　ⓒの場合，遺失物等横領罪が成立する（大判大13.3.28）。

　　㋔　一時的な所持と占有

　　　　判例

H9-25-ウ

　　　　・旅館から提供を受けて宿泊客が着用している丹前・浴衣等の占有は旅館主にあるので，宿泊客がそれらを着用したまま逃走した場合は，窃盗罪が成立する（最判昭31.1.19）。

　　㋕　他者の占有

　　　　判例

H2-24-ア

　　　　・友人から一時留守番を頼まれた者が，友人宅の金品を勝手に持ち出した場合，窃盗罪が成立する（名古屋高判昭34.9.15）。

H8-25-オ

　　　　・宿泊先の旅館の浴室で，前日の宿泊客が置き忘れた財布を発見し，これを取得した場合，窃盗罪が成立する（大判大8.4.4）。

　　　　➡　財布は旅館主の占有に帰属するから。

　　㋖　自己および他者に占有がない場合

　　　　判例

H2-24-イ

　　　　・電車の車掌が，走行中の車内を点検中，下車した客が置き忘れたカメラを発見し，息子に与えるため自宅に持ち帰った場合，窃盗罪は成立しない（大判大15.11.2）。

　　　　➡　遺失物等横領罪が成立する。

H8-25-エ

　　　　・電車で帰宅中，他の通勤客が網棚の上に鞄を置いたまま途中の駅で

降りたのを確認した上，終着駅でそれを取得した場合，窃盗罪は成立しない。

➡ 遺失物等横領罪が成立する。

(2) 行 為

窃取することである。

「窃取」とは，暴行・脅迫によらず，財物に対する他人の占有を排除して，自己または第三者の占有を設定することをいう（最決昭32.9.5）。

➡ 財物の占有を取得するにあたり，欺く行為を用いた場合でも，それが財物を交付する手段として行われたのでないならば，詐欺罪は成立せず，窃盗罪が成立する。

判例

・他人の所有物について，自己に処分権があると欺いて，情を知らない第三者にもってこさせた場合，窃盗罪が成立する（最決昭31.7.3）。

・パチンコ玉を磁石で誘導して穴に入れて当たり玉を出して取得した場合，窃盗罪が成立する（最決昭31.8.22）　H23-26-エ　H8-25-イ　S63-27-4

➡ 機械に対する欺く行為は認められないから。

・衣料品店で顧客を装い，上着を試着したまま，便所に行くと偽って逃走した場合，窃盗罪が成立する（広島高判昭30.9.6）。　H8-25-ウ　H2-24-エ

(3) 故意および不法領得の意思

窃盗罪の故意は，行為者が財物に対する他人の占有を排除して，それを自己または第三者の占有に移すことを認識し，かつ認容することである。

＜論点＞

窃盗罪が成立するためには，主観的要件として，故意のほかに「不法領得の意思」も必要であるか否かが問題となる。

① そもそも不法領得の意思については，㋐権利者を排除して本権者として振舞う意思および物の経済的用法に従いこれを利用し処分する意思とする説，㋑権利者を排除して本権者として振舞う意思とする説，㋒物の経済的用法に従いこれを利用・処分する意思とする説，㋓領得罪の主観的要素としては故意で足り，不法領得の意思は不要とする説がある。

第1章　個人的法益に対する罪

H23-26-ア
H23-26-ウ

② 判例は，窃盗罪の保護法益につき占有説に立ちながらも，不法領得の意思必要説（⑦説）に立ち，不法領得の意思とは「権利者を排除して，他人の物を自己の所有物として，その経済的用法に従い，利用処分する意思である」としている（大判大4.5.21，最判昭26.7.13等）。

③　「不法領得の意思」を必要とする機能

⑦　第1の機能は，他人の財物を一時使用した後に返還する意思でその占有を侵害する，いわゆる使用窃盗の可罰性の有無を判断することにある。

具体例

他人の自転車を返還する意思のもと無断で短時間乗り回す行為

➡　不法領得の意思を必要として，「権利者を排除して本権者として振舞う意思」がないとするならば，窃盗罪は成立しない。

H23-26-オ

④　第2の機能は，領得罪と，毀棄・隠匿罪とを区別するための基準となることにある。

具体例

他人の自転車を壊す目的で持ち去る行為

➡　何らかの目的をもってその財物の占有ないし所有を侵害しても，もっぱら毀棄・隠匿する意思であるときは「利用・処分する意思」がないので，不法領得の意思は認められず，領得罪（窃盗罪等）は成立しない。

④　使用窃盗の成否

□ケーススタディ4

H11-25-2
S61-27-1

ⓐ　Aは，後で元に戻しておく意思のもと，友人Bの自転車を短時間無断で使用した場合。

H19-26-ア

ⓑ　Aは，自転車を乗り捨てる意思のもと，友人Bの自転車を一時使用の目的で乗り回した場合。

H28-25-イ
H19-25-イ

ⓒ　Aは，元の場所に戻す意思のもと，友人Bの自動車を夜間に5時間乗り回すつもりで，無断で使用したが，4時間後に警官に捕まった場合。

✎　ⓐの場合，権利者を排除する意思は認められないから，窃盗罪は成立しない（大判大9.2.4）。

ⓑの場合，一時使用の目的であっても，自転車を乗り捨てる意思があるときは，権利者を排除して他人の物を自己の所有物としてその経済的用法に従いこれを利用もしくは処分する意思があるとして，不法領得の意思が認めら

れるから，窃盗罪が成立する（大判大9.2.4）。

　ⓒの場合，数時間自己の支配下に置く意思があった以上，元に戻す意思が
あったとしても，権利者を排除する意思が認められるから，窃盗罪が成立す
る（最決昭55.10.30）。

【判例】

- コピーをとってその内容を他に漏らす目的で，持ち出しの禁止された　S61-27-1
  秘密資料を持ち出した場合，情報をコピーした点で権利者を排除する
  意思が認められ，その後直ちにもとの場所へ返還する意思があっても，
  窃盗罪が成立する（東京地判昭55.2.14）。
- 企業秘密を会社の用紙に印字し，これを持ち出して競争相手に渡した　H20-26-イ
  場合，窃盗罪が成立する（東京地判昭40.6.26）。
  - ➡　情報はそれ自体財物ではないが，情報が化体された用紙などの媒介物
    は財物である。
- 強盗犯人が逃走のために乗り捨てる意思で，海岸に係留してあった船
  を岸から約半丁ほど漕ぎだした場合は，「乗り捨てる意思」がある以上，
  権利者を排除する意思が認められ，窃盗罪が成立する（最判昭
  26.7.13）。
- 盗品運搬目的で他人の自動車を夜間無断使用し，朝までに元に戻すと
  いう行為を繰り返していた場合，盗品運搬という違法目的であったこ
  とと，相当長時間乗りまわしていることから，権利者を排除する意思
  が認められ，窃盗罪が成立する（最判昭43.9.17）。
- 商品の返還を装って金銭の交付を受ける目的で，商品を持ち出した場　H19-26-ウ
  合は，返還意思があったとしても，不法領得の意思が認められ，窃盗
  罪が成立する（大阪地判昭63.12.22）。
- 水増し投票をする目的で，投票用紙を持ち出した場合は，不法領得の　H19-26-エ
  意思が認められ，窃盗罪が成立する（最判昭33.4.17）。
  - ➡　経済的利益を得る目的でなくても，権利者を排除して投票用紙をあた
    かも自己の所有物のごとく投票用紙として本来の用法に従い利用処分す
    る意思であれば，不法領得の意思と認めることができるから。

⑤　窃盗罪と毀棄および隠匿の罪の区別

　窃盗の目的，すなわち経済的用法に従い利用処分する目的である場合に　H28-25-オ
は，窃盗罪が成立し，毀棄・隠匿の目的である場合には，毀棄および隠匿
の罪が成立する。

📖 **ケーススタディ5**

H19-26-オ
H2-24-オ

　教師Aは，校長Bに恨みを抱いていたため，紛失の責任をBに負わせようとして，学校の金庫から重要書類を持ち出して校舎の天井裏に隠した場合，Aにつき，窃盗罪が成立するのか，毀棄隠匿罪が成立するのか。

✎　Aにつき，窃盗罪は成立せず，公用文書等毀棄罪（刑§258）が成立する（大判大4.5.21）。

➡　重要書類を利用処分する意思がないため，不法領得の意思は認められないから。

(4)　着手時期

　財物について，他人の占有を侵害する密接な行為が開始された時である（大判昭9.10.19）。

　他人の占有を侵害する密接な行為が，いつ開始されたといえるかについては，客体たる財物の性質・形状および窃取行為自体の態様などを考慮して，他人の占有を侵害する具体的危険が生じたか否かによって判断する。

📖 **ケーススタディ6**

H24-24-ア
H3-27-ウ
H元-26-3
S56-24-1

ⓐ　Aは，電車の中で乗客Bのズボンのポケットに入っている財布をすり取ろうとして，ポケットの外側に手を触れた場合，窃盗罪の実行の着手が認められるか。

H20-25-イ

ⓑ　Aは，乗客Bのズボンのポケットに財布があるかどうか確かめるために，Bのポケットに手を触れた場合，窃盗罪の実行の着手が認められるか。

✎　ⓐの場合，Aにつき窃盗罪の実行の着手が認められる（最決昭29.5.6）。

➡　窃盗の客体が特定しているので，他人の占有を侵害する具体的危険性が認められるから。

　ⓑの場合，Aにつき窃盗罪の実行の着手が認められない（同判例）。

➡　単に現金の所在を確認するために行われる「あたり行為」の場合は，未だ占有侵害に対する具体的危険性は生じていないから。

判例

H3-27-ア

・窃盗目的で他人の住居に侵入しただけでは，窃盗罪の実行の着手はない（大判昭9.10.29）。

H20-25-ア
H3-27-オ

・他人の住居に侵入し，金品を物色するためタンスに近づいた時は，窃盗罪の実行の着手が認められる（大判昭9.10.19）。

・電気商の店舗内に侵入し，電気器具類があることが分かったが，なるべ

く金員を盗ろうと思ってレジの方に行きかけた時は，窃盗罪の実行の着
手が認められる（最決昭40.3.9）。
- 倉庫や土蔵の中の物を盗む目的で，それらに侵入する行為を開始した時 H24-24-ウ
には，窃盗罪の実行の着手が認められる（名古屋高判昭25.11.14）。
  ➡ 監視人のいない倉庫等の場合は，鍵を開けた時にすでに占有侵害に対す
  る具体的危険性が認められるから。

(5) 既遂時期

他人の占有を排除して，財物を行為者または第三者の占有に移した時であ
る（最判昭23.10.23；取得説）。

具体的には，客体たる財物の形状，被害者の財物に対する占有の形態（特
に支配の強弱），窃取行為の態様などを考慮して判断する。
➡ スーパーマーケットの店内で，ガムを1個ポケットに入れた時点で，店外に出 R4-26-ア
る前に捕まっても，既遂となる。

📖ケーススタディ7

A は，スーパーマーケットの店内において，商品を同店備付けの買物かご H20-26-エ H12-26-1
に入れ，レジを通過することなくその脇からレジの外側に持ち出したところ
で，店員に発見された場合，A につき窃盗罪の既遂が成立するか。

✎ 財物を自己の占有のもとに移したといえるので，窃盗罪は既遂となる（東
京高判平4.10.28）。
➡ レジを通過する前の，かごに商品を入れた時点で店員に発見された場合，財物
を自己の占有のもとに移したとはいえないので，窃盗罪の既遂にはならない。

判例

- デパートの靴下売場で，店員のすきを見て靴下1足をポケットに入れて
出口に向かって数歩歩いたところで，悪いことをしたと思い元に戻した
場合でも，窃盗罪は既遂となる（大判大12.4.9）。
- 他人の家の浴場で金の指輪を発見した者が，その浴場内の他人が容易に H12-26-3
は発見しえない隙間に指輪を隠した場合，その時点で窃盗罪は既遂とな
る（大判大12.7.3）。
- エンジンキーをはずして，駐車中の自動車を駐車場から道路まで移動さ
せたうえ，配線を操作してエンジンを始動させ，いつでも発進可能な状
態に置けば窃盗罪は既遂となる（広島高判昭45.5.28）。
- 監視人のいない倉庫から大きい財物を窃取するときは，搬出行為に着手

すれば既遂となる（広島高松江支判昭26.5.7）。

・管理・警戒されている構内からの財物の窃取については，財物を現に搬出したときに既遂となる（最判昭32.10.23）。

・進行中の列車から，後で回収する計画で積荷を落とした場合には，その時に既遂となる（最判昭24.12.22）。

・他人の家から自転車を盗み出して路上に出たが，家人に発見され，自転車を放置して逃げた場合，窃盗罪は既遂となる（大阪高判昭25.4.5）。

・家人が不在中の居宅に侵入して，物色した品物のうちから衣類数点を選び出し，これを持参した袋に詰めて荷造りをして勝手口まで運んだところで家人に発見された場合，窃盗罪は既遂となる（東京高判昭27.12.11）。

・ブロック塀で囲まれ，警備員により警備された敷地内にある倉庫に侵入し，タイヤ2本を倉庫外に搬出したところで，敷地内において当該警備員に発見された場合，窃盗罪は未遂となる（東京高判昭24.10.22）。

・宝石店から宝石を窃取する目的でショーウインドーの中に手を入れて指輪をつかんで取り出そうとしたが，店員が来る気配を察知してショーウインドーの中に指輪を落として手をひっこめた場合，窃盗罪は未遂となる（大阪高判昭60.4.12）。

(6) 罪数・他罪との関係

① 窃盗罪の罪数は，占有侵害の数を基本として考える。したがって，数人の所有に属する数個の財物を1人で占有していた場合に，これらを1個の行為で窃取したときは，窃盗罪は一罪である。

② 窃盗罪は，既遂に達した後も違法状態が存続する（状態犯）が，それはもはや犯罪事実とはみられない。したがって，**窃盗犯人が盗品を使用・処分しても，それがすでに窃盗罪によって評価されている限り，不可罰的事後行為にすぎない。**

ただし，窃盗犯人の事後行為が新たな法益を侵害すると，別罪が成立する。

判例

・客であることを装い，商品の洋服を試着したまま，便所に行くと偽って逃走した後，その洋服を切り裂いた場合，窃盗罪のみ成立し，別途器物損壊罪は成立しない（広島高判昭30.9.6）。

・他人に窃盗を教唆し，その結果窃盗を実行した者から窃取した財物を買い受けた場合，窃盗教唆罪のほかに盗品有償譲り受け罪が成立する

（最判昭24.7.30）。

・郵便貯金通帳を窃取した上，これを利用して通帳の名義人になりすま　H7-24-ウ
し，郵便局員を欺いて貯金払戻金員を受け取った場合には，窃盗罪の　S59-28-4
ほかに詐欺罪が成立する（最判昭25.2.24）。

・他人から財物を窃取した上，これを自己の所有物であると偽り，担保　H7-24-エ
に供して第三者から金員を借り受けた場合，窃盗罪のほかに詐欺罪が
成立する（最判昭25.2.24）。

・他人に窃盗を教唆し，その結果窃盗を実行した者を欺いてその窃取し　H7-24-オ
た財物を騙取した場合には，窃盗教唆罪のほかに詐欺罪が成立する（大
判昭3.4.16）。

2　不動産侵奪罪

（不動産侵奪）　　　　　　　　　　　　　　　　　　　　　　　　　　S61-27-2
第235条の2　他人の不動産を侵奪した者は，10年以下の懲役に処する。
（未遂罪）
第243条　未遂は，罰する。

⑴　客　体

他人の占有する不動産である。

自己が所有する不動産であっても，他人が占有し，または公務所の命令に
より他人が看守するものであるときは，他人の不動産とみなす（刑§242）。

「不動産」とは，土地およびその定着物をいう。土地には，その上の空間
および地下を含む。

⑵　行　為

侵奪することである。

「侵奪」とは，他人の占有を排除して，不動産上に行為者自身または第三
者の占有を設定することをいう。

⑶　不動産侵奪罪の成否

①　不動産侵奪罪が成立する場合

　判例

・自己所有の家屋の2階部分を隣家の庭の上に張り出して増築した場合　H15-27-ア
（大阪地判昭43.11.15）。

・他人所有の畑に囲いを設置し，その畑の中で野菜を栽培した場合（大　H15-27-ウ

阪高判昭41.8.19)。

・他人の土地を不法に占拠して，その上に建物を建てた場合（大阪高判昭31.12.11)。

・他人の空き家に住み着いた場合（福岡高判昭37.8.22)。

② 不動産侵奪罪が成立しない場合

判例

H15-27-イ
・土地および建物の賃借人が，賃貸人に無断で，当該建物に接続して木造の物置小屋を庭に建てた場合（大阪高判昭41.8.9)。

➡ 賃借人は，既に家屋と敷地の占有を取得しており，新たな占有侵害は認められないから。

H15-27-エ
・他人所有の畑に生育している作物を抜き取った上，その地表の肥土を持ち去った場合（最判昭25.4.13)。

➡ 肥土は動産化しているから窃盗罪が成立する。

H15-27-オ
・建物の賃借人であるAが，賃料不払のため賃貸借契約を解除され，賃貸人から引渡請求を受けたにもかかわらず，その後も居住し続けた場合（東京高判昭53.3.29)。

➡ 新たな占有侵害は認められないから。

3　親族間の犯罪に関する特例

（親族間の犯罪に関する特例）
第244条　配偶者，直系血族又は同居の親族との間で第235条（窃盗）の罪，第235条の2（不動産侵奪）の罪又はこれらの罪の未遂罪を犯した者は，その刑を免除する。

2　前項に規定する親族以外の親族との間で犯した同項に規定する罪は，告訴がなければ公訴を提起することができない。

3　前二項の規定は，親族でない共犯については，適用しない。

趣旨

法律は家庭に入らないという思想に基づき，本条所定の親族間における財産犯については，国家刑罰権を直接には発動させず，まずは親族間で自律的に処分させることにしたものである（一身的刑罰阻却事由説；最判昭25.12.12)。

(1)　所定の親族間と本条の適用

S60-24-5
① 配偶者・直系血族・同居の親族については，刑が免除される。

> 判例
>
> ・内縁の配偶者に適用または類推適用されない（最決平18.8.30）。 R5-26-3
> ・未成年後見人が業務上占有する未成年被後見人の所有する財物を横領 R5-26-5
> 　した場合，後見人と被後見人との間に親族関係があっても，刑法244条
> 　1項を準用して刑法上処罰を免れると解する余地はない（最決平20.2.
> 　18）。

②　それ以外の親族については，親告罪である。
　➡　親族等の概念は，民法（民§725）による。

③　親族以外の共犯については，本条の適用はない。 R5-26-2

⑵　親族である身分関係の存在の意味
＜論点＞

　　窃盗の被害者が，所有者と占有者に分かれた場合，親族関係は，行為者
と誰の間に必要かが問題となる。

　　この点につき判例は，行為者と所有者および占有者の両者との間にある
ことを要するとしている（最決平6.7.19）。
　➡　本条の趣旨を「法律は家庭に入らず」という格言に求め，親族間の財産秩
　　序は親族内部において維持すべきであると解する以上，本特例は被害の処理
　　が親族内部において可能な範囲にのみ及ぶと解すべきであるから。

> 判例
>
> ・Xは，駐車中の車から現金を窃取したが，その現金はY株式会社が所 R4-26-エ
> 　有し，Xとは同居していない親族であるZが保管していたものであっ
> 　た場合，親族関係は，窃盗犯人と財物の占有者との間のみならず，所
> 　有者との間にも存することを要するものと解するのが相当であるか
> 　ら，本条は適用されない（最決平6.7.19）。

⑶　本条の適用（準用）される犯罪
①　窃盗罪（刑§235），不動産侵奪罪（刑§235の2），これらの罪の未遂罪（刑
　§243）。

②　詐欺罪（刑§246），背任罪（刑§247），準詐欺罪（刑§248），恐喝罪（刑§249），これらの罪の未遂罪（刑§250）。

③　横領罪（刑§252），業務上横領罪（刑§253），遺失物等横領罪（刑§254）。

➡　強盗罪（準強盗罪も）には，本条は適用（準用）されない。

3　強盗の罪

1　強盗罪

> （強盗）
> **第236条**　暴行又は脅迫を用いて他人の財物を強取した者は，強盗の罪とし，5年以上の有期懲役に処する。
> （未遂罪）
> **第243条**　未遂は，罰する。

⑴　**客　体**

他人が占有する財物である。

H10-26-2　　自己が所有する財物であっても，他人が占有し，または公務所の命令により他人が看守するものであるときは，他人の財物とみなす（刑§242）。

⑵　**行　為**

暴行または脅迫を用いて他人の財物を強取することである。

①　暴行・脅迫の程度

㋐　暴行・脅迫は，相手方の反抗を抑圧しうる程度のものでなければならない（最判昭24.2.8）。

➡　財物強取の手段として用いられるものであるから。

相手方の反抗を抑圧しうる程度にいたらない脅迫を加えて相手方を畏怖させた場合は，恐喝罪の問題となる。

㋑　相手方の反抗を抑圧しうる程度のものかどうかは，具体的状況に即して考え，社会通念上一般に相手方の反抗を抑圧するに足りるかどうかという客観的基準による。

➡　相手方がどの程度の恐怖を受けたか，行為者が相手方の反抗を抑圧しう

ると予見したかどうかなどの主観的基準にはよらない。

具体例

・相手方の目が見えないことを知らずに，財物奪取の目的で，無言で
ピストルを突き付けた場合，相手方がこれを認識していなかったと
しても，強盗罪における脅迫にあたる。

・老婆と娘だけしかいない住居に，夜，成年男子3名が侵入し，財物
奪取の目的で，老婆の口元を手で押さえようとした行為は，強盗罪
における暴行にあたる。

⑰　被害者が現実に反抗を抑圧されたことは要しない。したがって，反抗　`H22-25-イ`
抑圧と財物の奪取との間にまで，因果関係があることは必要でない（最　`H13-25-3`
判昭23.11.18）。

判例

・相手方の反抗を抑圧するに足りる程度の暴行・脅迫を加えたのに，
被害者が気丈な人物であって，恐怖心は生じたが反抗は抑圧されな
い状態で財物を交付した場合，強盗罪は既遂となる（最判昭
23.11.18）。

・相手方の反抗を抑圧するに足りる程度の暴行・脅迫を加えたが，単
に憐憫の情から財物を与えた場合，強盗罪の既遂となる（最判昭
24.2.8）。

②　暴行・脅迫の相手方

⑦　暴行・脅迫の相手方は，財物の強取について障害となる者であれば足
り，必ずしも財物の所有者または占有者であることを要しない（大判大
元.9.6）。

④　十分な意思能力を備えている者であることを要しない（最判昭22.11.
26）。

③　強取の意義

「強取」とは，財物奪取の手段としての暴行・脅迫により，相手方の反　`H27-26-エ`
抗を抑圧して，その意思によらず財物を自己または第三者の占有に移すこ
とをいう。

⑦　単に暴行または脅迫の意思で行為した者が，その結果として相手方が　`H13-25-1`
反抗を抑圧された後，その相手方の財物を奪取する意思を生じてこれを

奪取した場合，強盗罪は成立せず，暴行罪または脅迫罪と窃盗罪との併合罪となる（東京高判昭48.3.26）。

➡　財物奪取の手段としての暴行・脅迫がないから。

R3-25-ｱ　㋑　財物強取の目的でまず財物を取得し，その後相手方に暴行・脅迫を加えて財物を確保した場合，強盗罪が成立する（最判昭24.2.15）。

判例

・窃盗の目的で他人の住居に侵入し財物を窃取したところ，家人に発見されたため，家人に暴行・脅迫を加えて反抗を抑圧し，居直ってさらに財物を奪取した場合，強盗罪が成立する（大判明43.1.25；居直り強盗）。

H5-25-ｴ　・同一家屋内の一室で，まず金品を窃取し，引き続いてその隣室にいた家人に暴行・脅迫を加えてその反抗を抑圧し，さらに金品を強取した場合，強盗罪のみが成立する（大判明43.12.5）。

➡　窃盗罪は強盗罪に包括されるから。

H27-26-ｳ　㋒　強取といえるためには，行為者の暴行・脅迫を手段として財物の占有を取得したことが必要である。

判例

H13-25-4　・強盗の目的で被害者に対し脅迫を加えたところ，被害者が恐れて逃走した際に落した所持品を領得した場合，強盗罪は未遂となる（名古屋高判昭30.5.4）。

➡　脅迫と財物奪取との間に相当な因果関係がないから。

H13-25-2　・Aは，たまたま公園内で，Bが「金をよこせ。」などと言いながらCに殴る蹴るの暴行を加えているのを目撃したため，Bに加勢して自分も金品を奪おうと考えたが，Bが現金を奪って立ち去ってしまったため，負傷して身動きができなくなったCの傍らに置いてあったCのバッグを奪った場合，Aには強盗罪は成立しない。

➡　Aは暴行・脅迫をしていないから，Aには窃盗罪が成立する。

(3)　着手時期

財物強取の目的で，相手方の反抗を抑圧するに足りる程度の暴行・脅迫が開始された時である（最判昭23.6.26）。

判例

S56-24-2　・Aは，強盗の目的でBの家に侵入したところ，家人がいなかったので，居間の金庫をこじ開けて金を取ろうとしたが，失敗してそのまま帰った

場合，Aにつき強盗罪の実行の着手は認められない。

➡　強盗の手段としての暴行・脅迫がないから，住居侵入罪および窃盗罪の　H13-25-5
未遂が成立する。

・Aは，コンビニエンス・ストアに押し入って売上金を強奪することを計
画し，深夜，拳銃をもって営業中の店に侵入したが，たまたま店員が不
在であったため，レジから売上金を奪った場合，Aにつき強盗罪は成立
しない（最判昭23.6.26）。

➡　暴行・脅迫が開始されていないから，住居侵入罪および窃盗罪が成立する。

(4)　既遂時期

　財物について被害者の占有を排除し，行為者または第三者の占有を取得し
た時である（最判昭24.6.14）。

➡　既遂・未遂の区別は，財物取得の有無による（最判昭24.7.9）。

2　強盗利得罪

（強盗）
第236条
2　前項（暴行又は脅迫を用いる）の方法により，財産上不法の利益を得，又
は他人にこれを得させた者も，同項と同様とする。
（未遂罪）
第243条　未遂は，罰する。

(1)　行　為

　暴行・脅迫をもって，財産上不法の利益を得，または他人にこれを得させ
ることである。

①　「財産上の利益」とは，財物以外の財産的利益をいう。

②　「不法の利益」とは，不法に財産上の利益を得ることであって，財産上　R3-25-1
の利益自体が不法なものであるという意味ではない。
　麻薬購入資金としての現金のような不法原因給付物でも，財産上の不法
な利益といえる（最判昭35.8.30参照）

(2) 相手方の処分行為の要否

＜論点＞

　　強盗利得罪が成立するためには，被害者の処分行為を必要とするか否かが問題となる。

➡　狭義の強盗罪（１項強盗罪）は，被害者の財物に対する処分行為を待たずに強盗罪が成立しうるが，強盗利得罪（２項強盗罪）の場合は，利益の移転または取得の有無が明確でないから。

R3-25-ウ
H27-26-オ

　　この点につき，判例は，236条１項，２項とも，強盗罪が成立するためには暴行・脅迫と財産奪取または不法の利得との間に因果関係があれば足り，必ずしも常に被害者の意思による処分行為があることを要しないが，現実に財産上の利益が行為者または第三者によって取得されたとみられる事情が必要であるとしている（最判昭32.9.13）。たとえば，債務者が債権者から督促を受けて殺害し，または暴行・脅迫によって請求が著しく困難になったという事情等である。

➡　債務者が支払いを免れる目的で債権者を殺害した場合に，相続人の不存在または，証拠書類の不備等のため，債権者側による債権の行使を不可能もしくは著しく困難ならしめたときのほか，履行期の到来または切迫等のため，債権者側による速やかな債権の行使を相当期間不可能ならしめたときに，財産上不法の利益を得たと認めることができるからである（大阪高判昭59.11.28）。

📖ケーススタディ１

ⓐ　Aは，タクシーに乗って目的地に着いたところで，運転手Bの首を絞めて逃走し，料金の支払いを免れた場合，Aにつき強盗利得罪が成立するか。

ⓑ　Aは，債務を免れるため，債権者である身寄りのない老人Bを殺害した場合，Aにつき強盗（利得）殺人罪が成立するか。

✎　ⓐの場合（大判昭6.5.8）も，ⓑの場合（大阪高判昭59.11.28）も，強盗利得罪が成立する。

3　事後強盗罪

（事後強盗）
第238条　窃盗が，財物を得てこれを取り返されることを防ぎ，逮捕を免れ，又は罪跡を隠滅するために，暴行又は脅迫をしたときは，強盗として論ずる。
（未遂罪）
第243条　第238条の罪の未遂は，罰する。

趣旨

　事後強盗罪は，財物奪取の手段ではない暴行・脅迫が窃盗行為の事後に行われる場合であるが，刑事学的にしばしばみられる行為形態であり，全体的に観察すると強盗行為に準じる性格を有すると見受けられるので，独立罪として強盗をもって論ずる（強盗罪とする）こととしたものである（準強盗罪といわれる）。

(1) 主 体

　「窃盗」犯人，すなわち窃盗の実行に着手した者である（東京高判昭24.12.10）。 `H27-26-イ` `H27-26-オ`

(2) 行 為

　①「財物を得てこれを取り返されることを防ぐ」ため，「逮捕を免れる」ため，「罪跡を隠滅する」ために，②「暴行」または「脅迫」をすることである。

① 本罪は，目的犯である。
　　もっとも，現実にその目的を遂げたことは必要ではない。

② 暴行または脅迫したことを要する。
　㋐ 「暴行・脅迫」は，相手方の反抗を抑圧するに足りる程度のものであることを要する（大判昭19.2.8）。

　㋑ 暴行・脅迫の相手方は，窃盗の被害者に限らず，窃盗犯人を目撃して犯人を追跡してきた通行人（大判昭8.6.5），窃盗犯人がいるとの通報を受けて犯人を探していた警察官（最判昭23.5.22）も含まれる。 `S61-27-3`

　㋒ 暴行・脅迫は，窃盗の機会になされたことを要する（最判平14.2.14）。 `H27-26-イ`
　　窃盗の機会とは，窃盗の現場およびこれに引き続いて財物の取り返しまたは犯人を逮捕しうる状況をいう（大判昭8.6.5）。
　　➡ 窃盗犯人が，現場から逃走したが，これを見た通行人が追跡したので，暴行を加えた場合，事後強盗罪が成立する。 `S57-28-4`

📖ケーススタディ2

ⓐ　Aは，宝石店で指輪を盗んだ直後，店員Bに発見されて身体をつかまれ
たので，その指輪を早く捨てて証拠を隠そうと思い，Bを突き倒し，反抗
を抑圧して逃走した場合，事後強盗罪が成立するか。

S56-28-4

ⓑ　Aは，窃盗の犯行現場から200メートル離れたところで，犯行を知らな
いパトロール中の警察官Bに職務質問を受けたため，逮捕を免れるためB
に暴行を加えた場合，事後強盗罪が成立するか。

✎　ⓐの場合，窃盗の実行に着手したことから，Aは窃盗犯人であり，窃盗の
罪跡を隠すために暴行を加えているので，事後強盗罪が成立する。

　　ⓑの場合，Aは窃盗犯人であるが，Bに対する暴行が窃盗の機会に行われ
たとはいえないので，事後強盗罪は成立せず，窃盗罪と公務執行妨害罪が成
立する（東京高判昭27.6.26）。

(3)　既遂時期

①　窃盗犯人が財物を得てこれを取り返されることを防ぐために暴行・脅迫
をした場合，本罪は暴行・脅迫により，直ちに既遂になる（大判昭7.6.9）。

R3-25-エ
H22-25-ア

②　窃盗犯人が，逮捕を免れ，もしくは，罪跡を隠滅するために，暴行・脅
迫をした場合，窃盗犯人が財物を取得したか否かによって本罪の既遂・未
遂が決まる（最判昭24.7.9）。

(4)　予備の成否

強盗予備罪（刑§237）の「強盗」に，事後強盗も含まれるか否かにつき，
判例は，事後強盗罪は，窃盗ではなく強盗と同様に取り扱われるのだから，
強盗予備罪にいう「強盗の罪を犯す目的」には，事後強盗を目的とする場合
も含まれるとしている（最決昭54.11.19）。

4　昏酔強盗罪

（昏酔強盗）
第239条　人を昏酔させてその財物を盗取した者は，強盗として論ずる。

---

(1)　行　為

①　人を昏酔させ，財物を取得することである。

「昏酔」させるとは，暴行以外の行為によって，人の意識に一時的また

は継続的な傷害を生じさせることをいう。その方法には制限はない。

➡　催眠術をかける，睡眠薬を飲ませるなど

②　人を昏酔させる行為は，犯人自身がすることを要する。
➡　他人が昏酔させた場合や，被害者が自らの行為によって昏酔している場合において，それらの状態に乗じて財物を奪う行為は，窃盗罪である（名古屋高判昭29.10.28）。

(2) 着手時期
人を昏酔させる行為を開始したときである。

具体例
・催眠術師のAは，Bに催眠術をかけて意識に一時的な障害をもたらして金を取ろうと思い，部屋でBに対して催眠術をかけ始めたが，他人が部屋に入ってきたのでその目的を遂げなかった場合，昏酔強盗罪の実行の着手が認められる。

5　強盗致死傷罪

（強盗致死傷）
第240条　強盗が，人を負傷させたときは無期又は6年以上の懲役に処し，死亡させたときは死刑又は無期懲役に処する。

趣旨
本罪は，強盗の機会における被害者の生命・身体の安全を特に保護しようとして，重い刑を定めたものである。

(1) 主体
「強盗」に着手した者，すなわち強盗犯人の意味であり，強盗が既遂のほか，未遂の場合も含む（最判昭23.6.12）。
また，事後強盗（大判明43.4.14），昏酔強盗の犯人も含む。

判例
・電車内で乗客Bから財布をすり取ったAは直ちに電車を降りようとしたが，Bに呼び止められてその場で逮捕されそうになったため，これを免れようとして，その顔面を殴りつけて傷害を負わせた場合，Aには強盗致傷罪が成立する（大判明43.4.14）。

(2) 行　為

　強盗の「機会」に，人を「負傷」させ，または「死亡」させたことである（最判昭25.12.14）。

① 「負傷」または「死亡」させたことである。
　⑦ 強盗致傷罪
　　傷害を与える危険性を有する行為（脅迫行為も含む）によって，被害者に傷害を生じさせることである。
　　「傷害」とは，傷害罪（刑§204）における傷害と同じものをいう（大判大4.5.24，広島高判昭53.1.24）。
　　結果的加重犯として傷害を生じさせた場合（結果的加重犯としての狭義の強盗致傷罪），傷害の故意で傷害を生じさせた場合（故意犯である強盗傷害罪）の両者を含む。

　⑦ 強盗致死罪
　　反抗を抑圧する程度の暴行脅迫を加えることによって，被害者を死亡させることである。
　　結果的加重犯として致死の結果を生じさせた場合（結果的加重犯としての狭義の強盗致死罪），故意に人を死亡させた場合（故意犯である強盗殺人罪）の両者を含む（最判昭32.8.1，大判大11.12.22）。

H27-26-イ

② 強盗の「機会」に行われたことである。
　　死傷の結果が，必ずしも強盗の手段としての暴行・脅迫によって，生じたことを必要とせず，死傷の結果を生ぜしめた原因行為が強盗の機会に行われたものであれば足りる（最判昭24.5.28，同25.12.14）。
　➡ 私怨を晴らす目的で殺傷した場合や，共犯者同士の殺傷は含まない。

判 例

H27-26-ア

・AはBの財布を強取する目的でBに短刀を突きつけて脅迫したが，Bが抵抗したためもみ合いになり，たまたまBがAのもつ短刀を両手で握ったため，Bは傷害を負った場合，Bの受傷はAの暴行によるものではないが，強盗致傷罪が成立する（最判昭24.3.24）。
・Aは，Bから金員を強取しようと企て，ミニバイクに乗っているBの左手とハンドルを固定するなどの暴行・脅迫をBに対し加えたうえ，「倒れろ」と命じ，Bをして反抗を抑圧させてミニバイクもろとも転倒させ傷を負わせた場合，Aには強盗致傷罪が成立する（大阪高判昭60.2.6）。

- 強盗犯人が現場から逃走したので，被害者が追いかけていったところ， H22-25-ウ 強盗現場から離れたところで強盗犯人が被害者に暴行を加え傷害を負わせた場合，強盗致傷罪が成立する（最判昭24.5.28）。
- Aは，覆面をして，Bから金員を強取したが，Bに自分が犯人であることが知られてしまったと思い，翌日，Bを自宅に誘い出して殺害した。この場合，Aに強盗殺人罪は成立しない（最判昭46.6.17）。
  - ➡ 殺害行為は強盗の機会に行われたといえないから。
- 単に恨みを晴らす目的で人を殺害した直後に初めて財物奪取の意思により，被害者の生前有していた財物を奪取した場合，殺人罪と窃盗罪 R3-25-オ が成立し，強盗殺人罪は成立しない（最判昭41.4.8）。

③ 死傷の相手方は，必ずしも強盗行為と関連性のある者でなくてもよい。

判 例
- 金員奪取の際，被害者の傍に寝ていた子供2名を殺害したときは，子供の殺害についても強盗殺人罪が成立する（最判昭25.12.14）。
- 現金を運搬する銀行員Bを路上で待ち伏せてこれを殺害して現金を強取する目的で，AはBに対し拳銃を発射したところ，弾丸がBの体を貫通して，さらにその傍らを歩いていたCに命中しBC両名を死亡させた。この場合，AはCを殺害する意思がなかったとしても，BCに対する強盗殺人罪が成立する（最判昭53.7.28）。

(3) 既遂時期

　強盗に着手した者が，強盗の機会において人の死傷を生じさせた以上，強 H22-25-エ H5-26-4 盗致死傷罪の既遂が成立する。財物奪取の点が既遂か未遂かは問わない（最 S61-27-4 判昭23.6.12）。

(4) 未　遂

　未遂は，強盗犯人が殺人の故意をもって行為をしたが，相手方が死亡するに至らなかった場合にのみ成立する（大判昭4.5.16）。

6　強盗・不同意性交等および同致死罪

（強盗・不同意性交等及び同致死）
第241条　強盗の罪若しくはその未遂罪を犯した者が第177条（不同意性交等）の罪若しくはその未遂罪をも犯したとき，又は同条の罪若しくはその未遂罪を犯した者が強盗の罪若しくはその未遂罪をも犯したときは，無期又は7年

以上の懲役に処する。

2　前項の場合のうち，その犯した罪がいずれも未遂罪であるときは，人を死傷させたときを除き，その刑を減軽することができる。ただし，自己の意思によりいずれかの犯罪を中止したときは，その刑を減軽し，又は免除する。

3　第１項の罪に当たる行為により人を死亡させた者は，死刑又は無期懲役に処する。

趣旨

強盗犯人がその後に不同意性交等を犯したときでも，不同意性交等の犯人がその後に強盗を犯したときでも，その悪質性・重大性は異なることがないから，両者とも強盗・不同意性交等罪の１罪のみが成立する。

(1) **主　体**

　　⑦　強盗の罪もしくはその未遂を犯した者（事後強盗，昏睡強盗の犯人も含む）。

　　⑦　不同意性交等の罪もしくはその未遂を犯した者である。

(2) **行　為**

　①⑦　強盗の犯人が，不同意性交等の罪もしくはその未遂罪をも犯したこと（刑§241 I 前段）。

　　⑦　不同意性交等の犯人が，強盗の罪もしくはその未遂罪をも犯したこと（刑§241 I 前段）。

　　➡　強盗・不同意性交等は，強盗または不同意性交等の機会になされたことを要する。

　②　強盗・不同意性交等致死罪（刑§241Ⅲ）

　　強盗・不同意性交等（未遂も含む）に当たる行為により人を死亡させること。

(3) **故　意**

R4-25-エ

　　強盗・不同意性交等罪は，⑦強盗に着手した後に不同意性交等の意思が生じた場合（最判昭30.12.23），⑦不同意性交等に着手した後に強盗の意思が生じた場合，に成立する。

　　➡　⑦⑦ともに，悪質性・重大性について異なることがないからである。

7　強盗予備罪

> （強盗予備）
> **第237条**　強盗の罪を犯す目的で，その予備をした者は，2年以下の懲役に処する。

⑴　行　為

強盗の罪を犯す目的で，その着手を準備することである。事後強盗の目的で，予備をした者にも強盗予備罪が成立する（最決昭54.11.19）。

4　詐欺の罪

1　総　説
⑴　意　義

詐欺罪は，人を欺いて錯誤に陥らせ，瑕疵ある意思に基づいて財物または財産上の利益を交付させる犯罪である。

したがって，本罪の成立のためには，①欺く行為→②相手方の錯誤→③財産的処分行為→④財物または財産上の利益を取得したことを要し，これらの間に因果関係が認められることが必要である。

⑵　保護法益

①　個人の財産（財物・財産上の利益）である。

②　欺く行為が国家的法益に向けられている場合にも，詐欺罪が成立するか否かにつき，判例は，欺く行為によって国家的法益を侵害する場合でも，それが同時に詐欺罪の保護法益である財産権を侵害するものである以上，詐欺罪が成立するとしている（最判昭23.4.7）。

➡　ただし，行政刑罰法規が特別法として詐欺罪の適用を排除する趣旨のものと認められる場合は，詐欺罪の適用は排除される。

2　詐欺罪

> （詐欺）
> **第246条**　人を欺いて財物を交付させた者は，10年以下の懲役に処する。
> （未遂罪）
> **第250条**　未遂は，罰する。

（準用）

第251条 第244条（親族間の犯罪に関する特例）の規定は，この罪について準用する。

---

(1) **客 体**

他人の占有する財物である。

自己の財物であっても，他人が占有し，または公務所の命令により他人が看守するものであるときは，他人の財物とみなす（刑§242，251）。

本罪における「財物」とは，動産に限らず，不動産も含まれる（大判大12.11.12）。

➡ 欺く行為により登記名義を変更した場合，不動産の占有を取得したといえるから。

(2) **行 為**

人を欺いて，財物を交付させることである。

①欺く行為→②相手方の錯誤→③財産的処分行為→④財物を取得したこと，かつ，これらの間に因果関係が認められることが必要である。

① 欺く行為をしたことを要する。

「欺いて」とは，財物を交付させる手段として，人を錯誤に陥らせる行為をすることをいう。

㋐ 人を錯誤に陥らせるような行為をしても，それが財物を交付させるための手段として行われたものでなければ，詐欺罪とはならない。

㋑ 機械に対する欺く行為は，詐欺罪にならない。

➡ 機械は騙されないから。

判 例

S63-27-4
・通貨類似の金属片を自動販売機に入れてタバコを不正に取得した場合は，詐欺罪は成立しない（最決昭31.8.22参照）。←窃盗罪となる。

H21-26-ア
H14-24-イ
・他人のキャッシュカードを窃取して，ＡＴＭから現金を引き出しても詐欺罪は成立しない（東京高判昭55.3.3）。←窃盗罪となる。

H26-26-エ
㋒ 欺く方法には制限がない。作為によると不作為によるとを問わない。不作為による欺く行為とは，法令上または信義則上事実を告知すべき義務を有する者が，その義務を怠って相手方がすでに錯誤に陥っている状態を継続させ，これを利用しようとする行為をいう。

・第三者に譲渡する意図を秘して自己名義の預金口座の開設，預金通 R2-26-エ
　帳およびキャッシュカードの交付を銀行員に申し込み，交付を受け
　る行為は詐欺罪に当たる（最決平19.7.17）。
・自己の銀行口座に誤振込みがあったことを秘して預金の払戻しを請 R2-26-オ
　求することは，欺く行為に当たり，詐欺罪が成立する（最決平
　15.3.12）。

📖ケーススタディ1

　Aは，店で買物をした際に，5千円札で支払ったところ，店員が1万円札 S63-27-3
と間違えてお釣りを余計に出したことを知りながら，その旨を告げないで釣
銭を余計に受けとった場合，詐欺罪が成立するか（釣銭詐欺）。

✎　社会生活上の条理にもとづいて，釣銭が多過ぎることを店員に告知する義
　務があるのに，店員の間違いに乗じて，金銭を不当に取得したことから，不
　作為による欺く行為に当たり，Aにつき詐欺罪が成立する。
　➡　店員が錯誤によって余計に釣銭を出したことを知らずに受けとった後に，釣銭
　　が多いことに気づいて返却しない場合は，遺失物等横領罪（刑§254）が成立す
　　る（大判明43.12.2参照）。

　　㋤　欺く行為は，一般人をして財物を交付させるに足りる錯誤を生ぜしめ
　　　る可能性がなければならない。

　②　相手方が錯誤に陥ることを要する。
　　㋐　欺かれた者と処分行為者は別人であってはならない。 S59-28-2
　　㋑　欺く行為の相手方は，必ずしも財物の所有者または占有者であること
　　　を要しない。

　③　財産的処分行為があることを要する。
　　　財物を処分する意思と財物を処分する事実とが必要である。
　　　欺く行為の相手方と財産上の被害者とが同一でない場合，欺かれた者は
　　被害者のためにその財産を処分しうる権限・地位を有する必要がある（最
　　判昭45.3.26）。

・行為者が相手方を欺いて儀式料の名目で金員の支払いの意思を生じさ R2-26-ア
　せ，支払いのために信販会社とクレジット契約を締結させ，信販会社

から送金を受け取った場合，当該契約の締結は財産的処分行為に当たる（最決平15.12.9）。

📖ケーススタディ2

H20-25-オ
ⓐ　Aは，裁判所を欺いて勝訴の判決を得て，敗訴者に財物を交付させた場合，詐欺罪が成立するか（訴訟詐欺）。

S59-28-1
ⓑ　Aは，登記申請に必要な書類を偽造のうえ，申請情報を提供して登記官を欺き，B所有の不動産についてBからAに所有権の移転の登記をさせた場合，詐欺罪が成立するか。

✎　ⓐの場合，Aにつき詐欺罪が成立する（最判昭45.3.26）。

➡　欺かれた者と財産上の被害者が同一人でなくても欺かれた者において被害者のためにその財産を処分する権能または地位があれば同一人と同視されるところ，裁判所は強制執行などの処分権限を有するからである。

ⓑの場合，Aにつき詐欺罪は成立しない（大判大12.11.12）。

➡　登記官は，裁判官と異なり，不動産についての処分権限・地位を有するものではないから。

【具体例】

S59-28-5
・Aが，友人Bの居住するマンションにおもむき，管理人Cに対して，「Bから頼まれた」旨のうそを言って誤信させ，Bの居室の鍵を開けさせて室内からテレビを搬出した場合，詐欺罪は成立しない。←窃盗罪が成立する。

④　財物を取得したことを要する。

処分行為により財物の交付を受け，財物の占有を取得することを要する。

H4-27-エ
欺いた者と現に財物の交付を受ける者とは，通常は一致するが，別人でも構わない（最判昭26.12.14）。

➡　両者が別人の場合，その間に特別の事情が必要であり，まったく無関係の第三者に交付される場合は詐欺罪にならない（大判大5.9.28）。

⑤　因果関係があることを要する。

①欺く行為→②相手方の錯誤→③財産的処分行為→④財物を取得したことにつき，因果関係が認められるときに，詐欺罪は既遂となる。

【判例】

H26-26-ウ
・欺く行為は行われたが，相手方が錯誤に陥ることなく，単に憐憫の情から財物を与えたような場合，詐欺罪は未遂である（大判大11.12.22）。

(3) 財産的損害

① 詐欺罪は財産犯である以上，その成立要件として被害者に何らかの財産的損害を生じさせたことを要する。

【判例】

・人を欺いて財物の交付を受けた場合，相当の対価を支払ったとしても，詐欺罪が成立する（最決昭34.9.28）。

➡　財物の交付自体が財産的損害と解されるから。

・詐欺的手段を用いて簡易生命保険を締結し保険証書を騙取した場合，保険証書はそれ自体経済的価値・効用を有するものであって，刑法上保護に値する財物にあたり，詐欺罪が成立する（最決平12.3.27）。

・係員を欺いて印鑑証明書や旅券を不正に取得した場合，これらは一定の資格に基づいて官庁の証明や許可を受けたにすぎず，財物を取得したとはいえないから，詐欺罪は成立しない（印鑑証明書につき大判大12.7.14，旅券につき最判昭27.12.25）。

② 不法原因給付と詐欺罪の成否

＜論点＞

不法原因に基づいて交付（給付）された物について，詐欺罪が成立するか否かが問題となる。

➡　民法上，不法の原因に基づいて給付した物の返還は，請求できない（民§708）ことから，欺かれて財物を交付した被害者の行為が不法原因給付にあたり，交付者がその返還を請求することができないということは，財産的損害はないのではないかということが問題となる。

この点につき判例は，詐欺罪における財産上の損害は，財物の占有を喪失してその物の実質的な利用可能性を失った点にあるが，不法原因給付の場合も，欺かれて財物の交付がなされているから，財産上の損害が認められるとしている（最判昭25.7.4）。

📖**ケーススタディ3**

Aは，紙幣を偽造する資金として，Bに金銭を交付させた場合，Aにつき詐欺罪が成立するか。

🖎　Aにつき，詐欺罪が成立する。

③　クレジットカードと詐欺罪の成否

＜論点＞

　　クレジット会員が，代金の支払いの意思も能力もないのに，自己名義のクレジットカードを利用して加盟店から物品を購入した場合，詐欺罪が成立するか否かが問題となる。

➡　詐欺罪が成立するとした場合，欺かれた者・処分行為者・被害者はだれか，客体は何か，などが問題となる。

　　この点につき判例は，欺かれて処分行為をした者は加盟店であり，商品交付時に詐欺罪（刑§246Ⅰ）が成立するとしている（東京高判昭59.11.9）。

➡・加盟店はカード利用者が支払意思・能力がないことを知ったときは，商品の販売を拒否すべき信義則上の義務を負うため，カード利用者が支払意思や能力がないのに，あるように装うことが加盟店に対する欺く行為となる。

・商品の交付自体が損害といえるから，加盟店が後日カード会社から支払いを受けても，加盟店に対する詐欺罪の成立を否定することにはならない。

📖**ケーススタディ4**

H26-26-イ
　　Aは，代金の支払い意思も，能力もないのに，自己名義のBクレジット会社のカードを使用して，加盟店Cから物品を購入した場合，Aにつき詐欺罪が成立するか。

✎　Aにつき，Cに対する詐欺罪が成立する。

R2-26-ウ
④　カード名義人の承諾と詐欺罪の成否

　　カードの名義人から使用を許された場合，詐欺罪が成立するか否かにつき判例は，規約上，名義人のみが利用できることとされ，加盟店にも利用者が本人であることの確認義務が定められているクレジットカードについて，他人名義のカードの所持者が名義人になりすまして，正当な利用権限がある旨を従業員に誤信させて商品を購入する行為は，カード名義人の承諾の有無を問わず，詐欺罪を構成するとしている（最決平16.2.9）。

(4)　故意および不法領得の意思

　　詐欺罪が成立するためには，故意のほかに不法領得の意思が必要である。

H23-26-イ
➡　債務者宛の支払督促正本を，廃棄する目的で，債務者になりすまして受領した場合，詐欺罪は成立しない（最決平16.11.30）。

⑸　**着手時期**

　行為者が財物を交付させる意思で，人を欺く行為を開始した時である。　`H20-25-ウ`

　`判 例`

　・保険金を騙取する目的で，自己の住居に火災保険をかけたうえ，放火し　`H20-25-エ`
　　て全焼させただけでは，未だ人を欺く行為が開始されていないので，詐
　　欺罪の実行の着手は認められない（大判昭7.6.15）。

　　➡　保険金詐欺は，保険会社に保険金の支払いを請求したときに，実行の着
　　　手が認められる。

⑹　**既遂時期**

　人を欺く行為によって相手方が錯誤に陥り，その錯誤に基づいて財物の占
有が行為者の側に移転した時である。

　`判 例`

　・動産については引渡しのあった時，不動産については現実に占有を移転　`H26-26-オ`
　　させるか，または所有権移転の登記をした時である（大判明43.1.28）。

⑺　**罪　数**

　`判 例`

　・1個の欺く行為によって数人を欺いて各人から財物を騙取した場合，観
　　念的競合となる（大判明44.4.13）。
　・1個の欺く行為によって同一人から数回にわたり財物を騙取した場合
　　は，詐欺罪の包括一罪となる（大判明43.1.28）。
　・1個の欺く行為によって財物を騙取し，かつ，財産上の利益を得た場合
　　は，包括して1個の詐欺罪が成立する（大判大4.4.26）。
　・窃取または騙取した郵便貯金通帳を利用して，郵便局係員を欺いて貯金　`S59-28-4`
　　の払い戻しを受けた場合は，通帳の領得罪のほかに詐欺罪が成立し，併
　　合罪となる（最判昭25.2.24）。
　・Aは，手形割引の仲介をする意思がないのに仲介をしてやると言ってB
　　から手形の交付を受け，この手形を自己の債務の担保としてCに差し入
　　れた場合，詐欺罪のみが成立し，別途横領罪は成立しない（大判大
　　11.1.31）。

　　➡　手形を担保に差し入れた行為は，先の詐欺罪で評価されており，不可罰
　　　的事後行為となるから。

3　詐欺利得罪

> （詐欺）
> **第246条**
> 2　前項（人を欺く）の方法により，財産上不法の利益を得，又は他人にこれ
> を得させた者も，同項と同様とする。
> （未遂罪）
> **第250条**　未遂は，罰する。
> （準用）
> **第251条**　第244条（親族間の犯罪に関する特例）の規定は，この罪について準
> 用する。

⑴　行　為

　人を欺いて，財産上不法の利得を得，または他人にこれを得させたことである。

　①欺く行為→②相手方の錯誤→③財産的処分行為→④財産上の利益を取得したことを要し，これらの間に因果関係が認められることが必要である。

　「財産上の利益」とは，財物以外の財産的価値のある利益をいう。権利の取得のような積極的利益でも，債務の免除のような消極的利益でもよく（大判明42.12.13），また，永久的利益でも支払猶予のような一時的利益でもよい（最決昭34.3.12）。

　財産上の利益取得として，下記のような態様がある。

　ⓐ　被害者に財産上一定の処分をさせる場合
　　➡　債務を免除させ，またはその履行を延期させる等
　ⓑ　被害者に一定の労務を提供させる場合
　　➡　タクシーや列車に乗車して運行させる等
　ⓒ　被害者に一定の意思表示をさせる場合
　　➡　債務を負担させる，土地所有権の移転の意思表示をさせる等

① 無銭乗車と詐欺利得罪の成否

📖**ケーススタディ5**

ⓐ　Aは，タクシーで目的地に着き，運賃の支払いを求められた際に所持金 [H14-24-ウ]
がないことに気付いたため，支払いを免れようと考え，「このビル内にい
る友人から金を借りてきて，すぐに支払う。」などと嘘を言ったところ，
タクシー乗務員Bは，その言葉を信じて運賃を受け取らずにAを降車させ
た場合，Aにつき詐欺利得罪が成立するか。

ⓑ　Aは，所持金を十分所持していたが，B旅館を出る直前になって宿泊代 [S56-28-1]
金を踏み倒そうと思い，玄関に誰もいないことに乗じて逃走し，宿泊代金
の支払いを免れた場合，Aにつき詐欺利得罪が成立するか。

✎　ⓐの場合，詐欺利得罪が成立する（東京高判昭33.7.7）。Aには，運賃をす
ぐ支払うという欺く行為があり，Bは，それを信じ，Aを降車させるという
処分行為をし，それによって，Aは財産上不法の利益を得ているからである。

➡　料金を踏み倒すつもりでタクシーに乗り，目的地に着いたところで運転手のす [H21-26-ウ]
きを見て逃げ出した場合は，初めから，財産上不法の利益を得るつもりで乗った [S63-27-1]
から，詐欺利得罪が成立する。

　ⓑの場合，詐欺利得罪は成立しない。Aには，宿泊代金を踏み倒すための，
旅館に対する欺く行為がないからである。

具体例

・入場券を買わずに多数の観客にまぎれて映画館に入場し，映画を鑑賞し [S63-27-5]
た場合，詐欺利得罪は成立しない。

➡　欺く行為がないから。

・Aは，所持金がないにもかかわらず，係員が出入り口で客にチケットの [H14-24-オ]
提示を求めて料金の支払いを確認している音楽会場でのコンサートを聴き
たいと考え，人目に付かない裏口から会場に忍び込み，誰にも見とが
められず客席に着席してコンサートを聴いた場合詐欺利得罪は成立しな
い。

➡　欺く行為がないから。

・債権者が文盲または泥酔であるのに乗じ，陳情書であると偽って自己に [S59-28-3]
対する債権放棄書に署名捺印させて，その交付を受けた場合，詐欺利得
罪は成立しない（大判明44.9.14参照）。

➡　債務者の欺く行為は債権者の財産的処分行為に向けられたものとはいえ
ないから，有印私文書偽造罪（刑§159Ⅰ）の間接正犯が成立する。

判例

H10-25
（推論）

・キセル乗車により正規の運賃を免れた場合，詐欺利得罪はどの時点で成立するか否かにつき，判例は，乗車駅基準説により詐欺利得罪の成立を認めるものが多い（大阪高判昭44.8.7）。ただし，詐欺利得罪の成立までは否定し，運送法などの特別罪の成立にとどめるものもある（東京高判昭35.2.22）。

➡　現在では，改札も自動化され，カードにより精算チェックされるので，詐欺利得罪が問題となることは少ない。

H14-24-エ

・Aは，自動車を運転して，甲インターチェンジから乙インターチェンジまで料金後払制の有料道路を通行したが，乙インターチェンジを出る際，遠方の甲インターチェンジからではなく，近くの丙インターチェンジから有料道路を通行してきたかのように装い，あらかじめ用意しておいた丙インターチェンジからの通行券と乙丙間の通行料金を乙インターチェンジ出口の係員に差し出したため，係員が，Aが丙インターチェンジから有料道路を通行してきたものと誤信して，Aの運転する車を通過させた場合，詐欺利得罪が成立する（福岡高判昭56.8.31）。

➡　乙インターチェンジにおいて，丙インターチェンジからの通行券を提示することは，正規の通行料金を免れる目的を達成するための欺く手段で，それは正常な通過者を装うためにした積極的な仮装の欺く行為であり，係員は丙インターチェンジから入ってきたとの錯誤に陥り，係員が過小の通行料金の支払いを認めたことは財産的処分行為にあたり，通行料金の一部について，財産上の利益の移転があるから。

② 無錢飲食と詐欺罪の成否

＜論点＞

無錢飲食とは，代金を支払わず飲食することである。代金不払いの意思がいつ生じたかにより，刑法246条1項詐欺の成否の問題となるか，同条2項詐欺の成否の問題となるかにつき，見解が分かれている。

ケーススタディ6

H28-25-ア
H26-26-ア
H14-24-ア

R2-26-イ

ⓐ Aは，初めから代金を支払う意思がないのに，飲食物を注文し，飲食した場合，詐欺罪は成立するか。

ⓑ Bは，注文した飲食物を飲食した後の，代金支払いの段階で踏み倒す意思を生じ，こっそり逃げ出した場合，詐欺罪は成立するか。

ⓒ Cは，注文した飲食物を飲食した後の，代金支払いの段階で踏み倒す意思を生じ，店主にすぐにお金を取ってくるとうそを言って，支払いを免れた場合，詐欺罪は成立するか。

✎　ⓐの場合，Aにつき，1項詐欺罪（刑§246Ⅰ）が成立する（大判大9.5.8）。

➡　代金を支払う意思がないのに飲食物の注文をすること自体が作為による欺く行為とみることができ，飲食店の店員である相手方が退去時に代金を支払ってもらえるものと誤信して飲食物等を提供することが財物の交付（処分行為）にあたり，これにより財物を得ているから。

ⓑの場合，Bにつき，1項詐欺罪も2項詐欺罪も成立しない（最決昭30.7.7）。

➡　飲食物の注文，飲食した段階では代金を支払う意思があるから，飲食物の提供は欺く行為によるものではなく1項詐欺罪は問題とならず，代金の支払いを免れた点について2項詐欺罪の成否が問題となるが，刑法246条2項の「財産上不法の利益を得る」とは，相手方の意思によって，財産上不法の利益を得た場合をいうのであり，債務（代金）の支払いを免れたとするには，相手方たる債権者を欺いて債務免除の意思表示をさせることを要するのであって，単に逃走してまたは知人を見送ると欺いて，事実上支払いをしなかっただけでは足りないから，2項詐欺罪も成立しない。

ⓒの場合，Cにつき，2項詐欺罪が成立する。

➡　ⓑと同様，1項詐欺罪は問題とならず，代金の支払いを免れた点について2項詐欺罪の成否が問題となるが，相手方たる債権者を欺いて債務免除の意思表示をさせたことにより，相手方の財産的処分行為が認められるから，2項詐欺罪が成立する。

(2)　既遂時期

財産上不法の利益を得た時，または他人にこれを得させた時である。

具体例

・料金を支払う意思がなくタクシーに乗車した場合，タクシーが発車した時。

・人を欺いて弁済の延期をさせた時，または債務の免除をさせた時。

・電力メーターを逆回転させ，検針員に示して電気料金の支払いを免れた時（大判昭9.3.29）。

・いわゆる詐欺賭博の方法で，賭客となった者を欺いて，寺銭および賭銭名義で金員支払いの約束をさせた時（最判昭43.10.24）。

4　準詐欺罪

（準詐欺）
第248条　未成年者の知慮浅薄又は人の心神耗弱に乗じて，その財物を交付さ
　せ，又は財産上不法の利益を得，若しくは他人にこれを得させた者は，10年
　以下の懲役に処する。
（未遂罪）
第250条　未遂は，罰する。
（準用）
第251条　第244条（親族間の犯罪に関する特例）の規定は，この罪について準
　用する。

　「知慮浅薄」とは，知識が乏しく，思慮の足りないことをいう。
　「心神耗弱」とは，精神の健全を欠き，事物の判断をするのに十分な普通人
の知能を備えていないことをいう。
　「乗じて」とは，誘惑にかかりやすい状態を利用して，という意味であり，
人を欺く行為にあたらないものであることを要する。

判例

H21-26-オ　　・人を欺く行為を手段として知慮浅薄な未成年者等から財物を交付させた場
　　合は，たとえ相手が未成年者であっても，準詐欺罪は成立せず，詐欺罪と
　　なる（大判大4.6.15）。
　　➡　まったく意思能力のない者や幼者には，財産的処分行為を観念できないの
　　　で，これらの者から財物等を取得する行為は，窃盗罪になる。

5　電子計算機使用詐欺罪

（電子計算機使用詐欺）
第246条の2　前条（詐欺）に規定するもののほか，人の事務処理に使用する
　電子計算機に虚偽の情報若しくは不正な指令を与えて財産権の得喪若しくは
　変更に係る不実の電磁的記録を作り，又は財産権の得喪若しくは変更に係る
　虚偽の電磁的記録を人の事務処理の用に供して，財産上不法の利益を得，又
　は他人にこれを得させた者は，10年以下の懲役に処する。
（未遂罪）
第250条　未遂は，罰する。

趣旨

　本条は，「機械は錯誤に陥らない」から，機械に対する詐欺罪は成立しないとされてきたので，コンピューター犯罪を詐欺罪に問うために特に設けられたものである。

⑤　恐喝の罪

1　保護法益

　第1次的には個人の財産である。

　ただし，本罪は，脅迫（または暴行）を手段として，相手方に畏怖心を生じさせ，人の行動や意思決定の自由をも侵害するので，財産のほかに第2次的には自由も含まれる。

2　恐喝罪

（恐喝）
第249条　人を恐喝して財物を交付させた者は，10年以下の懲役に処する。
（未遂罪）
第250条　未遂は，罰する。
（準用）
第251条　第244条（親族間の犯罪に関する特例）の規定は，この罪について準用する。

(1)　客　体

　他人の占有する財物である。

　自己が所有する財物であっても，他人が占有しまたは公務所の命令により他人が看守するものであるときは，他人の財物とみなす（刑§242, 251）。

(2)　行　為

　人を恐喝して，財物を交付させることである。

　①恐喝行為→②相手方の畏怖（恐怖）→③財産的処分行為→④財物を取得したことを要し，これらとの間に因果関係が認められることが必要である。

　①　恐喝行為をしたことを要する

　　「恐喝」とは，財物を交付させることを目的として行われる脅迫または暴行行為であって，相手方の反抗を抑圧するに至らないものをいう（最決昭33.3.6）。

➡　相手方の反抗を抑圧する程度に至れば，強盗罪が成立する。

⑦　脅迫とは，人を畏怖させるに足りる害悪の告知をいう。
　　ⓐ　脅迫罪・強要罪とは異なり，脅迫行為によって通知される害悪の種
　　類については，制限がない。
　　ⓑ　第三者の行為によって害悪が実現されることを告知することも含む
　　が，その場合は，告知者が第三者に影響を与えうることを相手方が知
　　っているか，知りうることを要する（大判昭5.7.10）。

　　　　判例
　　　　　・天変地異が発生するであろうこと，吉凶禍福が訪れるであろうこ
　　　　　とを説いても恐喝にはならないが，それらを行為者自身の力によ
　　　　　って実現させうると信じさせる場合は恐喝となりうる（広島高判
　　　　　昭29.8.9）。
　　　　　・通知される害悪の実現は，必ずしもそれ自体違法なものであるこ
　　　　　とを要しないことから，他人の犯罪事実を知る者が捜査機関へ告
　　　　　発しても違法ではないが，口止め料を提供させた場合，恐喝罪が
　　　　　成立する（最判昭29.4.6）。

④　暴行は，相手方を畏怖させる性質のものであれば足りるから，人に対
　して加えられる広義の暴行をいい，相手方の反抗を抑圧する程度に至ら
　ないものであることを要する。

　　　　具体例
H17-27-オ
　　　　　・Aが，タクシー運転手Bの態度に立腹し，後部座席からBの頭部を
　　　　　殴ったところ，畏怖したBがタクシーから降りて逃げ出したため，
　　　　　Aは，この機会にタクシー内の金員を奪おうと思い立ち，これを奪
　　　　　い取った場合，恐喝罪は成立しない。
　　　　　➡　恐喝行為がないから。暴行罪ないし傷害罪と窃盗罪が成立する。

②　相手方に恐怖心を生じさせることを要する。

③　財産的処分行為があることを要する。
　　恐喝の結果，恐怖心を生じた相手方の財産的処分行為に基づいて，財物
　の占有を取得することを要する。
　➡　恐喝行為が行われても，相手方が畏怖することなく，単に憐みの情から財
　　物を交付した場合，処分行為に当たらない（大判大3.4.29）。

判例
・相手方自ら財物を交付する場合だけでなく，畏怖して黙認しているの　　H2-24-ウ
　に乗じて財物を奪取した場合にも，恐喝罪が成立する（最判昭
　24.1.11）。

④　財物を取得したことを要する。

(3) 着手時期

財物を交付させる意思で，恐喝行為を開始した時である。

(4) 既遂時期

財物について，被害者の占有を排除して，行為者自身または第三者の占有
を設定した時である。

本罪の既遂というためには，被害者に財産的損害が生じたことを要する。

➡ 畏怖がなければ交付しなかったときは，たとえ相当な対価が支払われた場合で
あっても，交付された物・財産上の利益の全部につき財産的損害が認められる
（大判昭14.10.27）。

判例
・Aは，Bの所有する土地を購入しようと考え，Bと売買交渉を始めたが，　　H17-27-ウ
　適正な価格を提示してもBが売却に応じないために，Bを脅迫して適正
　な価格で売却させた。この場合には，Aがその適正な価格を支払ったと
　きであっても恐喝罪が成立し，かつ既遂に達する（最決昭34.9.28）。

(5) 権利行使と恐喝

債権者が弁済を得るために債務者を脅迫して金銭を交付させた場合，その
方法が，社会通念上被害者が認容すべきものと一般に認められる程度を超え
ない限り何ら違法ではないが，その範囲・程度を逸脱するときは違法となり，
全体について恐喝罪が成立する（最判昭30.10.14）。

(6) 罪　数

①　脅迫行為と欺く行為をともに用いた場合
判例
・欺く行為が相手方に恐怖心を起こさせる一材料に過ぎないときは，恐
　喝罪のみが成立する（最判昭24.2.8）。
・恐怖心と錯誤とが相並んで財物交付の動機となったときは，恐喝罪と
　詐欺罪との観念的競合となる（大判昭5.5.17）。

② 恐喝罪が成立すれば，強要罪は成立しない。

③ 人を恐喝する目的で監禁したときは，監禁罪と恐喝罪との併合罪となる（最判平17.4.14）。

④ 恐喝の手段として業務妨害が行われたときは，業務妨害罪と恐喝罪の牽連犯となる（大判大2.11.5）。

3 恐喝利得罪

> （恐喝）
> **第249条**
> 2　前項（人を恐喝する）の方法により，財産上不法の利益を得，又は他人にこれを得させた者も，同項と同様とする。
> （未遂罪）
> **第250条**　未遂は，罰する。
> （準用）
> **第251条**　第244条（親族間の犯罪に関する特例）の規定は，この罪について準用する。

(1) **客 体**

財産上の利益である。

(2) **行 為**

人を恐喝して，財産上不法の利益を得，または他人にこれを得させたことである。

①恐喝行為→②相手方の畏怖（恐怖）→③財産的処分行為→④財産上不法の利益を得たことを要し，これらの間に因果関係が認められることが必要である。

財産的処分行為は，作為のほか不作為によってもなされ得る。

➡ 飲食代金の請求を受けた者が，請求者を恐怖させて，その請求を一時断念させた場合，被害者の黙示的支払猶予の処分行為があったとみられ，恐喝利得罪が成立する（最決昭43.12.11）。

　判 例

H17-27-ア
H17-27-イ

・債務者Aが債権者Bを脅迫し，AのBに対する債務の支払いを一時猶予する旨の意思表示をさせた場合，恐喝罪が成立し，かつ既遂に達する（大判明45.4.22）。

・売春の遊客となったAが，売春婦Bを脅迫して売春代金の請求を断念さ H17-27-エ
せた場合，売春契約が公序良俗に反し無効であっても，恐喝罪が成立し，
かつ既遂に達する（名古屋高判昭25.7.17）。

6　横領の罪

1　保護法益
物に対する所有権その他の本権である。
➡　占有権は保護法益ではない。横領の罪は，行為者が占有する物について成立する
ので，占有そのものの保護という問題は生じないからである。

2　（単純）横領罪

（横領）
第252条　自己の占有する他人の物を横領した者は，5年以下の懲役に処する。
（準用）
第255条　第244条（親族間の犯罪に関する特例）の規定は，この罪について準
用する。

(1) **主　体**
他人の物の占有者である（真正身分犯）。 H10-26-3

（横領）
第252条
2　自己の物であっても，公務所から保管を命ぜられた場合において，これを
横領した者も，前項と同様とする。

(2) **客　体**
自己の占有する他人の物である。

①　「物」には，動産のほかに**不動産も含まれる**。また，行為者と他の者と H29-26-ア
の共有物も含まれる（大判明44.4.17）。

②　「占有」の意義
本条にいう「占有」とは，事実上または法律上，物に対して支配力を有
する状態をいう。

➡　横領罪では，自己が占有することによってその処分が可能となる状態を占有というので，不動産の登記名義人のように，法律上不動産に対して支配力を有しているような場合も，これに含まれる。

> **判例**

H7-25-3
H7-25-5

・既登記不動産については，原則として，登記名義人がその法律的支配を有するといえるが，登記手続等のため登記名義人から登記済証および白紙委任状等を預かった者も，当該不動産について法律的支配を有する（福岡高判昭53.4.24）。

・未登記の不動産は，事実上，それを管理または支配している者にその占有がある（最決昭32.12.19）。

③　委託信任関係の存在

S59-27-2

占有は，物の所有者（これに準ずる者をも含む），または公務所と行為者との間の委託信任関係に基づくものでなければならない（東京高判昭25.6.19）。

➡　横領罪は，所有者等の信頼を裏切るという背信的性格をもった犯罪だからである。

この委託信任関係は，契約のほか，事務管理，後見，慣習，条理等に基づいて認められるものでもよい。また，この委託信任関係は，単なる事実上の関係で足り，委託契約が無効であっても差し支えない。

> **判例**

H20-27-エ

・郵便貯金通帳を窃取したAから事情を知らずに貯金の払戻しを頼まれたBが，払戻しを受けた金銭を保管中，無断でこれを費消した場合，Bには横領罪が成立する（名古屋高判昭26.2.4）。

・仮装売買により所有権の移転の登記を受けた者が，自分の借金の担保としてその土地に抵当権を設定した場合，横領罪が成立する（最判昭31.6.26）。

④　「他人の物」の意義

㋐　他人の所有に属する財物のことである。

➡　他人の所有に属するかどうかは，民法上の所有権の観念を前提に考えるが，刑法上の保護の必要性も併せ考えて決定することになる。

> **判例**

H29-26-オ
H7-25-1

・Aは，自己所有の建物につき，Bに対して根抵当権を設定したが，その旨の登記をしないうちに，その建物につき，Cに対して根抵当権を設定し，その旨の登記をした場合，Aにつき横領罪は成立しな

い（最判昭31.12.7参照）。

➡　自己所有の物であるから。背任罪の問題となる。

・Aは，Bからその所有建物を買い受けて所有権移転登記をした後，　`H7-25-2`
売買契約を解除されたが，建物の登記名義をBに戻す前に，Cから
金員を借り入れるに際し，その建物につきCに対して抵当権を設定
した上，その旨の登記をした場合，Aにつき横領罪が成立する（最
判昭30.12.26）。

➡　解除の遡及効により，建物の所有権はBに戻っているから。

④　「他人の物」といえる場合

`判例`

・他人から売却を委託された物品およびその売却代金（最決昭
28.4.16）。

・契約を締結したが，引渡しまたは登記が完了していない二重売買の
目的物（最判昭30.12.26）。

・譲渡担保の目的物（大判昭3.12.26）。

・封をして容易に開けない状態にされた包装物の中に入れてあるよう
な，特定物として委託された金銭。

➡　不特定物として委託された金銭は，金銭自体は特定性が認められず，
価値を預かったことになるから，「他人の物」といえない（最判昭
29.11.5）。

・一定の目的・使途を定めて委託された金銭（大判昭9.4.23，最判昭
26.5.25）。

・債権者から債権の取立てを委任された者が，債務者から取り立てた　`H20-27-ア`
金銭（大判昭8.9.11）。

・不法原因給付物（最判昭23.6.5）。

・自己の占有する共有物（大判昭6.12.10）。　`H9-25-イ`

⑤　不動産の二重売買と横領罪

＜論点＞

不動産が二重売買された場合，売主および第二の買主につき横領罪が　`H29-26-イ`
成立するかが問題となる。　`H4-27-ウ`

📖**ケーススタディ1**

Aは，甲土地をBに売却したが，Bが登記をしないうちに，Cにも当該土地を売却し，AからCへの登記がされた場合，Aにつき横領罪が成立するか。

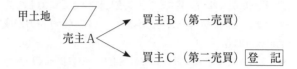

✎　Aにつき横領罪が成立する（最判昭30.12.26，同33.10.8）。

➡　Bに所有権の移転の登記がされていなくても，第一の売買契約の成立によって，不動産の所有権はAからBに移転していることから，Aがその不動産をCに売却し，所有権の移転の登記をすることは，自己（A）の占有する他人（B）の物を不法に領得することになるから。

　　登記を経た第二の買主Cが背信的悪意者であれば，Cにつき横領罪の共犯が成立し（福岡高判昭47.11.12），単純な悪意者であれば，横領罪の共犯は成立しない（最判昭31.6.26）。

S59-27-5

⑥　不法原因給付物と横領罪

＜論点＞

　　不法原因に基づき委託交付された物につき，横領罪が成立するかが問題となる。

➡　民法上，不法の原因に基づいて給付した物の返還は請求できない（民§708）ことから，民法上保護されない財産を刑法で保護する必要があるかが問題となる。

📖**ケーススタディ2**

Aは，Bから公務員Cに金銭を渡すように贈賄の依頼を受けたが，これをCに渡さないで，費消した場合，Aにつき横領罪が成立するか。

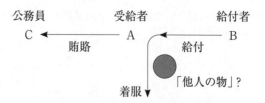

✎　給付者Bは民法708条により，受給者Aに対して委託給付した物の返還を請求することができないが，その所有権は失っていないから，給付された物は受給者にとって，自己の占有する他人の物であり，受給者が領得した場合，Aにつき横領罪が成立する（大判明43.9.22，最判昭23.6.5）。

	肯定説	否定説
不法原因給付物の所有権の帰属	給付者は，なお不法原因給付物の所有権を失わない。 →所有権は給付者Bに帰属	給付者は，不法原因給付物の所有権を失う。 →所有権は受給者Aに帰属
物の他人性の要件を満たすか	満たす	満たさない
根　拠	私人間の利益の調整を主眼とする民法における所有権の帰属の解釈と，犯罪の処罰を主眼とする刑法における物の他人性の解釈とは異なる。 ←違法の相対性を重視	民法上，不法原因給付物について，給付者はその物の返還を請求することができない（民§708）ので，反射的効果として，その物の所有権は受給者に帰属する（最判昭45.10.21）。 ←法秩序の統一性を重視
ケーススタディ2の帰結	Aにつき横領罪が成立する。	Aにつき横領罪は成立しない。

⑶　行　為

横領することである。

横領とは，不法領得の意思をもって，自己の占有する他人の物について権限を超えた処分をすることをいう（領得行為説；大判昭8.7.5）。

➡　占有者がその物の処分につき権限を有するときは，その権限の範囲内で権限を濫用し，委託者に不利益な処分をしても，横領罪は成立せず，背任罪の問題となる。

「処分」とは，物の売却，貸与，担保権の設定，費消，着服，搬出，毀棄・隠匿等の行為をいう。　H29-26-エ

判例

・Aは，Bから依頼されて，B所有の土地につき登記記録上の所有権登記名義人になってその土地を預かり保管中，Bから所有権移転登記手続の　H7-25-4

請求の訴えを提起された際に，自己の所有権を主張した場合，Aにつき横領罪が成立する（最判昭35.12.27）。

⑷　不法領得の意思

横領罪が成立するためには，故意のほかに，不法領得の意思を要する。

横領罪の成立要件としての「不法領得の意思」とは，他人の物の占有者が，委託の任務に背いて，その物につき権限がないのに所有者でなければできないような処分をする意思をいう（最判昭24.3.8）。

① 窃盗罪とは異なり，毀棄・隠匿の意思であっても不法領得の意思が認められる。

② 委託の趣旨に反する一時使用(使用横領)も，権利者が許容しない程度・態様のものである場合は，不法領得の意思が認められる。

> **判 例**
> ・会社の秘密資料を退社後新会社で利用するためにコピーを作成する意思で，社外に持ち出した場合，不法領得の意思が認められる（東京地判昭60.2.13）。

③ 後日に返還・弁済する意思で委託物を一時流用した場合でも，不法領得の意思が認められる（大判昭6.12.17）。

> **判 例**
> ・農業会長が，農家からの供出米を，肥料確保用余剰米の収集前に肥料と交換するために発送した場合，保管米の不足を後日収集した余剰米により補填する意思があっても，不法領得の意思が認められる（最判昭24.3.8）。

④ 財物を処分する意思があっても，それが委託者本人のために行われたときは，不法領得の意思を欠き横領罪は成立しない（大判大3.6.27）。

> **判 例**
> ・組合長が，組合自身のためにする意思で，組合の定款に違反し，独断で組合名義で事業を経営し，これに組合資金を支出した場合，その支出がもっぱら本人たる組合自身のためになされたものと認められるときには，組合長は不法領得の意思を欠くものであって，（業務上）横領罪は成立しない（最判昭28.12.25）。

(5)　既遂時期

　横領は不法領得の意思の発現行為であり，不法領得の意思の発現があった時に実行の着手があり，同時に既遂となる（仙台高判昭28.7.25）。

➡　横領の未遂を処罰する規定はない。

　判例

・Aが，Bから借用中の事務機をBに無断でCに売却する契約を締結した場合，未だCに対し引渡しがされていないとしても，横領罪は既遂となる（仙台高判昭28.7.25）。 H20-27-イ S59-27-1

・Aは，自己が所有する土地をBに売却して代金を受取ったが，自己に登記名義があることを奇貨として，同土地をCにも売却した場合（二重売買），Cへの所有権移転登記を完了した時に，横領罪は既遂になる（最判昭30.12.26）。

(6)　不可罰的事後行為

　横領行為の完了後に，横領物について処分行為が行われた場合，それが当初の横領行為によって評価し尽くされている後の処分行為は，不可罰的事後行為であって，別罪は成立しない。

　📖ケーススタディ3

　Aは，B所有の甲土地につき，登記名義を有していたことを利用し，Bの承諾なしに自己の債権者Xのために抵当権を設定し，その後さらに当該土地をCに売却した場合，Cに売却した行為は不可罰的事後行為となるか。 H4-27-イ H元-27-3

　✎　Aは，B所有の甲土地につき登記名義を有していることから，他人の物の占有者であり，抵当権を設定することで横領罪が成立する。その後，さらに甲土地をCに売却した行為についても，別途横領罪が成立する（最判平15.4.23）。

➡　抵当権設定後の売却行為は所有権に対する新たな侵害行為であり，当初の抵当権設定という横領行為によって評価し尽くされていないからである。

(7)　他罪との関係

　預かった財物を横領するため，嘘をついて返還を免れ，これを領得した場合，横領罪が成立し，別途詐欺罪は成立しない（大判明43.2.7）。 H21-26-エ H20-27-オ H5-25-オ S63-27-2 S56-28-2

➡　詐欺罪の要件である財物の占有の移転が，認められないから。

3　業務上横領罪

（業務上横領）
第253条　業務上自己の占有する他人の物を横領した者は，10年以下の懲役に
　処する。
（準用）
第255条　第244条（親族間の犯罪に関する特例）の規定は，この罪について準
　用する。

　業務上横領罪は，業務上他人の物を占有する者を主体とする（単純）横領罪
の加重類型である。

⑴　主　体
　他人の物を業務上占有する者である。

　①　他人の物の占有者という身分と同時に，業務者という身分を必要とする
　　（二重の身分犯）。

　②　「業務」とは，社会生活上の地位に基づいて反復または継続して行われ
　　る事務をいう。
　　　これは必ずしも営業・職業でなくともいいし，業務に付随して占有する
　　場合でもよいが，他人の物を占有保管することを内容とするものであるこ
　　とを要する。
　　> **判例**
　　・公務員を退職した者が，事務引き継ぎを終わるまでの間に，保管して
　　　いた物を横領したときは，業務上横領罪が成立する（大判明44.3.16,
　　　名古屋高判昭28.2.26）。

⑵　客　体
　業務上自己の占有する他人の物である。
　➡　業務者であっても，業務外において占有している物の場合は，本罪の客体とな
　　らない。

⑶　行　為
　横領することである。

判 例

・A社で企業秘密の研究開発に携わったBが，その機密資料をコピーして　H元-28-5
他社に渡そうと企て，A社に無断で社外に持ち出した場合，業務上横領
罪が成立し，その後機密資料を元に戻しておいたとしても，犯罪の成立
に影響を及ぼさない（東京高判昭60.12.4）。

4　遺失物等横領罪

（遺失物等横領）
第254条　遺失物，漂流物その他占有を離れた他人の物を横領した者は，1年
以下の懲役又は10万円以下の罰金若しくは科料に処する。
（準用）
第255条　第244条（親族間の犯罪に関する特例）の規定は，この罪について準
用する。

(1)　**客 体**

遺失物，漂流物，その他占有を離れた他人の物である。　H20-27-ウ
「占有を離れた他人の物」とは，占有者の意思に基づかずにその占有を離　H11-24
れ，まだ何人の占有にも属していない物，または委託によらないで行為者の
占有に帰した物をいう。

判 例

　㋐　客体となる物
　・酩酊者が放置し，置き場所を失念してしまった自転車（東京高判昭　H8-25-エ
　　36.8.8）。　　　　　　　　　　　　　　　　　　　　　　　　　　　H2-24-イ
　・誤って手渡された物，誤配された郵便物（大判大6.10.15）。　　　　　H29-26-ウ
　・養殖業者の網生すから湖に逃げ出した養殖色鯉（最決昭56.2.20）。
　・電車の終着駅到着時の網棚の上の鞄（大判昭5.11.2）。

　㋑　客体とならない物
　・無主物
　・車庫に入った電車内に置き忘れた物
　・下宿の部屋の中で置き場所が分からなくなった本（大判昭5.10.8）
　・地震で避難する際に，一時的に路上に運び出した家具（大判大
　　13.6.10）
　・ゴルフ場の人工池の底にあるロストボール（最決昭62.4.10）

(2) 行　為

横領すること，すなわち不法領得の意思をもって遺失物等を自己の事実上の支配内におくことである。

📖ケーススタディ4

Aは，買物をした際，店員から受け取った釣銭が多いことに帰宅後気がついたが，そのまま返さずに自己の用途に費消した場合，Aにつき遺失物等横領罪が成立するか。

✒️　多く受け取った釣銭は，占有を離れた他人の物といえるので，これを自己の用途に費消することは，不法領得の意思が認められるから，Aにつき遺失物等横領罪が成立する（大判大6.9.17）。

⑦　背任の罪

1　総　説

背任罪は，他人の事務を処理する者が自己もしくは第三者の利益を図り，または本人に損害を加える目的で任務違背の行為を行い，本人に財産上の損害を与えることにより成立する，全体財産に対する罪である。

背任罪の本質は，本人との信任関係に違反して財産上の損害を加えることである（背信説；大判大3.6.20等）。

背任行為は，法的な代理権濫用行為に限らず，本人に対する対内的行為や事実的行為も含む（大判大3.6.20）。

2　背任罪

（背任）

第247条　他人のためにその事務を処理する者が，自己若しくは第三者の利益を図り又は本人に損害を加える目的で，その任務に背く行為をし，本人に財産上の損害を加えたときは，5年以下の懲役又は50万円以下の罰金に処する。

（未遂罪）

第250条　未遂は，罰する。

---

(1) 主　体

他人のためにその事務を処理する者である（真正身分犯）。

① 他人の事務を処理するとは，**他人固有の事務を本人に代わって行うこと**をいう（大判大3.10.12）。すなわち，他人の事務を他人のために処理することを要する。

　➡ 売買，消費貸借等の契約における売主の目的物を引き渡す義務，買主の代金支払義務，借主の返済義務等は，相手方のための事務ではあるが，なお自己の事務でもあるから，その義務違反は単なる債務不履行であって，背任罪にはあたらない。

② 「事務」とは，売買，消費貸借，債務負担行為のような法律行為のみでなく，保管物の棄損，秘密の漏示のような事実行為も含まれる。

③ **行為者と本人との間に，法律上の信任関係があることが必要である。**

(2) 行　為

任務に背く行為（背任行為）をすることである。

「任務に背く行為」とは，本人との間の信任関係を破る行為，すなわち，本人の事務を処理する者として当然行うべき法律上の義務に違反した行為を意味する。

📖ケーススタディ1

Aが，自己所有の土地に対してBのために抵当権を設定したが，その旨の登記をしないうちに，Cのために同土地に抵当権を設定してその旨の登記をした場合（二重抵当），Aにつき背任罪が成立するか。 `H7-25-1`

🖋 Aにつき，Bに対する背任罪が成立する（最判昭31.12.7）。

　➡ 先に抵当権の設定を受けた者に対して，抵当権保全のために登記に協力する義務が認められる者が，自己の利益を図り，または，先に抵当権の設定を受けた者を害する目的で，後に抵当権設定を受けた者に対して登記を完了するという任務違背行為をし，本人に抵当権の順位が劣後するという財産上の損害を与えることになるから。

判例

・Aは，県知事の許可を条件として農地をBに売り渡したが，Aが県知事の許可の前にその農地にCのため抵当権を設定し，その旨の登記をした場合，Bに対する背任罪が成立する（最判昭38.7.9）。

・会社の代表取締役が，個人の債務を弁済するため，会社名義の約束手形を振り出し，債権者に交付した場合，背任罪が成立する（最判昭40.5.27）。 `S59-27-3`

・村長が，自己の保管する公金を，村の計算において正規の手続きによらないで，村の名義で不当に貸し付けた場合，背任罪が成立する（大判昭9.7.19）。

・株券に質権を設定したのに，融資金の返済までに株券を失効させ，質権者に損害を与えた場合，設定者は質権の担保価値を保全すべき任務を負うので，背任罪が成立する（最判平15.3.18）。

(3) 主観的要件

故意のほか，自己もしくは第三者の利益を図る目的（図利目的），または本人に損害を加える目的（加害目的）があることを要する。

① 「第三者」とは，自己と本人以外の者をいい，共犯者もこれに含まれる（大判明45.6.17）。

② 「図利目的」には，不良貸付において貸付先の利益を図る目的，違法配当において株主の利益を図る目的（第三者図利目的），不良貸付においてリベートをもらう目的，粉飾決算により役員賞与を得る目的などがある。

③ 「加害の目的」とは，不良貸付，保管物の棄損，秘密の漏示等によって本人に損害を加える目的をいう。

④ 本人の利益を図る目的と自己・第三者の利益を図る目的とが併存している場合には，その主従関係で判断され，行為の主目的が自己・第三者の利益を図る点にあれば，従として本人の利益を図る目的があっても，背任罪を構成する（最判平10.11.25）。

　判例

・銀行取締役が，主として株主に配当利益を与える目的で，いわゆる蛸配当をしたときは，背任罪を構成し，従として銀行の信用を維持するためであっても，背任罪の成立に影響しない（大判昭7.9.12，最判昭29.11.5）。

(4) 財産上の損害

背任行為の結果，本人に財産上の損害が発生することを要する（結果犯）。

「財産上の損害」とは，被害者本人の財産状態全体に対し侵害が加えられ，経済的見地から本人の財産の価値が減少するか，または増加すべかりし価値が増加しなかったことをいう（最決昭58.5.24）。

判 例

・銀行が手形決済能力のない会社が振り出した約束手形の手形保証をした
が，保証と引き換えに，額面金額と同額の資金が銀行の会社名義の口座
に入金され，会社の当座貸越債務の弁済にあてられていた場合，当該入
金が一時的に貸越残高を減少させ，会社に債務弁済能力があることを示
す外観を作り出して，銀行から会社へさらに融資を行わせることなどを
目的として行われたときには，背任罪が成立する（最判平8.2.6）。

➡　入金により当該手形の保証に見合う経済的利益が同銀行に確定的に帰属
したものということはできず，財産上の損害を認めることができるから。

(5)　既遂時期

本人に財産上の損害を生じさせた時である（大判昭9.4.21）。

財産上の損害が発生しなかった場合は，未遂罪となる（大判昭7.10.31）。

背任行為と財産上の損害との間には因果関係が存在することが必要である
（最判昭28.2.13）。

(6)　背任罪と横領罪の関係

①　背任罪（背信説）と横領罪（領得行為説）をともに信任関係の違背と解
すると，両者の区別が問題となる。

他人のためにその事務を処理する者が，自己の占有する他人の物を不正
に処分した場合，横領罪または背任罪のどちらが成立するかが問題となる。

⑦　自己の利益を図って，自己の名義かつ自己の計算で処分したときは，
横領罪が成立する。

①　第三者の利益を図って，自己の名義または本人の名義かつ自己の計算
で処分が行われたときは横領罪が成立する。

⑦　自己または第三者の利益を図って，本人の名義かつ本人の計算で処分
が行われたときは背任罪が成立する。

➡　処分が本人の名義でかつ本人の計算で行われていれば，その経済的効果
は本人に帰属するから領得行為とは認められないため，横領罪ではなく背
任罪の問題となるのに対し，自己の名義または本人名義でかつ自己の計算
で行われる場合には，いったん自己に領得した物を第三者に交付したと解
されるため，横領罪の問題となる（最判昭34.2.13）。

② 横領罪と背任罪は，特別法と一般法の関係に立つから，横領罪が成立するときは，法条競合により背任罪は成立しない（大判明45.6.17）。

(7) 背任罪と詐欺罪の関係

背任行為が本人を欺くことを手段として行われた場合，任務違背は詐欺罪に含まれるので，詐欺罪のみが成立する（最判昭28.5.8）。

> 判例
> ・保険会社の勧誘員Aが，被保険者を健康体であると欺いて，会社にAを受取人とする保険契約を締結させ保険証券を交付させた場合，背任罪は成立しない（大判昭7.6.29）。
> ➡ 詐欺罪が成立する。

8　盗品等に関する罪

1　総　説

(1) 本　質

被害者の目的物に対する追求権である（大判大11.7.12；追求権説）。

> 判例

H3-24-オ
> ・被害者に返還する目的で，盗品であることを知りながら買い取った場合は，被害者の追求権は侵害されていないから，盗品等有償譲受罪は成立しない（福岡高判昭25.11.14）。

(2) 主　体

本犯の正犯者以外の者である。本犯の教唆者・幇助者も主体となりうる（最判昭24.7.30）。

> 判例

R3-26-ア
H3-24-イ
> ・Aは，Bから宝石を預かっていたCと共謀して宝石を処分することにし，A自身がその宝石を買い取った場合，Aに盗品等有償譲受罪は成立しない（最判昭24.10.1）。
> ➡ Aは，横領罪の正犯（本犯者）であるから，盗品等有償譲受罪の主体とはなり得ない。

(3) 客　体

H19-27-イ
盗品その他財産に対する罪に当たる行為によって領得された財物であって，被害者が法律上または事実上追求権を行使することができるものである（大判大12.4.14）。

判例

・領得行為が詐欺として取り消すことができる法律行為にとどまる場合で
も，詐欺による意思表示の取消し前か否かにかかわらず，当該財産は，
本犯の客体たる盗品等にあたる（大判大12.4.14）。

➡　民法上取り消すことができる法律行為は，取消しの意思表示がされるま
で有効に成立し，取消しの意思表示により遡及的に無効となるため（民§
121本文），被害者は，取消しの意思表示をするまでは民法上の返還請求権
を有しないが，刑法は，民法とは異なり取り消すことができる場合をも含
む趣旨で保護しているからである。

① 財産罪によって取得された財物自体であることを要する。

➡　財産罪以外の犯罪行為によって取得された財物は，本罪の客体にならない。

具体例 ⇒客体とならない物

・賭博によって得た金 [S57-27-1]
・賄賂として収受した金 [S57-27-2]
・偽証の謝礼として受け取った金 [S57-27-4]
・密輸によって取得した品物 [H3-24-ウ]

② 領得された財物は，被害者が法律上追求しうるものであることを要する。

㋐ 民法192条（即時取得）によって第三者が所有権を取得したときは， [H19-27-ア]
本罪の客体でなくなる（大判大6.5.23）。

➡　ただし，盗品または遺失物については，即時取得の要件が具備されても，
所有者は盗難または遺失の時から２年間は占有者に対しその物の回復を請
求することができる（民§193）から，その間は本罪の客体となる（大判大
15.5.28，最決昭34.2.9）。

㋑ 盗品等が同一性を失った場合には，本罪の客体とならない。

➡　民法246条の加工により同一性が失われ，加工者が所有権を取得した場合
は，本罪の客体でなくなるが，取得した物の原形を変えただけで，加工を
加えたものではないときは，本罪の客体となりうる（最判昭24.10.20）。

具体例

客体となる物	客体とならないもの
・騙取した小切手を呈示して現金化した現金（大判大11.2.28） 　➡　小切手は取引上，現金と同視できるから。 ・盗品である通貨を両替して得た他の通貨（大判大2.3.25）	・盗んだ金で買った時計 ・盗んだ物を売って得た代金 ・横領されたカメラについて即時取得が成立した後における当該カメラ（大判大6.5.23）

H19-27-ウ
H19-27-オ
S57-27-5

⑷　行　為

① 本犯の犯罪行為は，構成要件に該当する違法なものであれば足り，有責なものであることを要しない（大判大3.12.7）。

S57-27-3

また，本犯者が親族間の犯罪による特例によって刑が免除された場合(大判大5.7.13)，公訴時効が完成したため処罰できない場合であってもよい(大判明44.3.9)。

判例

H3-24-ア

・Aは，Bが父から盗んできた物を，情を知って質受けした場合，Aには盗品等保管罪が成立する（最判昭25.12.12）。

② 本犯たる犯罪行為は既遂に達していることを要する（最決昭35.12.13）。

判例

H3-24-エ

・Aは，友人BからCの財物を盗むつもりであることを打ち明けられたので，盗んだ財物の買い取りを約束した場合，Aには盗品等有償譲受け罪は成立しない（大判昭9.10.20）。
　➡　窃盗罪の幇助犯が成立する。

2　盗品譲受け等罪

（盗品譲受け等）

第256条　盗品その他財産に対する罪に当たる行為によって領得された物を無償で譲り受けた者は，3年以下の懲役に処する。

2　前項に規定する物を運搬し，保管し，若しくは有償で譲り受け，又はその有償の処分のあっせんをした者は，10年以下の懲役及び50万円以下の罰金に処する。

⑴　行　為

①　盗品等無償譲受け罪

　　無償で盗品等の所有権を取得することである。

具体例

　・贈与を受ける場合

　・盗んだ金銭を無利子で借りる場合

②　盗品等有償譲受け罪

　　有償で盗品等の所有権を取得することである（大判大12.4.14）。

　　単に有償契約が成立しただけでは足りず，現実に盗品等の授受が行われ

たことが必要である（大判大12.1.25，最判昭24.7.9）。

具体例

　・盗品を買い受ける（転売を含む）場合

　・交換により盗品を取得する場合（大判昭16.4.16）

　・代物弁済により盗品を取得する場合

　・盗んだ金銭を利息付きで借りる場合

③　盗品等運搬罪

　　盗品等の所在を移転させることである。有償・無償を問わない。

判例

　・被害者のためでなく，本犯者の利益のために領得を継続して，盗品等
　　を被害者宅に運搬する場合，盗品等運搬罪が成立する（最判昭
　　27.7.10）。

④　盗品等保管罪

　　委託を受けて盗品等を保存し管理することである。有償・無償を問わな

い。

具体例

　・寄託を受ける場合

　・盗品を質受けする場合

　・盗んだ車を借りる（賃貸借，使用貸借を問わない）場合

⑤　盗品等有償処分あっせん罪

　　盗品等の法律上の有償処分行為を媒介・周旋することである（大判大

3.1.21）。

　　媒介・周旋自体は有償・無償を問わない（最判昭25.8.9）。

本犯者からの委託を受けたか否かは問わない。

R3-26-イ
H19-27-エ
窃盗等の被害者を処分の相手方とする場合にも成立する（最判平14.7.1）。

(2)　故　意

客体が盗品等，本罪の客体にあたることの認識が必要であるが，その認識は未必的なもので足りる（最判昭23.3.16）。

この認識は，本罪の実行行為のときに存在することを要する。

①　無償の譲受け，有償の譲受けの場合

財物の贈与を受けまたは買い取った後，その財物が本罪の客体にあたることを知っても，譲受け罪は即成犯であるから，本罪は成立しない（大判明39.9.27）。

➡　財物の贈与または売買契約を締結した後，その財物が本罪の客体にあたることを知って受領した場合，本罪が成立する。

②　運搬，保管の場合

R3-26-オ
S56-28-5
財物の運搬または保管を頼まれて預かった後，その財物が本罪の客体にあたることを知ったにもかかわらず，運搬または保管を継続した場合，盗品等運搬罪または保管罪が成立する（最決昭50.6.12）。

➡　運搬・保管罪は継続犯だから。

(3)　既遂時期

①　無償譲受けの場合

盗品等を現実に取得した時である。契約をしただけでは足りない。

②　有償譲受けの場合

盗品等を現実に取得した時である。契約しただけでは足りない（最判昭24.7.9）。

③　運搬の場合

盗品等の所在を被害者の追求に支障をきたす程度に移転させた時である。運搬契約をしただけでは足りない。

④　保管の場合

盗品等の保管を開始した時である。保管契約をしただけでは足りない（京都地判昭45.3.12）。

⑤　有償処分あっせんの場合

　　盗品等の有償処分行為を媒介・周旋した時である。その後に，媒介・周旋にかかる契約が成立したことを要しない（最判昭23.11.9）。

3　親族等の間の犯罪に関する特例

（親族等の間の犯罪に関する特例）
第257条　配偶者との間又は直系血族，同居の親族若しくはこれらの者の配偶者との間で前条の罪を犯した者は，その刑を免除する。
2　前項の規定は，親族でない共犯については，適用しない。

趣旨

本条は，本犯者から本条所定の親族関係にある者が盗品等を収受等することは，本犯者を匿うためによく行われることで，強く非難しにくいところから，一応犯罪は成立するが，刑を免除することにしたものである。

刑が免除される理由については，人的処罰阻却事由と解されている。

(1)　所定の親族間と本条の適用

①　配偶者との間または直系血族，同居の親族もしくはこれらの者の配偶者との間で，盗品譲受け等罪を犯した者については，刑が免除される。

②　親族でない共犯者間で盗品譲受け等罪を犯した者については，刑は免除されない。

(2)　親族である身分関係の存在の意味

＜論点＞

　　親族関係は，本犯者と盗品等に関する罪の犯人との間に存すれば足りるか，または本犯の被害者との間に存することを要するかが問題となる。

ケーススタディ

　A は，同居している弟Bが友人Cから窃取したゲームソフトを，正規の定価の半額の値段で買い受けた場合，Aにつき盗品等有償譲受け罪の刑が免除されるか。

　親族関係は，本犯者Bと盗品等に関する罪の犯人Aとの間に存していれば足り，本犯の被害者Cとの間に存することを要しないから，盗品等有償譲受け罪の刑が免除される（最判昭38.11.8）。　`R5-26-4` `R3-26-ウ`

➡　本犯の被害者と盗品等罪の犯人とに親族関係がある場合は，本条の趣旨は認められず，また，本犯の被害者と盗品等罪の犯人とに親族関係があることは少なく，これを類型化した規定とみることはできないから。

9　毀棄および隠匿に関する罪

1　公用文書等毀棄罪

（公用文書等毀棄）
第258条　公務所の用に供する文書又は電磁的記録を毀棄した者は，3月以上7年以下の懲役に処する。

(1)　客　体

公務所の用に供する文書または公務所の用に供する電磁的記録である。

①　公務所の用に供する文書であることを要する。

現に公務所で使用中の文書，および公務所において使用の目的で保管する文書である。

公文書であると私文書であるとを問わない（大判明44.8.15）。

文書の所有者が誰であるかも問わない。

具体例
　・偽造文書（大判大9.12.17）。
　・違法な手続きによって作成された文書（最判昭57.6.24）。
　・未完成文書（最決昭33.9.5）。

②　公務所の用に供する電磁的記録であることを要する。

電子的方式，磁気的方式その他，人の知覚によっては認識することのできない方式で作られる記録であって，電子計算機による情報処理の用に供されるものである（刑§7の2）。

公電磁的記録であると私電磁的記録であるとを問わない。

具体例
　・自動車登録ファイル
　・住民登録ファイル
　・不動産登録ファイル

(2) **行 為**

毀棄することである。

「毀棄」とは，文書または電磁的記録の本来の効用を棄損する一切の行為をいう。

破り捨てる，丸めて床に投げ捨てる，署名捺印を抹消する，印紙を剥離する，隠匿して使用を妨げる，などである。さらに文書を持ち出して隠匿して，一時その利用を不能にする行為を含む（大判昭9.12.22）。

> 判例
> ・公務所においてその用に供する目的で保管されている私文書をどこかに隠匿した場合，公用文書等毀棄罪が成立する（最決昭28.7.24）。
> ・私文書であるが公務所で使用する目的で保管するものを破り捨てた場合，公用文書等毀棄罪が成立する（大判明44.8.15）。 `S61-26-3`
> ・市役所の課税台帳を閲覧中，その中の1枚を抜き取り，室内のくずかごに丸めて投げ捨てた場合，公用文書等毀棄罪が成立する（最決昭 `S63-28-1` 32.1.29）。

2　私用文書等毀棄罪

（私用文書等毀棄）
第259条　権利又は義務に関する他人の文書又は電磁的記録を毀棄した者は，5年以下の懲役に処する。
（親告罪）
第264条　第259条の罪は，告訴がなければ公訴を提起することができない。

---

(1) **客 体**

権利または義務に関する他人の文書または電磁的記録である。

① 「権利または義務に関する文書」とは，権利・義務の存否，得喪，変更などを証明するための文書をいう。

➡ 事実証明に関する文書は本罪の客体ではなく，器物損壊罪の客体となる。

② 「他人の文書」とは，他人の所有する文書という意味である。名義が誰のものかは問わず，自己名義の文書であっても他人の所有に属するときは本罪の客体になる。また，公文書をも含む。

ただし，自己の物でも，差押えを受け，物権を負担し，賃貸し，または配偶者居住権が設定されたものは，本罪の客体となる（刑§262）。

③　「他人」とは，行為者以外の私人を意味する。

判例

・会社に保管中のＡの履歴書をＢが破り捨てた場合，私用文書等毀棄罪は成立しない（最決平11.12.20）。

➡　履歴書は事実証明に関する文書だから。

・友人方を訪れた際，同人に差し入れた自己名義の借用証書をほしいままに破り捨てた場合，私用文書等毀棄罪が成立する（大判大10.9.24）。

(2)　行　為

毀棄することである。

「毀棄」とは，文書または電磁的記録の本来の効用を棄損する一切の行為をいう。

必ずしも，文書を有形的に棄損する場合に限らず，隠匿その他の方法によってそれを利用することができない状態におくことでも足り，その利用を妨げた期間は一時的でも永続的でもよく，また犯人が後日返還する意思を有していたかどうかを問わない（最判昭44.5.1）。

3　建造物等損壊および同致死傷罪

（建造物等損壊及び同致死傷）

第260条　他人の建造物又は艦船を損壊した者は，５年以下の懲役に処する。

よって人を死傷させた者は，傷害の罪と比較して，重い刑により処断する。

(1)　客　体

①　他人の建造物または艦船である。

「建造物」とは，家屋その他これに類似する建築物であって，屋蓋を有し，障壁または柱材によって支持され，土地に定着し，少なくともその内部に人の出入りすることのできるものをいう。

器物が建造物の一部を構成するためには，それを毀損しなければ取り外すことができない状態にあることが必要である。

S63-28-4

➡　他人の家の垣根は建造物等損壊罪の客体とならない。

➡　屋根瓦，天井板，敷居・鴨居は建造物の一部であるが，毀損しないで取り外すことができる雨戸（大判大8.5.13），板戸，ガラス，障子は建造物の一部ではなく，器物損壊等罪の客体となる。

② 他人の所有に属するものに限る。

「他人の建造物」というためには，他人の所有権が，将来民事訴訟等において否定される可能性がないということまでは要しない（最決昭61.7.18）。

ただし，自己の物でも，差押えを受け，物権を負担し，賃貸し，または配偶者居住権が設定されたものは本罪の客体となる（刑§262）。

(2) 行　為

① 建造物等損壊等罪

損壊することである。

「損壊」とは，物理的に建造物の形態を変更または滅失させる場合や，事実上その用法に従い，使用することのできない状態に至らせた場合をいう（大判昭5.11.27）。

> **判例**
> ・抵当権が設定された家屋の所有者が，その家屋の壁や窓ガラスの前面 ‖元 20 1 に多数の新聞紙を強固に糊付けした場合，建造物等損壊罪が成立する（最判昭41.6.10）。

② 建造物等損壊致死傷罪

他人の建造物または艦船を損壊し，よって人を死傷に致した場合に成立する結果的加重犯である。

4　器物損壊等罪

（器物損壊等）
第261条　前三条（公用文書等毀棄，私用文書等毀棄，建造物等損壊）に規定するもののほか，他人の物を損壊し，又は傷害した者は，3年以下の懲役又は30万円以下の罰金若しくは科料に処する。
（親告罪）
第264条　第261条の罪は，告訴がなければ公訴を提起することができない。

(1) 客　体

公用文書等毀棄罪，私用文書等毀棄罪，建造物等損壊罪以外の他人の物である。

財産権の目的となる物なら，動産のほか，不動産，動物も含む。

　（自己の物の損壊等）

第262条　自己の物であっても，差押えを受け，物権を負担し，賃貸し，又は配偶者居住権が設定されたものを損壊し，又は傷害したときは，前三条（私用文書等毀棄，建造物等損壊，器物損壊等）の例による。

　違法に設置された物も，本罪の客体となる（最判昭25.3.17）。

(2) 行　為

損壊または傷害することである。

① 損壊することとは，物質的に物の形状を変更し，あるいは滅失させる行為のほか，事実上または感情上その物を本来の効用に従って使用できなくする行為も含む（大判明42.4.16）。

> **判例**
> ・家を建てるために地ならしをした土地を勝手に耕し，畑にして作物を植え付けた場合，器物損壊等罪が成立する（大判昭4.10.14）。
> ・公選法違反のポスターにシールを貼った場合，器物損壊等罪が成立する（最判昭55.2.29）。
> ・他人の飲食器に放尿した場合，器物損壊等罪が成立する（大判明42.4.16）。

② 傷害することとは，動物を殺傷することである。

➡ 財産権の目的として動物が有していた効用を失わせる場合も含む。

> **判例**
> ・他人の飼育していた小鳥をわざと逃がした場合，器物損壊等罪が成立する。
> ・養魚池の水門を開けて，幼魚を放流させた場合，器物損壊等罪が成立する（大判明44.2.27）。

5 境界損壊罪

（境界損壊）

第262条の2　境界標を損壊し，移動し，若しくは除去し，又はその他の方法により，土地の境界を認識することができないようにした者は，5年以下の懲役又は50万円以下の罰金に処する。

(1) **客　体**

土地の境界標である。

所有権以外の権利に関する境界や，県境などの公法上の境界も含む。

土地の境界は，現に存在すれば足り，法律上正当なものであることを要しない（東京高判昭41.7.19）。

自己が所有する境界標も含む。

➡ 境界損壊罪について，行為の客体が行為者の所有に係るものでも，それが差押えを受けたものである場合などには，他人の所有に係るものである場合と同様に扱われる旨の規定はない。

S63-28-5

H10-26-5

(2) **行　為**

境界標を損壊し，移動し，もしくは除去し，その他の方法により土地の境界を認識できなくすることである。

➡ 境界標を損壊したが，まだ境界が認識できる場合は含まれない（最判昭43.6.28）。

具体例

・高低のある隣地との境を平らにした場合，境界損壊罪が成立する。

6　信書隠匿罪

（信書隠匿）
第263条　他人の信書を隠匿した者は，6月以下の懲役若しくは禁錮又は10万円以下の罰金若しくは科料に処する。
（親告罪）
第264条　第263条の罪は，告訴がなければ公訴を提起することができない。

(1) **客　体**

他人の信書である。

「信書」とは，特定人から特定人に宛てて意思を伝達する文書をいう。

封緘の有無を問わないから，葉書も含む（大判明40.9.26）。

他人の所有に属するものであることを要する。

(2) **行　為**

隠匿することである。

「隠匿」とは，信書の発見を妨げる行為をいう。

第２章
社会的法益に対する罪

第1節　公共の平穏に対する罪

Topics・ここでは，放火および失火の罪について学習する。
　　　　・その他，騒乱の罪，出水および水利に関する罪，往来を妨害する罪があるが，試験に出題されたことはない。

❶　騒乱の罪

　騒乱の罪は，多衆で集合して，暴行または脅迫することによって公共の平穏を害する罪である。騒乱罪（刑§106）と多衆不解散罪（刑§107）がある。

❷　放火および失火の罪

1　総　説
　放火および失火の罪は，火力によって，建造物その他の物件を焼損する犯罪であり，公共危険犯である。

(1)　保護法益
　第１次的には公共の安全であり，第２次的には財産権である。

(2)　放火罪の性格
　放火および失火の罪は，原則として抽象的危険犯であるが，自己所有の非現住建造物等放火罪（刑§109Ⅱ），建造物等以外放火罪（刑§110Ⅰ），自己所有の建造物等以外放火罪（刑§110Ⅱ）は，具体的危険犯である。
➡　危険犯とは，単に法益侵害の発生の危険があれば足りる犯罪であり，抽象的危険犯と具体的危険犯がある。
　　抽象的危険犯とは，単に法益侵害の危険性があれば足り，危険の発生が構成要件要素となっていない犯罪であり，具体的危険犯とは，法益侵害の具体的危険の発生が要求され，危険の発生が構成要件要素となっている犯罪である。

(3) 放火罪の分類

	罪 名	客 体	具体的公共の危険の発生	未遂予備
抽象的危険犯	現住建造物等放火罪（刑§108）	現に人が住居に使用しまたは現に人がいる建造物・汽車・電車・艦船・鉱坑	不 要	可 罰
	非現住建造物等放火罪（刑§109 I）	現に人が住居に使用せず，かつ現に人がいない建造物・艦船・鉱坑		
具体的危険犯	自己所有の非現住建造物等放火罪（刑§109 II）	現に人が住居に使用せず，かつ現に人がいない建造物・艦船・鉱坑で，かつ自己所有物であるとき＊	必 要	不可罰
	建造物等以外放火罪（刑§110 I）	刑法108，109条以外の物		
	自己所有の建造物等以外放火罪（§110 II）	刑法108，109条以外の物で，かつ自己所有物であるとき＊		

＊　差押え等に係る自己の物に関する特例（刑§115）が適用される場合は，刑法109条または110条の２項ではなく１項の問題となる。

(4) 行　為

故意または過失によって，不正に火力を使用し物件を焼損することである。

① 故意による放火

「放火して」現住建造物等放火，非現住建造物等放火，建造物等以外放火，自己所有の建造物等以外放火（刑§108〜110）を行った場合である。

② 過失による放火（失火）

「過失により」現住建造物等放火罪に規定する物，または他人の所有に係る非現住建造物等放火罪に規定する物を焼損した場合（刑§116）である。

③ 作為のほか，不作為の場合も認められる。

不作為による放火が成立するためには，法律上の消火義務を負う者が，

S59-25-3

容易に消し止めうる状況にあったのに，ことさら消火の手段を怠った場合，すなわち作為義務に違反する不作為が，作為によって放火した場合と同視できることが必要である。

判 例

- ・格闘中に養父の投げた木片の火が藁に燃え移るのを見ながら，罪跡を隠すため放置した場合，放火罪が成立する（大判大7.12.18）。
- ・神棚に点火したローソクが神符の方に傾いているのを認め，放置すれば火が神符に燃え移り，その結果家が焼損するのを確認しながら，保険金を得られると思い，そのまま外出した場合，放火罪が成立する（大判昭13.3.11）。
- ・残業中，おこした炭火が木机に燃え移るのを発見しながら，失策の発覚を恐れて逃走した場合，放火罪が成立する（最判昭33.9.9）。

(5) **着手時期**

焼損が発生する現実的危険性のある行為を開始した時である。

たとえば，媒介物に点火した時点で，実行の着手が認められる（大判大3.10.2）。

(6) **既遂時期**

客体を焼損した時である。

＜論点＞

放火罪が既遂に達するためには，目的物を焼損することが必要であるが，「焼損」の意味については見解が分かれている。

	独立燃焼説 （最判昭23.11.2，最決平元.7.7）	効用喪失説
意義	火が放火の媒介物を離れ目的物に燃え移り，独立して燃焼する状態に達した時に「焼損」となる。	火力により目的物の重要な部分を失い，その本来の効用を喪失した時点をもって「焼損」となる。
根拠	放火罪の公共危険罪としての性格を重視し，独立燃焼によって既に公共の危険が認められるから。	火力による目的物の効用の毀損という放火罪の財産犯的性格を焼損の意義に反映させるべきだから。

・放火により火が媒介物を離れて目的物が独立して燃焼を継続する状態
に達すれば，目的物の主要部分が焼損されなくても，またはその効用
が喪失するに至らなくても，放火罪は既遂に達する（大判大7.3.15）。 H31-25-ア S62-28-5

2　現住建造物等放火罪

（現住建造物等放火）
第108条　放火して，現に人が住居に使用し又は現に人がいる建造物，汽車，
電車，艦船又は鉱坑を焼損した者は，死刑又は無期若しくは5年以上の懲役
に処する。
（未遂罪）
第112条　未遂は，罰する。

⑴　客　体

現に人が住居に使用し，または現に人がいる建造物，汽車，電車，艦船ま
たは鉱坑である。

①　「現に人が住居に使用する」の意義
犯人以外の者の起臥寝食する場所として日常使用に供されていることを H31-25-エ
いい，昼夜常に人が生活していなくてもよい（大判大2.12.24）。
「人」には，犯人の家族も含む（最判昭32.6.21）。

ケーススタディ1

Aが，Bおよびその家族全員が旅行に出た後，B宅に火をつけて燃やした
場合，Aにつき現住建造物等放火罪が成立するか。 H9-26-5 S58-27-1

✎　B宅は起臥寝食する場所として，日常使用されており，たまたま留守であ
っても，現に人が住居に使用する建造物に当たるので，Aにつき現住建造物
等放火罪が成立する。

・競売手続の妨害目的で従業員らを交替で泊まり込ませていた家屋は，
放火前に従業員らを旅行に連れ出していても，現住建造物にあたる（最
判平9.10.21）。
➡　従業員らが旅行から帰れば再び同家屋での宿泊が継続されるものと認

　　　　識しているとみることができるから。

　②　「現に人がいる建造物」の意義

　　　犯人以外の者が放火の際に建造物等の内部に所在することである。

　　　「建造物」とは，家屋その他これに類する建築物をいう（建造物等損壊
　　罪における建造物と同義）。

　　　判　例

　　・取り外しが自由な雨戸，板戸，畳，建具などは，建造物の一部ではな
　　　い（最判昭25.12.14）。
　　・１棟の建物の場合，現住建造物等放火罪の成否は，専有部分ごとに判
　　　断するのではなく，１棟の建物全体で判断する。建造物の一部が犯人
　　　以外の者の起臥寝食する場所として日常使用に供されているならば，
　　　全体が現住建造物となる（大判大2.12.24）。
　　・居住者が常時利用しているマンション内に設置されたエレベーター
　　　は，各居住空間部分とともに，それぞれ一体として現住建造物である
　　　マンションを構成しているため，現住建造物にあたる（最決平元.
　　　7.7）。
　　・複数の木造建物が多量の木材よりなる回廊・歩廊で接続され，一部に
　　　放火すると社務所等に延焼の可能性がある平安神宮は，参拝客が訪れ，
　　　また夜間，社務所等に人が執務・宿直し，定期的に巡回が行われてお
　　　り，この事情に照らすなら，平安神宮はその一部に放火されると全体
　　　に危険が及ぶ一体の構造をなすもので，またその全体が一体として日
　　　常人の起居に利用されているから，物理的に見ても機能的に見ても，
　　　その全体が一個の現住建造物にあたる（最決平元.7.14）。

(2)　**行　為**

　　放火して現住建造物等を焼損することである。

　　現住建造物等を焼損すれば足り，具体的公共の危険を発生させたか否かを
　問わない（抽象的危険犯）。

(3)　**未　遂**

　　他人の住宅に延焼させるつもりで，それに隣接する物置小屋に放火したと
　ころ，豪雨のため物置小屋だけを焼損した場合，現住建造物等放火未遂罪が
　成立する。

⑷　**罪　数**

> 判例

- ・1個の放火行為によって，数個の目的物を焼損しても公共の安全に対す `H24-26-ア`
  る危険が包括的に1個と評価される限り一罪が成立する（大判大2.3.7）。
  - ➡　例えば，現住建造物と非現住建造物を1個の放火行為で焼損すれば，現 `H31-25-オ`
    住建造物等放火罪の一罪が成立する（大判明42.11.19）。
- ・現住建造物を焼損する目的で，非現住建造物に放火し，非現住建造物を `H24-26-オ`
  焼損したにすぎない場合，現住建造物等放火の未遂罪が成立する（大判 `H9-26-2`
  大15.9.28参照）。 `H5-25-ウ`
  `S58-27-3`

3　非現住建造物等放火罪

> （非現住建造物等放火）
> **第109条**　放火して，現に人が住居に使用せず，かつ，現に人がいない建造物，
> 　艦船又は鉱坑を焼損した者は，2年以上の有期懲役に処する。
> **2**　前項の物が自己の所有に係るときは，6月以上7年以下の懲役に処する。
> 　ただし，公共の危険を生じなかったときは，罰しない。
> （未遂罪）
> **第112条**　未遂は，罰する。

⑴　**総　説**

①　非現住建造物等放火罪（刑§109Ⅰ）は抽象的危険犯である。 `H24-26-エ`

② 　自己所有の非現住建造物等放火罪（同Ⅱ）は具体的危険犯である。
- ➡　公共の危険を生じた場合に限り成立するから。
  「公共の危険」とは，必ずしも刑法108条・109条1項に規定する建造物 `H31-25-ウ`
  等に対する延焼の危険のみに限られるものではなく，不特定または多数人
  の生命・身体または建造物等以外の財産に対する危険も含まれる（最判平
  15.4.14参照）。
  > 判例
  - ・人家から300メートル以上離れ，周辺の雑木が切り払われた山腹で，
    前夜から小雨が降る中，延焼しないよう監視しながら，炭焼き小屋を
    焼損した場合，公共の危険が発生したとはいえない（広島高岡山支判
    昭30.11.15）。

⑵　**客　体**

①　非現住建造物等放火罪（刑§109Ⅰ）

㋐　客体は，現に人が住居に使用せず，かつ現に人がいない建造物，艦船または鉱坑である。

「人」とは，犯人以外の者を意味する。

📖**ケーススタディ2**

H9-26-1

Aは，1人で住んでいるBを殺害した後，B宅に火をつけて燃やした場合，Aにつき現住建造物等放火罪が成立するか。

✎　被害者を殺害した後の住居は，現に人が居住せず，かつ現に人がいない建造物に当たるので，Aにつき非現住建造物等放火罪が成立する（大判大6.4.13）。

H24-26-エ
H10-26-1
H9-26-4
S62-28-2

㋑　客体が自己所有にかかる場合でないことを要する。

非現住建造物等が自己の所有に係るものであっても，差押えを受け，物権を負担し，賃貸し，配偶者居住権が設定され，または保険に付したものである場合において，これを焼損したときは，他人の物を焼損した者の例による（刑§115）。

➡　自己の所有にかかる場合でも，刑法115条の特例にあたるときは，他人の物と同様に取り扱われ，本条項が適用される。

判 例

・犯人が自分1人で居住している他人所有の家屋も，本条が適用される（大判昭7.5.5）。

②　自己所有の非現住建造物等放火罪（刑§109Ⅱ）

客体は，現に人の住居に使用せず，かつ人の現住しない建造物・艦船・鉱坑で，かつ自己の所有に係るものである。

「自己の所有に係る」とは，犯人自身がその所有権を有することをいい，共犯者が所有権を有する場合を含む。

具体例

・客体の所有者が放火を承諾した場合。

S58-27-2

・1人暮らしの友人と共謀の上，その友人の所有する家に放火して焼損した場合。

(3) **行　為**

　火を放って非現住建造物等を焼損することである。

(4) **故　意**

　非現住建造物等放火罪（刑§109Ⅰ）は，公共の危険を発生させることの認識は不要である（大判昭10.6.6）。

　自己所有の非現住建造物等放火罪（刑§109Ⅱ）は，公共の危険を発生させることの認識が必要である（名古屋高判昭39.4.27）。

(5) **既遂時期**

　① 刑法109条1項は，客体を焼損した時である。

　② 刑法109条2項は，客体を焼損して，具体的に公共の危険を発生させた時である。

4　建造物等以外放火罪

（建造物等以外放火）

第110条　放火して，前二条（現住建造物等放火，非現住建造物等放火）に規定する物以外の物を焼損し，よって公共の危険を生じさせた者は，1年以上10年以下の懲役に処する。

2　前項の物が自己の所有に係るときは，1年以下の懲役又は10万円以下の罰金に処する。

(1) **客　体**

　現住建造物等放火罪および非現住建造物等放火罪に規定する物以外の物である。

　① 刑法110条1項の客体は自己所有に係る場合でないことを要する。

　ただし，その物が自己の所有に係るものであっても，差押えを受け，物権を負担し，賃貸し，配偶者居住権が設定され，または保険に付したものである場合において，焼損したときは，他人の物を焼損した者の例による（刑§115）。

　② 刑法110条2項の客体は，自己所有に係る場合であることを要する。

　「自己の所有に係る」の意味は，刑法109条と同じである。

S58-27-4

具体例

・自動車，飛行機は，現に人がいないものと現に人がいるものとの両方を含む。

(2) 行　為

火を放って建造物等以外を焼損することである。

① 本罪が成立するためには，他人所有物の場合でも，自己所有物の場合でも，公共の危険の発生が必要である（具体的危険犯）。

➡ 公共の危険が発生しなかった場合，本罪は成立しないが，毀棄の罪は成立し得る。

H31-25-ウ ② 「公共の危険」とは，必ずしも108条，109条1項に規定する建造物等に対する延焼の危険のみに限られるものではなく，不特定または多数人の生命・身体または建造物等以外の財産に対する危険も含まれる（最判平15.4.14）。

具体例

S62-28-3 ・駐車場に駐車中のうちの1台の自動車を焼損して，隣接していた自動車2台に延焼の危険が及んだ場合にも，公共の危険を認めることができる。

・建造物，汽車，電車，艦船または鉱坑以外の物であって，自己の所有に係る物に対する放火行為は，建造物，汽車，電車，艦船または鉱坑への延焼の結果を生じないときでも処罰される。

➡ 「公共の危険」は，延焼の危険のみに限られないから。

H9-26-3 ・Aは，Bがその乗用車を自宅の前庭に駐車していたところ，これにガソリンをかけて火をつけ燃やしてしまったが，B宅への延焼は免れた。この場合，Aについて建造物等以外放火罪が成立する。

➡ 住居の前庭に駐車している自動車に放火すれば，通常は公共の危険の発生が認められるから。

(3) 故　意

S62-28-4 火を放って建造物等以外を焼損することの認識が必要であるが，公共の危険を発生させることまでを認識する必要はない（最判昭60.3.28）。

5　延焼罪

> （延焼）
> **第111条**　第109条第2項（自己所有の非現住建造物等放火）又は前条第2項（自己所有の建造物等以外放火）の罪を犯し，よって第108条（現住建造物等放火）又は第109条第1項（他人所有の非現住建造物等放火）に規定する物に延焼させたときは，3月以上10年以下の懲役に処する。
> 2　前条第2項（自己所有の建造物等以外放火）の罪を犯し，よって同条第1項（他人所有の建造物等以外放火）に規定する物に延焼させたときは，3年以下の懲役に処する。

(1)　総　説

　本罪は自己の所有物件を放火して，他人の所有物件（現住建造物等の場合は，自己所有物件を含む）に延焼の結果を生じた場合を重く処罰する結果的加重犯である。

(2)　客　体

延焼罪	放火の客体	延焼の客体
刑§111 I	自己所有の非現住建造物等（刑§109 II） 自己所有の建造物等以外の物（刑§110 II）	現住建造物等（自己所有物も含む。刑§108） 他人所有の非現住建造物等（刑§109 I）
刑§111 II	自己所有の建造物等以外の物（刑§110 II）	他人所有の建造物等以外の物（刑§110 I）

(3)　行　為

　延焼させることである。

　「延焼」とは，犯人の予期しなかった客体に対して，焼損の結果が生じたことである（結果的加重犯）。

(4)　故　意

　自己の物に対しては，放火の故意が必要である。

　延焼の結果発生については，故意がないことが必要である。

➡　延焼について故意（表象認容）があれば，刑法108条，109条1項，110条1項の罪が成立する。

具体例

・自己所有の物置小屋を燃やすつもりで放火したところ，思いがけない強風のため近所の住宅を焼損した場合，延焼罪が成立する。

6　放火予備罪

（予備）
第113条　第108条（現住建造物等放火）又は第109条第1項（他人所有の非現住建造物等放火）の罪を犯す目的で，その予備をした者は，2年以下の懲役に処する。ただし，情状により，その刑を免除することができる。

目的犯である。

7　消火妨害罪

（消火妨害）
第114条　火災の際に，消火用の物を隠匿し，若しくは損壊し，又はその他の方法により，消火を妨害した者は，1年以上10年以下の懲役に処する。

(1)　行為状況

火災の際に行われることを要する。

「火災の際」とは，現に火災が継続している場合，およびまさに発生しようとしている状況をいう。

(2)　行　為

火災の際，消火用の物を隠匿もしくは損壊し，またはその他の方法により消火を妨害することである。

「消火用の物」とは，消防自動車，消火器など消防の用に供せられる設備・器具の一切である。自己所有の物でもよい。

(3)　既遂時期

消火を妨害する行為がなされれば直ちに既遂となる。現実に消火が妨害されたことを要しない（抽象的危険犯）。

8　失火罪

> （失火）
>
> **第116条**　失火により，第108条（現住建造物等放火）に規定する物又は他人の所有に係る第109条（非現住建造物等放火）に規定する物を焼損した者は，50万円以下の罰金に処する。
>
> 2　失火により，第109条（非現住建造物等放火）に規定する物であって自己の所有に係るもの又は第110条（建造物等以外放火）に規定する物を焼損し，よって公共の危険を生じさせた者も，前項と同様とする。

失火罪	失火の客体	危険の程度
刑§116Ⅰ	現住建造物等（刑§108） 他人所有の非現住建造物等（刑§109Ⅰ）	抽象的危険の発生
刑§116Ⅱ	自己所有の非現住建造物等（刑§109Ⅱ） 建造物等以外の物（刑§110）	具体的危険の発生

9　激発物破裂罪・ガス漏出等および同致死傷罪

　　激発物破裂罪（刑§117），ガス漏出等および同致死傷罪（刑§118）が規定されている。

10　業務上失火等罪

> （業務上失火等）
>
> **第117条の2**　第116条（失火）又は前条第1項（激発物破裂）の行為が業務上必要な注意を怠ったことによるとき，又は重大な過失によるときは，3年以下の禁錮又は150万円以下の罰金に処する。

(1)　**主　体**

　　①　業務上失火罪

　　　　業務上の注意義務を有する者（業務者）である（身分犯）。

　　　　「業務」とは，職務として常に火気の安全に配慮すべき社会生活上の地位をいう（最決昭60.10.21）。

> **例**
>
> ・調理師，夜警員（最判昭33.7.25），ホテルの支配人
> サウナ風呂の開発製作担当者（最判昭54.11.19）。
> ➡ 喫煙や調理などの，家庭内の行為は含まれない（ただし，場合によっ
> ては重失火罪となる）。

② **重失火罪**
制限はない。

⑵ **行　為**

① 業務上必要な注意を怠り，よって失火または激発物破裂の結果を惹起し
たこと。

② 重大な過失により，失火罪（刑§116）または激発物破裂罪（刑§117Ⅰ）
の結果を惹起したこと。
　「重大な過失」とは，焼損の結果の発生する可能性が相当高い事態にお
いて，行為者が注意義務に違反することをいう。

❸　出水および水利に関する罪

現住建造物等浸害罪（刑§119），非現住建造物等浸害罪（刑§120），水防妨
害罪（刑§121），過失建造物等浸害罪（刑§122），水利妨害罪および出水危険
罪（刑§123）が規定されている。
出水に関する罪は，水の破壊作用を利用してなされる公共危険罪であるとと
もに副次的に財産罪的性格も有する。
水利に関する罪は，水利権の侵害を内容とするもので，公共危険罪ではない。

❹　往来を妨害する罪

往来妨害罪・同未遂および同致死傷罪（刑§124，128），往来危険罪・同未
遂（刑§125，128），汽車転覆等罪・同未遂および同致死罪（刑§126，128），
往来危険による汽車転覆等罪（刑§127），過失往来危険罪（刑§129）が規定
されている。
往来を妨害する罪は，公の交通機関または交通施設を侵害する犯罪であり，
公共危険罪である。
保護法益は，交通の安全である。

第2節　公共の信用に対する罪

Topics・ここでは，通貨偽造の罪，有価証券偽造の罪，文書偽造の罪について
　　　　学習する。
　　　・特に文書偽造の罪については，社会的法益に対する罪の中では，試験
　　　　に出題されている頻度が最も高くなっている重要な箇所である。

1　通貨偽造の罪

1　保護法益

　第1次的には通貨に対する社会的信用を保護することにより，社会における
取引の安全を図り，経済的秩序を維持することである。

　第2次的には国家の通貨発行権を保障する趣旨であり，国家的法益に対する
罪としての面も有する（最判昭22.12.17）。

2　通貨偽造罪

> （通貨偽造及び行使等）
> **第148条**　行使の目的で，通用する貨幣，紙幣又は銀行券を偽造し，又は変造
> した者は，無期又は3年以上の懲役に処する。
> （未遂罪）
> **第151条**　未遂は，罰する。

(1)　客　体

　わが国内において強制通用力のある貨幣，紙幣または銀行券である。

(2)　行　為

　行使の目的で，偽造または変造することである。

①　「偽造」とは，通貨の発行権を有しない者が，一般人をして真貨と誤信
させるような外観の物を作り出すことをいう（大判昭2.1.28）。

②　「変造」とは，通貨の発行権を有しない者が，真貨に加工してその名価
を偽ることをいう。
➡　ただし，真貨としての同一性を失わせる程度に加工した場合は，偽造となる。

⑶ **目　的**

　　行使の目的で行われる必要がある（目的犯）。

　　「行使の目的」とは，偽造・変造の通貨を真正な通貨として流通に置こう
とする目的をいう。

　　行為者が自ら偽造通貨を流通に置こうとする場合であろうと，他人をして
流通に置かせる場合であるとを問わない。

⑷ **既　遂**

　　行使の目的をもって通貨を偽造・変造すれば，行使をまたずに既遂となる
（抽象的危険犯）。

3　偽造通貨行使等罪

> （通貨偽造及び行使等）
>
> **第148条**
>
> 2　偽造又は変造の貨幣，紙幣又は銀行券を行使し，又は行使の目的で人に交
> 付し，若しくは輸入した者も，前項と同様とする。
>
> （未遂罪）
>
> **第151条**　未遂は，罰する。

⑴ **客　体**

　　偽造・変造の貨幣，紙幣または銀行券である。

　　行使の目的で偽造・変造されたものでなくてもよいし，誰が偽造・変造し
たのかも問わない。

⑵ **行　為**

　　偽造通貨を，行使し，または行使の目的をもって，人に交付し，もしくは
輸入することである（目的犯）。

① **行　使**

S55-26-1
S55-26-3

　　偽造・変造の通貨を真貨として流通に置くことである（最決昭32.4.25）。
不適法な手段による場合でもよいし，有償・無償を問わない。

　　判例

S55-26-4

　　・偽造通貨を賭博の負債の履行として支払った場合，偽造通貨行使等罪
　　　が成立する（大判明41.9.4）。

・偽造通貨を自動販売機に投入した場合，偽造通貨行使等罪が成立する `H3-26-1`
（東京高判昭53.3.22）。

② 交 付

偽貨であることを知っている者に，偽貨を手渡すことである。有償・無償を問わない。

既に偽貨であることを知っている者に手渡す場合と，偽貨であることを知らない者に偽貨であることを告げて手渡す場合とがある（大判明43.3.10）。

具体例

・通貨偽造を手伝ってくれた者に謝礼として，偽造通貨の一部を手渡した場合。 `H3-26-2` `S55-26-2`

・偽貨を，情を知っている者に対して売却した場合。 `S55-26-5`

③ 輸 入

偽貨を国外から国内に搬入することである。

領海内，領空内に搬入するだけでは公共の信用を害する抽象的危険を生じないから，陸揚げまたは荷降ろしを必要とする（大判明40.9.27）。

(3) 罪数・他罪との関係

具体例

・通貨を偽造・変造した者が，その偽貨を行使すれば，通貨偽造罪と偽造通貨行使罪との牽連犯である（通説）。

・偽貨を輸入した者が，それを行使すれば，輸入罪と行使罪との牽連犯となる。

・偽貨を行使して財物を騙取し，または財産上の利益を取得した場合，偽造通貨行使は一般的に詐欺的行為を伴うものであるから，詐欺罪は行使罪に吸収され，行使罪のみが成立する（大判明43.6.30）。 `S59-26-4`

4 外国通貨偽造および行使等罪

（外国通貨偽造及び行使等）

第149条 行使の目的で，日本国内に流通している外国の貨幣，紙幣又は銀行券を偽造し，又は変造した者は，２年以上の有期懲役に処する。

2 偽造又は変造の外国の貨幣，紙幣又は銀行券を行使し，又は行使の目的で人に交付し，若しくは輸入した者も，前項と同様とする。

（未遂罪）
第151条　未遂は，罰する。

5　偽造通貨等収得罪

（偽造通貨等収得）
第150条　行使の目的で，偽造又は変造の貨幣，紙幣又は銀行券を収得した者は，3年以下の懲役に処する。

(1)　**客　体**
　　偽造・変造の貨幣，紙幣または銀行券である。

(2)　**行　為**
　　行使の目的で収得することである（目的犯）。
　　「収得」とは，自己の占有に移すことである。有償・無償を問わない。
　　行為者は，客体が偽貨であることの情を知って収得することを要する。

6　収得後知情行使等罪

（収得後知情行使等）
第152条　貨幣，紙幣又は銀行券を収得した後に，それが偽造又は変造のものであることを知って，これを行使し，又は行使の目的で人に交付した者は，その額面価格の3倍以下の罰金又は科料に処する。ただし，2,000円以下にすることはできない。

(1)　**意　義**
　　偽貨であることを知らずに受け取った者が，それを知った後に，損害を他に転嫁するために偽貨を行使または交付することは人情としてやむを得ない行為であることから，刑の減軽を図ったものである。
　　本罪は，偽貨であることの情を知らないで収得した場合に限り，成立する。

(2)　**客　体**
　　偽造・変造された貨幣，紙幣または銀行券である。

(3) 行　為

収得後，情を知って行使すること，または行使の目的で人に交付すること
である。

7　通貨偽造等準備罪

（通貨偽造等準備）
第153条　貨幣，紙幣又は銀行券の偽造又は変造の用に供する目的で，器械又
は原料を準備した者は，3月以上5年以下の懲役に処する。

(1) 客　体

器械または原料である。

(2) 行　為

貨幣，紙幣または銀行券の偽造・変造の用に供する目的で，器械または原
料を準備することである。

「準備」とは，偽造・変造の用に供する器械または原料を準備し，偽造・
変造の目的を遂行しうる状態におくことをいう。

(3) 目　的

偽造・変造の用に供する目的が必要である（目的犯）。

行為者自身の偽造・変造の用に供する目的（自己予備行為）であると，他
人の偽造・変造の用に供する目的（他人予備行為）であるとを問わない（大
判昭7.11.24）。

② 有価証券偽造の罪

1　保護法益

有価証券に対する社会的信用である。

2　有価証券偽造等罪

（有価証券偽造等）
第162条　行使の目的で，公債証書，官庁の証券，会社の株券その他の有価証
券を偽造し，又は変造した者は，3月以上10年以下の懲役に処する。

(1) **客　体**

公債証書，官庁の証券，会社の株券などの有価証券である。

「有価証券」とは，財産権を表章した証券であって，証券上表示された権利の行使または処分のために，その証券の占有を必要とするものをいう（最判昭32.7.25）。

架空人名義の有価証券であっても，一般人をして真正に成立した有価証券と誤信させる程度に作成されていれば足りる（最判昭30.5.25）。

流通性を有するか否かを問わない（最判昭33.1.16）。

(2) **行　為**

偽造または変造である。

① 「偽造」の意味

偽造とは，作成権限のない者が作成名義を冒用して有価証券を作成することをいう。

一般人が真正なものとして誤信する程度の外観・形式を備えていることを要する。

📖**ケーススタディ**

B会社の代表取締役であるAは，権限を濫用して，第三者Cのために有価証券を作成した場合，Aにつき有価証券偽造罪が成立するか。

H8-26-オ　　✎　代理権・代表権を有する者が，その権限内で権限を濫用して有価証券を作成した場合は，たとえ自己または第三者の利益のためにしたものであっても，有価証券偽造罪は成立しない（大判大11.10.20）。

➡　この場合，背任罪が問題となる。

判　例

・代理権，代表権を有する者が権限を超えて有価証券を作成した場合，偽造に当たる（最決昭43.6.25）。

・組合内部の定めにより，組合長振出名義の約束手形の作成権限が専務理事に専属し，参事はその起案者・補助役にとどまっていたときに，参事が組合長または専務理事の決裁・承認を受けずに手形を作成した場合，偽造に当たる（最決昭43.6.25）。

・通用期間を経過して無効になった乗車券に増減変更を加えて，新たに効力を有するように見せかけた場合，偽造に当たる（大判大12.2.15）。

② 「変造」の意味

変造とは，権限を有しない者が，真正に成立した他人名義の有価証券に，不正に有価証券の本質部分に変動を生じない程度の変更を加えることをいう。

➡ 本質的部分に変更を加えた場合，「偽造」となる。

判例

・他人の振り出した手形の振出日付または受取日付を変更した場合，変造に当たる（大判大3.5.7）。

・他人振出名義の小切手の金額欄数字を変更した場合，変造に当たる（最判昭36.9.26）。

(3) 目 的

「行使の目的」が必要である（目的犯）。

「行使の目的」とは，真正の有価証券として使用する目的をいう。

必ずしもその証券を流通させる目的でなくてもよいし，他人をして行使させる目的でもよい（大判大14.10.2）。

3 有価証券虚偽記入罪

（有価証券偽造等）
第162条
2 行使の目的で，有価証券に虚偽の記入をした者も，前項と同様とする。

(1) **客 体**

有価証券である。

有価証券は必ずしも私法上有効なものであることを要せず，一般人が真正なものと誤信させるような外観を具備するものであればよい（大判明43.2.1）。したがって，偽造手形も本罪の客体となる。

(2) **行 為**

虚偽の記入をすることである。

「虚偽の記入」とは，既存の有価証券に対すると否とを問わず，有価証券に真実に反する記載をするすべての行為をいう。

(3) 判例における手形についての偽造罪と虚偽記入罪の関係

作成権限の有無	基本的証券行為 (有価証券の発行 または振出し)	付随的証券行為 (裏書または引受)
作成権限のない者による手形の偽造行為の場合	偽造罪	虚偽記入罪 (最決昭32.1.17)
作成権限のある者が,内容虚偽の手形を作成した場合	虚偽記入罪	虚偽記入罪

4 偽造有価証券行使等罪

> (偽造有価証券行使等)
> **第163条** 偽造若しくは変造の有価証券又は虚偽の記入がある有価証券を行使
> し,又は行使の目的で人に交付し,若しくは輸入した者は,3月以上10年以
> 下の懲役に処する。
> **2** 未遂は,罰する。

(1) 客 体

偽造・変造の有価証券または虚偽の記入がある有価証券である。

行為者自身が,偽造・変造・虚偽記入をしたものでなくてもよいし,行使
の目的なく偽造・変造・虚偽記入されたものでもよい。

(2) 行 為

行使または行使の目的で人に交付もしくは輸入することである。

① 「行使」の意味

H3-26-3
S60-28-3

偽造・変造・虚偽記入のある有価証券を真正なものまたは内容の真実な
ものとして使用することをいい,流通に置くことを要しない(大判明
44.3.31)。

他人が認識しうる状態に達すれば,既遂になる。

判例

H3-26-5

・偽造の約束手形を善意で取得した所持人が,その後手形が偽造された
ものであることを知っていても,裏書人に対する権利行使のために手
形を呈示した行為は,偽造有価証券行使等罪における行使にあたらな
い(大判大3.11.28)。

　　➡　手形取得者の当然の権利行使だから。

②　「交付」の意味

　情を知った他人に，偽造・変造・虚偽記入をした有価証券を与えること
である。他人に手渡した時に，既遂となる。

③　「輸入」の意味

　偽造・変造・虚偽記入をした有価証券をわが国に輸入することである。
陸揚げまたは荷降ろしをしたときに，既遂に達する（大判明40.9.27）。

③　文書偽造の罪

1　総　説
(1)　保護法益

　文書に対する公共の信用である（最判昭51.4.30）。

　文書に対する公共の信用は，文書が真正なものである点に向けられるので，
文書偽造の罪は，具体的には文書の真正を保護することにある。

　文書偽造の罪が成立するためには，文書に対する公共の信用が害される危 H11-26-1
険が生ずれば足り，文書の作成名義人や文書を行使された相手方に実害が発
生することを要しない（抽象的危険犯；大判明43.12.13）。

(2)　文書の真正の意味
＜論点＞

　何をもって「文書の真正」（保護の対象）と解すべきであるかについては，
形式主義と実質主義との対立がある。そしてこの対立は，偽造の概念に影
響を及ぼすことになる。

	形式主義	実質主義
保護の対象	作成名義の真正	文書内容の真正
根拠	・文書の作成名義の真正を確保する限り，その内容の真正はおのずから保たれる。 ・実質主義をとると，作成者が文書の内容が真正であると考えて作成した限り，偽造の故意を欠くことになり，文書偽造の罪の成否があいまいになるおそれがある。	・文書の内容である事実関係が真実に合致している以上，たとえ文書の作成名義の真正を害したとしても，別段実害を生じるおそれはない。
偽造の概念	有形偽造（刑§155，159） 　文書の作成権限のない者が，他人名義を冒用して文書を作成すること	無形偽造（刑§156，160） 　文書の作成権限を有する者が，真実に反する内容の文書を作成すること
文書の概念	不真正文書（偽造文書） 　名義人≠作成者 真正文書 　名義人＝作成者	虚偽文書 　真正文書ではあるが，表示内容が真実に反する文書

　わが刑法は，形式主義を基調としているから（大判明43.2.21），有形偽造を処罰することを原則としている（刑§155，159）。ただし，公文書および特殊な私文書については実質主義も考慮し，無形偽造も処罰の対象としている（刑§156，160）。

(3) 文書の概念

① 　文書と図画の意義

⑦ 　「文書」とは，文字またはこれに代わるべき可視的方法を用い，ある程度永続すべき状態において，特定人の意思または観念を表示した物体をいい，その表示の内容が法律上または社会生活上重要な事項に関する証拠となりうるものをいう。

具体例
・紹介名刺，ＪＲが手荷物の発送に使用する駅名札，郵便局の日付印，画賛の署名など。
➡ 　劇場の下足札，名刺，小説，旅行記，詩歌，落款および押印のある

書画などは，文書にあたらない。

⑦　「図画」とは，象形的符号を用いて，意思または観念を表示したものをいう。

具体例
- 製造タバコ「光」の外箱は図画にあたる（最判昭33.4.10）。
- 法務局備え付けの土地台帳付属地図は図画にあたる（最決昭45.6.30）。

② 文書の内容

⑦　文字その他の可読的符号によって表示されたものであることを要する（可読性；大判明43.9.30）。

具体例
- 点字，電信記号，速記記号，バーコードは文書である。
  ➡ レコード，録音テープ，電磁的記録は可読性を有しないから文書ではない。

④　ある程度永続された状態において物体上に表示されたものであることを要する（持続性）。

具体例
- 黒板にチョークにより記録された文字は文書である（最判昭38.12.24）。

⑦　意思または観念の表示であって，一定の連絡した意味をもち，客観的に理解しうるものであることを要する（大判明43.9.30）。

必ずしも文章の形式をとったものである必要はなく，また表示が部分的に省略されていても，一定の連絡した意味をもち客観的に理解しうるものは文書である。

具体例
- 白紙委任状（大判大元.11.26），郵便局の日付印（大判昭13.10.9）は文書である。

⑤　名義人が存在することを要する（大判明43.12.20）。

名義人は自然人，法人，法人格のない団体であるとを問わないが（大判大7.5.10），特定していることを要する（大判昭3.7.14）。

名義人は必ずしも実在している必要はなく，一般人が実在者の真正に　H11-26-3

作成した文書であると誤認しうるおそれがあるもので足りる（最判昭
36.3.30，最決平11.12.20）。

死者名義の文書は，私文書偽造罪の客体となりうる。

㋔　確定性・原本性を有することを要する。

H11-26-2

確定的なものとして表示された内容を有し，名義人が直接的に意思な
いし観念を表示し，または表示させた原本および原本と同一意識内容を
保有し，証明文書として原本と同様の社会的機能と信用性を有するもの
である限り，原本の写しであってもよい。

㋕　表示の内容が，法律上または社会生活上重要な事項について証拠とな
りうるものであることを要する（最決昭33.9.16）。

S56-26-4

➡　Aが，出版する目的で有名人Bに無断で同人名義の旅行記を書いた場合
には，私文書偽造罪は成立しない。

㋖　原本コピーと公文書
＜論点＞

H11-26-2
H8-26-ア
S59-26-5

原本の代わりとして使用する目的で公文書の原本の一部を利用し，
電子複写機（コピー機）を用いて，機械的方法により「写し」を作出
した場合，公文書偽造罪が成立するかが問題となる。

📖ケーススタディ1

Bの代理人Aが，Bに示すために法務局作成に係る供託金受領書の金額欄
に虚偽の金額を記入した紙片を当てて電子複写機によりコピーし，文書を作
成した場合，Aにつき公文書偽造罪が成立するか。

	肯定説（最判昭51.4.30）	否定説
根拠	・本罪は，公文書に対する公共的信用を保護法益とするため，原本と同様の社会的機能と信用性を有する写しも客体となる。 ・写しは原本と同一の意識内容を保有している文書と考えられる。 ・原本上の作成名義を写しの上に表示させることは作成名義人の許諾の範囲を超えるから，作成名義の冒用がある。 ・罪刑法定主義に反する解釈ではなく，文書概念の充実に他ならない。	・写しも機械的方法により容易に作為を介入させることができ，その信用性には限界がある。 ・写しは原本の存在を証明するにすぎない。 ・公文書の写しを作出するとは一般人にも自由に許されているため，写しの作成名義人は写しの作成者自身であり，作成名義の冒用はない。 ・写しの現代における社会的機能を重視し，その信用性を保護すべきとしても，それは立法に待つべきであり，罪刑法定主義に反する解釈である。
ケーススタディ1の帰結	Aにつき，公文書偽造罪が成立する。	Aにつき，公文書偽造罪は成立しない。

(4) 偽 造

偽造には，①有形偽造と②無形偽造がある。

① 有形偽造

⑦ 意 義

作成権限を有しない者が，他人の氏名をほしいままに使用して，文書 `H17-26-ア` `H2-26-2` を新たに作成することである。

また，文書の名義人と作成者との同一性を偽ることである。

⑦ 要 件

ⓐ 主体は作成権限を有しない者であることを要する。

ⓑ その者が他人の名義を冒用することを要する。

「冒用する」とは，他人の名義を使用する権限のない者が，ほしいままにこれを使用することをいう。

➡ 公文書の内容が事実でも，公務所または公務員の作成名義を冒用すれ `S61-26-5` ば，公文書偽造罪が成立する。

　　　　　ⓒ　偽造された文書は，その内容が真実であるかどうかは問わない（大
　　　　　　判大4.9.21）。

　　　ⓒ　作成の方法・程度
　　　　　他人名義の冒用の有無は，文書自体から判別できなければならない。
　　　　　他人名義で作成された文書が，一般人から見て真正に作成されたもの
　　　であると誤信させるに足りる外観を有することが必要である。

　　②　無形偽造
　　　ⓐ　意　義

H17-26-イ　　　　　文書の作成権限を有する者が真実に反する内容の文書を作成すること
　　　である。

H17-26-ウ　　　　　刑法上，無形偽造は公文書に関しては広く処罰の対象とされているが，
　　　私文書に関しては限定的である。

　　　ⓑ　要　件
　　　　　主体は，文書の作成権者に限られる（身分犯）。
　　　　　権限の範囲内において作成することを要する。
　　　　　内容虚偽の文書を作成することを要する。

　　　ⓒ　作成の方法・程度
　　　　　真実に反する内容の文書を作成すれば足り，その作成方法のいかんは
　　　問わない。
　　　　　一般人が記載内容を真実と誤信する程度に虚偽の事項を記載した文書
　　　であることを要する。

H17-26-エ　　➡　作成権限がある者が，その権限を濫用して虚偽の文書を作成したときも
　　　虚偽文書の作成となる（大判大11.12.23）。

(5)　変　造

H2-26-2　　　権限のない者が，真正に成立した他人名義の文書の非本質的部分に不法に
　　変更を加え，新たな証明力を作出することである。
　　➡　文書に新たな証明力を作出することなく，文書を消滅させて文書全体の効用を
　　　害するに至った場合，変造ではなく文書毀棄となる（大判大11.1.27）。

　　判例
　　・登記済証に記載してあった抵当権欄の登記順位の番号を変更した場合，
　　　変造に当たる（大判昭2.7.8）。

・郵便貯金通帳の貯金受入年月日・払戻年月日を改ざんした場合，変造に
当たる（大判昭11.11.9）。

(6)　行　使

①　意　義

偽造・変造の文書を真正なものとして，虚偽の文書を真実なものとして
他人に認識させ，または認識しうる状態に置くことをいう（最判昭
28.12.25，同44.6.18）。

②　客　体

偽造・変造に係る文書および虚偽作成に係る文書である。

③　行使の方法・程度

行使は，変造文書または虚偽文書そのものにつき，その内容を相手方に
認識させ，または認識しうる状態に置くことを必要とする（最判昭
44.6.18）。

必ずしも文書本来の効用に従って使用する必要はない。いやしくも真正
な文書または真実な文書としてその効用に役立たせる目的のもとに使用さ
れれば足りる。

流通に置くことを要しない。

➡　偽造通貨の行使は，流通におくことを要する。

④　相手方

偽造文書・変造文書または虚偽文書であることを知らない者であること
を要する。

しかし，必ずしも虚偽文書等につき利害関係を有する者である必要はな
い。

> 判例

・偽造の共犯者に呈示した場合，行使とはいえない（大判大3.10.6）。
・父親を満足させるだけの目的で公立高校の卒業証明書を偽造して父親 　H25-26-エ
に示した場合も，行使といえる（最決昭42.3.30）。

2　詔書偽造等罪

（詔書偽造等）

第154条　行使の目的で，御璽，国璽若しくは御名を使用して詔書その他の文書を偽造し，又は偽造した御璽，国璽若しくは御名を使用して詔書その他の文書を偽造した者は，無期又は3年以上の懲役に処する。

2　御璽若しくは国璽を押し又は御名を署した詔書その他の文書を変造した者も，前項と同様とする。

3　公文書偽造等罪

（公文書偽造等）

第155条　行使の目的で，公務所若しくは公務員の印章若しくは署名を使用して公務所若しくは公務員の作成すべき文書若しくは図画を偽造し，又は偽造した公務所若しくは公務員の印章若しくは署名を使用して公務所若しくは公務員の作成すべき文書若しくは図画を偽造した者は，1年以上10年以下の懲役に処する。

2　公務所又は公務員が押印し又は署名した文書又は図画を変造した者も，前項と同様とする。

3　前二項に規定するもののほか，公務所若しくは公務員の作成すべき文書若しくは図画を偽造し，又は公務所若しくは公務員が作成した文書若しくは図画を変造した者は，3年以下の懲役又は20万円以下の罰金に処する。

⑴　「公文書」の意味

公文書とは，公務所または公務員の作成すべき文書もしくは図画をいう（大判明45.4.15）。

一般人が，公務所・公務員の職務権限内において作成されたものと信じるに足りる形式・外見を備えている限り，公務所・公務員の権限に属しない事項に関するものであっても，公文書といえる（最判昭28.2.20）。

公文書は，公法上の関係で作成されたものでも，私法上の関係で作成されたものでもよい。

➡　公務員の退職届，村役場備付けの印鑑簿は公文書に当たらない。

具体例

・運転免許証

・公文書の内容に改ざんを加えた上，これをファクシミリで送信し，受信

先のファクシミリで印字させた文書（広島高岡山支判平8.5.22）。

(2)　主　体

制限されていない。

公務員でも，その作成権限に属しない文書を勝手に作成し，またはその職務執行に関係なく文書を作成するときは，本罪の主体にあたる。

判例

- 公文書の作成権限は，作成名義人の決裁をまたずに自らの判断で公文書を作成することが一般に許されている代決者ばかりでなく，一定の手続を経由するなどの特定の条件のもとにおいて公文書を作成することが許されている補助者も，その内容の正確性を確保するなど，その者への授権を基礎づける一定の基本的条件に従う限度においてこれを有しているから，正規の手続きによらずに，自己の用に供するために内容の正確な印鑑証明書を作成しても，公文書偽造罪は成立しない（最判昭51.5.6）。
  - ➡ 形式上文書を作成する権限のない補助公務員も，一定の条件のもとで実質的作成権が認められているから。

(3)　行　為

行使の目的をもって，偽造・変造することである。

① 公務所・公務員の印章・署名を使用して，公文書・公図画を偽造・変造 S61-26-4 することである（有印公文書偽造・変造）。

② 偽造した公務所・公務員の印章・署名を使用して公文書・公図画を偽造・変造することである（有印公文書偽造・変造）。

③ 公務所または公務員の印章・署名のない公文書・公図画を偽造・変造することである（無印公文書偽造・変造）。

判例

- 他人に交付された自動車運転免許証を拾ったAが，警察官から求められ S56-26-2 たときは提示する目的で，その写真を自分のものに貼り替えた場合，公文書偽造罪になる（最決昭35.1.12）。
  - ➡ 免許証の本質的部分に変更を加えているから。
- 市長の記名押印のある売買契約書の原本の売買代金欄の「7,000,000」の H8-26-ア 記載の左横に鉛筆で「1」を書き加え，代金が1,700万円であるかのよ S59-26-5

うに改ざんし，これを複写機によりコピーして，あたかも真正な売買契約書の原本を原形どおりに正確にコピーしたかのような売買契約書の写しを作成した場合，公文書変造罪ではなく，公文書偽造罪が成立する（最判昭51.4.30，同61.6.27）。

4　虚偽公文書作成等罪

（虚偽公文書作成等）
第156条　公務員が，その職務に関し，行使の目的で，虚偽の文書若しくは図画を作成し，又は文書若しくは図画を変造したときは，印章又は署名の有無により区別して，前二条の例による。

(1)　主体
職務上，当該文書を作成する権限を有する公務員である（身分犯）。
当該文書の作成権限を有する公務員であれば，権限の範囲内で権限を濫用したと認められる場合でも，主体となり得る。

(2)　行為
行使の目的をもって，①虚偽の文書・図画を作り（無形偽造），②文書・図画を変造すること（無形変造）である。
積極的に虚偽の内容を記載した文書を作成するだけでなく，記載すべき事項をことさら記載しないという消極的な方法により文書を作成することも含む。

判例

H8-26-ウ

・市議会の議長が，議会の会議録の調製にあたって，議事の運営に対して異議が出された事実の記載をことさらに記載しなかった場合，記載された事項の中には事実と異なる部分がないときであっても，虚偽公文書作成罪が成立する（大判昭2.6.8）。

(3)　虚偽公文書作成罪の間接正犯の成否
＜論点＞
作成権限のある公務員が，他の公務員を利用して虚偽の公文書を作成させた場合は，虚偽公文書作成罪の間接正犯が成立するが，非公務員や作成権限のない公務員が，作成権限のある公務員を利用して虚偽の公文書を作成させた場合，虚偽公文書作成罪の間接正犯が成立するかが問題となる。

ケーススタディ2

公務員である地方事務所の建築係Aが，まだ着工していない住宅の現場審査申請書に，建前が完了した旨の虚偽の記載をして，情を知らない上司である地方事務所長Bに提出し，署名捺印させ，内容が虚偽の現場審査合格書を作成させた場合，Aにつき虚偽公文書作成罪の間接正犯が成立するか。

✎　虚偽公文書作成罪は公文書の作成権限者である公務員を主体とする身分犯であるが，作成権者たる公務員の職務を補佐して公文書の起案を担当する職員が，その地位を利用し，行使の目的をもって，その職務上起案を担当する文書につき内容虚偽のものを起案し，情を知らない作成権者に提出し，この者をして当該起案文書の内容を真実なものと誤信させて記名・捺印させ，これにより内容虚偽の公文書を作成させた場合，虚偽公文書作成罪の間接正犯が成立する（最判昭32.10.4）。

ケーススタディ3

公務員でないAが，市役所の住民票係の公務員Bに対して虚偽の申立てをし，情を知らないBをして，住民票に真実に反する記載をさせた場合，Aにつき虚偽公文書作成罪の間接正犯が成立するのか，または公正証書原本不実記載罪が成立するのか。

H8-26-イ
S56-26-5

✎　非公務員は，身分犯である虚偽公文書作成罪の実行行為をすることはできず，他に公正証書原本等不実記載罪を規定して，その法定刑を本罪より軽くしていることから，Aにつき虚偽公文書作成罪の間接正犯は成立せず，公正証書原本不実記載罪が成立する（最判昭27.12.25）。

5　公正証書原本不実記載等罪

（公正証書原本不実記載等）

第157条　公務員に対し虚偽の申立てをして，登記簿，戸籍簿その他の権利若しくは義務に関する公正証書の原本に不実の記載をさせ，又は権利若しくは義務に関する公正証書の原本として用いられる電磁的記録に不実の記録をさせた者は，5年以下の懲役又は50万円以下の罰金に処する。

3　未遂は，罰する。

趣旨

虚偽公文書作成罪（公電磁的記録不正作出罪）の間接正犯のうち，特殊の場合を独立罪として規定して，軽く処罰するものである。

(1) **客体**

登記簿，戸籍簿その他の権利もしくは義務に関する公正証書の原本，または権利もしくは義務に関する公正証書の原本として用いられる電磁的記録である。

「公正証書」とは，公務員が職務上作成する文書であって，権利・義務の得喪・変更に関する事実を公的に証明する効力を有する文書をいう（大判大11.12.22）。

私法上のみならず，公法上の権利義務に関する公正証書の原本でもよい。

具体例

・不動産登記記録（最判昭36.3.30），商業登記記録
・寺院登記簿，戸籍簿，住民票原簿（最判昭36.6.20）
・公法上の権利義務に関する公正証書
・道路運送車両法による自動車登録ファイル
・住民基本台帳による住民基本台帳ファイル

➡　支払督促，電話加入申込原簿，車検証，印鑑証，転出証明書，市立結婚相談所の依頼人名簿，自動車運転免許台帳（福岡高判昭40.6.24），各種課税台帳（名古屋高金沢支判昭49.7.30）は，客体とならない。

(2) **行為**

公務員に対し虚偽の申立てをして，権利もしくは義務に関する公正証書の原本に不実の記載をさせ，または権利もしくは義務に関する公正証書の原本として用いられる電磁的記録に不実の記録をさせることである。

①　「公務員」は，公正証書の原本に記入する権限，または公正証書の原本として用いられる電磁的記録に記録する権限を有しなければならないが，申立ての内容につき実質的審査権があることを要しない（最判昭36.3.30）。

②　「公務員」は，行為者の申し立てた公正証書の原本への記載事項または公正証書の原本として用いられる電磁的記録への記載事項が不実であることを知らないことを要する。

➡　他人所有の未登記不動産について，自己名義の保存登記を受けようと企て，知人の登記官に情を明らかにしてその旨の登記を受けた場合，公正証書原本

不実記載等罪は成立しない（←虚偽公文書作成罪の教唆犯が成立する）。

③　虚偽の申立てをし，不実の記載または不実の記録をさせることを要する。

「虚偽の申立て」とは，真実に反して，存在しない事実を存在するものとし，または存在する事実を存在しないものとして申立てることである。

➡　申立事項の内容について虚偽がある場合のみならず，申立人の同一性について虚偽がある場合も含む。

「申立て」には，官公署が，不動産取引の主体となり登記権利者または登記義務者として登記を嘱託することも含まれる（最決平元.2.17）。

「不実の記載」とは，存在しない事実を存在するものとし，または存在する事実を存在しないものとして，記載することをいう（大判明43.8.16）。

「不実」は，重要な点につき真実に反することを要する。

記載事項の内容が不実である場合のみならず，申立てに関して虚偽のある場合も含む。

➡　申立人の名義を冒用して申立てをすれば，記載事項が真実に合致していても，公正証書原本不実記載罪が成立する（大判明44.5.8）。

判例
・当初から会社資金を確保する意図なく，一時的な借入金をもって単に払い込みの外形を整え，増資手続き後直ちに当該払込金を払い戻して借入先に返済するような場合（見せ金）は，払込みとしての効力を有せず，このような新株発行による変更登記を申請して登記簿（登記記録）に記載（記録）させた場合，公正証書原本不実記載等罪が成立する（最判昭47.1.18，同平3.2.28）。
・たとえ不動産の真実の所有者であっても，登記簿上他人名義で登記されている不動産につき，その承諾がないのにこの者からの売渡証書を作成し，自己に所有権の移転を受けた旨の虚偽の登記申請をし，登記簿（登記記録）にその旨の記載（記録）をさせた場合，公正証書原本不実記載等罪が成立する（最決昭35.1.11）。`H25-26-イ` `S55-24-5`
・所有権移転の原因が，実際は贈与であるのに売買であると申立てをし，その旨を登記簿（登記記録）に記載（記録）させた場合，公正証書原本不実記載等罪が成立する（大判大10.12.9）。
・真実結婚をする意思のない男女が婚姻届を出して，市町村長をして戸籍の原本にその旨の記載をさせた場合，公正証書原本不実記載等罪が成立する（大判大4.4.30）。`H元-27-5`
・Aは，自己所有の土地をBに売り渡したが，登記が未了であることを奇貨として，自己のCに対する債務を担保するために，その土地に抵 `S63-26-3` `S55-24-1`

当権を設定し，その旨の登記を申請した場合，公正証書原本不実記載
等罪は成立しない（東京高判昭27.3.29）。

➡　売買契約が成立しても，登記がなされるまではBは第三者に対抗でき
ないため（民§177），Aが自己の土地にCのために抵当権を設定し，そ
の旨の登記申請をしても「虚偽」にはあたらないからである。この場合は，
横領罪が成立する（最判昭30.12.26）。

・官公署が，不動産取引の主体となり，登記権利者または登記義務者と
して，登記の嘱託をした場合でも，公正証書原本不実記載等罪が成立
する（最決平元.2.17）。

⑶　未遂罪

公務員に対し虚偽の申立てを開始したが，公務員が公正証書の原本に不実
の記載をしなかった場合に成立する。

⑷　他罪との関係

判例

・公正証書原本に不実の記載をさせ，これを備え付けさせて行使した上，
その抄本を示して金員を借用し詐欺罪を犯したときは，公正証書原本不
実記載罪・同行使罪・詐欺罪の牽連犯である（最決昭42.8.28）。

・他人の印章・署名を使用して委任状を偽造し，これを行使して当該公務
員をして公正証書の原本に不実の記載をさせ，さらに行使したときは，
私文書偽造罪，偽造私文書行使罪，公正証書原本不実記載等罪および不
実記載公正証書原本行使罪の牽連犯である（大判明42.3.11）。

6　免状等不実記載罪

（公正証書原本不実記載等）

第157条

2　公務員に対し虚偽の申立てをして，免状，鑑札又は旅券に不実の記載をさ
せた者は，1年以下の懲役又は20万円以下の罰金に処する。

3　未遂は，罰する。

⑴　客　体

免状，鑑札，旅券である。

①　「免状」とは，一定の人に対して一定の行為を行う権利を付与する，

公務所または公務員の証明書をいう（大判明41.9.24）。

具体例

・自動車運転免許証，医師免許証など

② 「鑑札」とは，公務所の許可や登録があったことを証明する証票をいう。

具体例

・質屋の許可証，犬の鑑札など

③ 「旅券」とは，外務大臣または領事館が外国に渡航する者に対して，渡航を認許したことを示す文書をいう。

具体例

・パスポート

(2) **行　為**

公務員に対し，虚偽の申立てをして，免状等に不実の記載をさせることである。

申立てを受けた公務員が申立人と共謀して公文書に虚偽の記載をした場合は，公務員には虚偽公文書作成罪（刑§156）が成立し，申立人も共同正犯となる（刑§65Ⅰ；大判明44.4.27）。

(3) **他罪との関係**

虚偽の申立ての結果，内容虚偽の記載のある公正証書や免状等の交付を受けても，別途詐欺罪は成立しない（最判昭27.12.25）。

7　偽造公文書行使等罪

（偽造公文書行使等）

第158条　第154条（詔書偽造等）から前条（公正証書原本不実記載等）までの文書若しくは図画を行使し，又は前条第1項の電磁的記録を公正証書の原本としての用に供した者は，その文書若しくは図画を偽造し，若しくは変造し，虚偽の文書若しくは図画を作成し，又は不実の記載若しくは記録をさせた者と同一の刑に処する。

2　未遂は，罰する。

(1) **客　体**

偽造・変造の詔書，偽造・変造公文書・公図画，虚偽公文書・公図画，不実記載公正証書原本，または不実記録された公正証書の原本である電磁的記録である。

(2) **行　為**

行使すること，または電磁的記録を公正証書の原本として使用することである。

「使用する」とは，他人に文書の内容を認識させ，または認識可能な状態に置くことをいう（最判昭44.6.18）。

判 例

・不実の記載をさせた登記簿を登記官庁に備え付けさせ，閲覧可能な状態に置いた場合，偽造公文書行使等罪が成立する（大判大6.12.20）。

H30-24-ウ ・変造した運転免許証を携帯して自動車を運転しただけでは，偽造公文書行使等罪は成立しない（最判昭44.6.18）。

H25-26-エ ・偽造した公立高校の校長名義の卒業証書を，真正に成立したものとして親に見せた場合，偽造公文書行使罪が成立する（最決昭42.3.30）。

8　私文書偽造等罪

> （私文書偽造等）
> **第159条**　行使の目的で，他人の印章若しくは署名を使用して権利，義務若しくは事実証明に関する文書若しくは図画を偽造し，又は偽造した他人の印章若しくは署名を使用して権利，義務若しくは事実証明に関する文書若しくは図画を偽造した者は，3月以上5年以下の懲役に処する。
> 2　他人が押印し又は署名した権利，義務又は事実証明に関する文書又は図画を変造した者も，前項と同様とする。
> 3　前二項に規定するもののほか，権利，義務又は事実証明に関する文書又は図画を偽造し，又は変造した者は，1年以下の懲役又は10万円以下の罰金に処する。

趣旨

行使の目的による私文書・図画についての有形偽造・変造を罰するものである。

H2-26-3 「権利，義務または事実証明に関する私文書」が社会生活上重要性を有することに鑑み，その偽造等を特に処罰している（限定列挙）。

H2-26-4 他人の印章または署名のない私文書は，それのある私文書に比べて公の信用性

が低いことから，その法定刑を軽くしている。

(1)　客　体

他人の権利義務または事実証明に関する文書・図画（私文書・私図画）である。

① 「権利義務に関する文書」とは，権利義務の発生・存続・変更・消滅の効果を生じさせることを目的とする意思表示を内容とする文書をいう。

具体例
・借用証書（大判大4.9.2），無記名定期預金証書（最決昭31.12.27）
・譲受人の表示を欠いた債権譲渡証書

② 「事実証明に関する文書」とは，実生活に交渉を有する事項を証明するに足りる文書をいう（最決昭33.9.16）。

具体例
・履歴書（最決平11.12.20），新聞に掲載された広告文（最決昭33.9.16），書画が真筆である旨を記載した箱書（大判大14.10.10）
・私立大学入学試験の答案（最決平6.11.29）
・自動車登録事項等証明書の交付申請書（東京高判平2.2.20）

(2)　行　為

行使の目的をもって，他人名義の文書を偽造・変造することである。

① 行使の目的をもつことを要する。　　　　　　　　　H2-26-1
➡ 文書を偽造しても，行使される見込みがなければ，未だその私文書に対する公共的信用を害する危険は少なく，処罰に値する違法性がないことから。

② 偽造・変造することである。
㋐ 他人の印章・署名を使用して私文書・図画を偽造する場合。
㋑ 偽造した他人の印章・署名を使用して，私文書・図画を偽造する場合。
㋒ 他人の印章・署名のない私文書・図画を偽造する場合。
㋓ 他人の印章・署名した私文書・図画を変造する場合。
㋔ 他人の印章・署名のない私文書・図画を変造する場合。

③　「偽造」とは，他人の名義を冒用して私文書・図画を作成することをいう。

その本質は，名義人と文書の作成者の人格の同一性を偽ることをいう（最判昭59.2.17）。

(3)　代理資格の冒用

代理（代表）資格の冒用とは，本人から代理権を与えられていない者が，ほしいままに代理権があるかのよう表示することをいう。

＜論点＞

H30-24-エ
H25-26-オ
H17-26-オ
S60-28-4

代理資格を冒用して本人名義の文書を作成した場合に，私文書偽造罪が成立するか否かについては，文書の名義人を誰と解するかにより，結論が異なることになる。

> **ケーススタディ4**
>
> Aから代理権を与えられていないBが，「A代理人B」と表示して私文書を作成した場合，Bにつき私文書偽造罪が成立するか。

	有形偽造説（最決昭45.9.4）	無形偽造説
作成者	代理人　B	
名義人	本人　A	代理人　B
根　拠	代理人Bが代理形式の文書を作成した場合，その文書によって表示された意識内容に基づく効果は本人Aに帰属するから（民§99Ⅰ），代理資格の冒用は，直接本人名義を冒用したのと同じになる点で，有形偽造となる。	代理人Bは自分の意思を文書に表しているから，代理人B自身が名義人であって，「A代理人」という資格を示す肩書きは文書の内容にすぎず，ただその内容を偽っている点で，無形偽造となる。
ケーススタディ4の帰結	Bにつき，私文書偽造罪が成立する。	Bにつき，私文書偽造罪が成立しないため，犯罪は成立しない。

判例

・正規の国際運転免許証の発行権限のないX団体から，当該団体名義の文書の作成権限が与えられていたAが，行使の目的をもって，正規の国際運転免許証に酷似する文書を作成した場合，文書の名義人は国際運転免

許証の発給権限を有するＸ団体と解されるから，名義人と作成者との間の人格の同一性を偽るものであり，私文書偽造罪が成立する（最判平15.10.6）。

⑷ 名義人の承諾

作成権者からその名義の使用につきあらかじめ承諾を得ていたときは，他人名義の冒用はないので，私文書偽造罪は成立しない。

📖**ケーススタディ5**

Ａは，交通反則切符中の違反者が作成すべき供述書の末尾に，あらかじめ承諾を得ていたＢの氏名を用いて署名した場合，Ａにつき私文書偽造罪が成立するか。

`H8-26-エ`

✎ 交通事件原票の供述書は，この文書の性質上，作成名義人以外の者がこれを作成することは法律上許されず，この供述書を他人名義で作成した場合，あらかじめその他人の承諾を得ていたとしても，私文書偽造罪が成立する（最決昭56.4.8）。

⑸ 代理権限の濫用または逸脱

① 代理権・代表権を有する者が，その権限の範囲内で権限を濫用して本人名義の文書を作成した場合，権限の範囲内で作成した以上，名義の冒用はなく，私文書偽造罪は成立しない（大判大11.10.20）。 `S59-26-3`

② 代理権・代表権を有する者が，その権限の範囲を超えて本人名義の文書を作成した場合，権限なしに他人名義の文書を作成する行為であり，私文書偽造罪が成立する。

➡ 白紙委任状にその委任者の承諾の範囲を超えた記載をした場合，私文書偽造罪が成立する（大判明42.12.2）。

⑹ 肩書の冒用または通称名の使用

① 肩書の冒用

自己の氏名が実在する弁護士と同姓同名であることを利用して，当該弁護士になりすまし，弁護士の名義で弁護士報酬金請求書を作成した場合，文書の名義人と作成者の人格の同一性にくい違いを生じさせたものであり，私文書偽造罪が成立する（最決平5.10.5）。 `H30-24-イ` `H25-26-ア`

➡ 私文書偽造罪の本質は，文書の名義人と作成者の間の人格の同一性を偽る

点にあるから（最判昭59.2.17）。

H30-24-ア
②　通称名の使用

日本に密入国したＡが再入国許可申請書をＢの名義で作成した場合，Ａが25年以上にもわたり適法な在留資格を有するＢの名称で暮らし，その名称使用が相当広範囲に定着していたとしても，文書の名義人と作成者との人格の同一性を偽るものであり，私文書偽造罪が成立する（最判昭59.2.17）。

➡　通称名を使用して文書を作成した場合でも，文書の性質上当然に本名を用いることが要求される場合には，文書の名義人と作成者との人格の同一性を偽るものであるから，有形偽造となる。

(7)　一回的な偽名・仮名の使用

H30-24-オ
履歴書を作成するために一回的に偽名を用いた場合でも，履歴書は作成者の身上，経歴等の事実を証明するものであり，氏名・生年月日等の記載事項が作成者の本名その他の正確な記載事項であることを予定して作成・使用される文書であり，名義人と作成者との人格の同一性にくい違いを生じさせたものというべきだから，私文書偽造罪が成立する（最決平11.12.20）。

9　虚偽診断書等作成罪

（虚偽診断書等作成）
第160条　医師が公務所に提出すべき診断書，検案書又は死亡証書に虚偽の記載をしたときは，３年以下の禁錮又は30万円以下の罰金に処する。

趣旨

私文書の無形偽造を罰するものであるが，私文書は公文書に比べて公共の信用度が低いので，本条は私文書の無形偽造を限定的に処罰することにしたものである。

(1)　主　体

私人たる医師である（身分犯）。

➡　公務員である医師が本条所定の行為を行った場合は，虚偽公文書作成罪となる。

📖ケーススタディ6

S56-26-3

　開業医のAが，Bから頼まれて，傷害罪の告訴状に添付して提出するものであることを知りながら，真実に反する病名を記載した診断書を作成した場合，Aにつき虚偽診断書作成罪が成立するか。

✎　私人たる医師Aが公務所に提出する意思をもって，虚偽の記載をしたため，Aにつき虚偽診断書作成罪が成立する。

(2) 客　体

公務所に提出すべき診断書，検案書または死亡証書である。

➡　就職先の会社に提出するため虚偽の内容を記載した身上調書を作成する行為は，虚偽診断書作成罪にならない。

(3) 行　為

虚偽の記載をすることである。

「虚偽の記載」とは，医師自らの医学的判断に反しまたは真実に反する事項を記載することをいう。

➡　真実であるものを医師が虚偽と誤信して診断書等を作成した場合は，客観的真実に対する公衆の信用を害していないので，虚偽診断書作成罪は成立しない（大判大5.6.26）。

(4) 目　的

公務所に提出する目的をもって，作成することを要する。

(5) 既遂時期

虚偽の診断書等が作成された時であり，それらが公務所に提出されたことは必要でない。

10　偽造私文書等行使罪

（偽造私文書等行使）

第161条　前二条（私文書偽造等，虚偽診断書等作成）の文書又は図画を行使した者は，その文書若しくは図画を偽造し，若しくは変造し，又は虚偽の記載をした者と同一の刑に処する。

2　前項の罪の未遂は，罰する。

(1) 主　体

特に制限はない。

医師による必要はなく，またその診断書の法定の提出義務者であると否とを問わず，内容虚偽の診断書であることを認識して公務所に提出することにより成立する（東京高判昭27.11.27）。

(2) 客　体

偽造・変造された権利，義務または事実証明に関する私文書・私図画または医師が虚偽の記載をした公務所に提出すべき診断書・検案書・死亡証書である。

誰の偽造・変造等に係るものであってもよく，また，それが行使の目的に出たものでなくてもよい。

(3) 行　為

行使することである。

虚偽診断書等については，公務所に提出することが必要である。

> **判例**

H3-26-4

・偽造私文書について，確定日付を受けるために公証人に呈示した場合，偽造私文書等行使罪が成立する（大判明41.12.21）。

11　電磁的記録不正作出および不正作出電磁的記録供用罪

（電磁的記録不正作出及び供用）

第161条の2　人の事務処理を誤らせる目的で，その事務処理の用に供する権利，義務又は事実証明に関する電磁的記録を不正に作った者は，5年以下の懲役又は50万円以下の罰金に処する。

2　前項の罪が公務所又は公務員により作られるべき電磁的記録に係るときは，10年以下の懲役又は100万円以下の罰金に処する。

3　不正に作られた権利，義務又は事実証明に関する電磁的記録を，第1項の目的で，人の事務処理の用に供した者は，その電磁的記録を不正に作った者と同一の刑に処する。

4　前項の罪の未遂は，罰する。

(1) 目的犯

①電磁的記録不正作出罪も②不正作出電磁的記録供用罪も，他人の事務処理を誤らせる目的が必要である（目的犯）。

(2)　**客　体**

①⑦　私電磁的記録不正作出罪（刑§161の2Ⅰ）

人の事務処理の用に供する権利，義務または事実証明に関する電磁的記録である。

⑦　公電磁的記録不正作出罪（同Ⅱ）

公務所または公務員がその職務として行う入力によって作出される電磁的記録である。

➡　自動車登録ファイル（東京地判平4.3.23）

②　不正作出電磁的記録供用罪（同Ⅲ）

不正に作られた権利，義務または事実証明に関する電磁的記録である。

(3)　**行　為**

①　電磁的記録不正作出罪（刑§161の2ⅠⅡ）

電磁的記録を不正に作ったことである。

「不正に作った」とは，電磁的記録作出権者の意思に反して，電磁的記録をほしいままに作出することをいう。

　判例

・現金を引き出そうとして，キャッシュカード大のプラステック板の磁気ストライブ部分に，オフィスコンピュータ等を用いて暗証番号等を印字した場合，電磁的記録不正作出罪が成立する（東京地判平元.2.17）。

②　不正作出電磁的記録供用罪（同Ⅲ）

人の事務処理の用に供したことである。

「人の事務処理の用に供した」とは，不正に作成された電磁的記録を電子計算機にかけ，事務処理のために使用しうる状態に置くことをいう。

➡　不正に作出したCDカードを銀行の現金自動支払機に差し込んだ場合，不正作出電磁的記録供用罪が成立する。

4　支払用カード電磁的記録に関する罪

支払い用カード電磁的記録不正作出等罪・未遂罪（刑§163の2，163の5），不正電磁的記録カード所持罪（刑§163の3），支払用カード電磁的記録不正作出準備罪・未遂罪（刑§163の4，163の5）が規定されている。

　電磁的記録の不正な作出，および不正に作出された権利，義務または事実証明に関する電磁的記録について，これを人の事務処理を誤らせる目的でその用に供する行為を処罰するものである。

　文書偽造の罪と同様に，記録の証明機能を保護し，もって電磁的記録に対する公共の信用を保護しようとするものである。

5　印章偽造の罪

　御璽偽造および不正使用等罪（刑§164），公印偽造および不正使用等罪（刑§165），公記号偽造および不正使用等罪（刑§166），私印偽造および不正使用等罪（刑§167）が規定されている。

　未遂罪が成立する（刑§168）。

(1)　保護法益

　印章・署名および記号の真正に対する公共的信用である。

　印章・署名および記号は，人や公務所・公務員の同一性を表示するものであり，社会生活や取引関係において重要な役割を果たしていることから，それらに対する公共の信用を保護する必要があるからである。

(2)　意　義

① 　「印章」

　印影のほか，印顆（印形）も含む。

　⑦　「印影」とは，紙などの上に印顆（印形）を押して得られた文字その他の符号の印蹟である。

　④　「印顆」（印形）とは，印影を作り出すために必要な文字その他の符号を刻んだ物体である。

② 　「署名」

　その主体である者が，自己を表彰する文字によって，氏名その他の呼称を表記したものである。

　自署のほか，記名（代筆，印刷等による場合）も含む。

(3)　行　為

① 偽造することを要する。

　「偽造」とは，行使の目的をもって，権限なしに他人の印章・署名・記号を作り出すことである（目的犯）。

具体例

・真正な印鑑を盗捺する場合

・偽造印を作出する場合（大判昭8.8.23）。

② 不正使用することを要する。

　「不正使用」とは，権限を有しない者が真正な印章・署名・記号の印蹟をその用法に従って，他人に使用することをいう。

　「使用」とは，不真正な印影・署名・記号の印蹟をその用法に従って真正なものとして他人の閲覧することのできる状態に置くことをいう。

➡　私文書偽造の目的で単に白紙の上に他人の印章を押捺しただけでは，私印不正使用罪の未遂は成立しない（大判昭4.11.1）。

⑥　不正指令電磁的記録に関する罪

（不正指令電磁的記録作成等）

第168条の2　正当な理由がないのに，人の電子計算機における実行の用に供する目的で，次に掲げる電磁的記録その他の記録を作成し，又は提供した者は，3年以下の懲役又は50万円以下の罰金に処する。

一　人が電子計算機を使用するに際してその意図に沿うべき動作をさせず，又はその意図に反する動作をさせるべき不正な指令を与える電磁的記録

二　前号に掲げるもののほか，同号の不正な指令を記述した電磁的記録その他の記録

2　正当な理由がないのに，前項第1号に掲げる電磁的記録を人の電子計算機における実行の用に供した者も，同項と同様とする。

3　前項の罪の未遂は，罰する。

（不正指令電磁的記録取得等）

第168条の3　正当な理由がないのに，前条第1項の目的で，同項各号に掲げる電磁的記録その他の記録を取得し，又は保管した者は，2年以下の懲役又は30万円以下の罰金に処する。

第3節　公衆の健康に対する罪

Topics・この節は，公衆の健康を害する行為を内容とするものであるが，本試験で出される可能性は低いので，条文を確認するだけで十分である。

1　あへん煙に関する罪

本罪は，あへん煙の吸食によって害される公衆の健康を保護法益とする。

あへん煙輸入等罪（刑§136），あへん煙吸食器具輸入等罪（刑§137），税関職員によるあへん煙輸入等罪（刑§138），あへん煙吸食および場所提供罪（刑§139），あへん煙等所持罪（刑§140）が，規定されている。

これらの罪の未遂は，罰せられる（刑§141）。

2　飲料水に関する罪

飲料水に関する罪は，公衆の飲料に供する浄水を汚染し，またはそれに毒物を混入する行為を内容とする犯罪である。

本罪の保護法益は，公衆の健康である。

浄水汚染罪（刑§142），水道汚染罪（刑§143），浄水毒物等混入罪（刑§144），浄水汚染等致死傷罪（刑§145），水道毒物等混入および同致死罪（刑§146），水道損壊および閉塞罪（刑§147）が規定されている。

第4節　風俗に対する罪

Topics・ここでは，公然わいせつ罪について学習する。
　　　　・重要判例と過去問を見ておく程度でよい。

◢◤ わいせつおよび重婚の罪

1　保護法益

　本罪は，健全な性的風俗を侵害する行為を内容とする犯罪であり，社会の健全な性道徳，性秩序の維持が保護法益である（最判昭32.3.13）。

2　公然わいせつ罪

（公然わいせつ）
第174条　公然とわいせつな行為をした者は，6月以下の懲役若しくは30万円以下の罰金又は拘留若しくは科料に処する。

　①　「公然」とは，不特定または多数人の認識しうる状態をいう（最判昭32.5.22）。

　②　「わいせつな行為」とは，その行為者またはその他の者の性欲を刺激興奮または満足させる動作であって，普通人の正常な性的羞恥心を害し，善良な性的道義観念に反するものをいう（最判昭26.5.10）。
　　判例
　　・多数の観客の前でストリップショーを演じた者には，公然わいせつ罪が成立する（最判昭32.5.22）。

3　わいせつ物頒布等罪

（わいせつ物頒布等）
第175条　わいせつな文書，図画，電磁的記録に係る記録媒体その他の物を頒布し，又は公然と陳列した者は，2年以下の懲役若しくは250万円以下の罰金若しくは科料に処し，又は懲役及び罰金を併科する。電気通信の送信によりわいせつな電磁的記録その他の記録を頒布した者も，同様とする。
2　有償で頒布する目的で，前項の物を所持し，又は同項の電磁的記録を保管した者も，同項と同様とする。

(1) 客 体

わいせつな文書，図画その他の物である。

わいせつに当たるかどうかは，社会の性秩序，すなわち善良な性的道義観念に反するかどうかによって決定されるのであるから，社会通念に照らして客観的に行われるべきである（最判昭32.3.13）。

① 文 書

外国語で書かれた書籍であっても，日本国内でわいせつな文書になり得る（最判昭45.4.7）。

② 図 画

映画フィルム（未現像のものを含む），ビデオフィルム（最判昭54.11.19）などがこれに当たる。

③ その他の物

レコード，録音テープ（東京高判昭46.12.23），彫刻物，わいせつな画像情報が記録されたサーバーコンピュータのハードディスク（最判平13.7.16）がこれに当たる。

(2) 行 為

頒布，公然陳列，有償で頒布する目的で所持または保管したことである。

① 頒布，公然陳列したことである。

⑦ 「頒布」とは，不特定または多数人に対し交付することをいい，有償であると，無償であるとを問わない。 `H4-24-1`

④ 「公然陳列」とは，不特定または多数の観覧しうる状態に置くことをいう。

　判例

・わいせつな映画，ビデオを上映すること（大判大15.6.19）。

・不特定または多数の者からの通話に応じ，録音したわいせつな音声を提供すること（大阪地判平3.12.2）。 `H4-24-2`

➡ 自宅に友人5名を招待し，わいせつなビデオを上映した場合，公然性がないので，本罪は成立しない。 `H元-28-2`

②　有償で頒布する目的で所持または保管したことである。

「有償で頒布する目的」とは，国内で頒布する目的をいい，外国で頒布 する目的を含まない（最判昭52.12.22）。

「所持または保管」とは，わいせつ文書等を自己の事実上の支配下に置くことである。

4　淫行勧誘罪

（淫行勧誘）
第182条　営利の目的で，淫行の常習のない女子を勧誘して姦淫させた者は，3年以下の懲役又は30万円以下の罰金に処する。

営利の目的が要件となっており，性交の相手方は不可罰であることから，性風俗や秩序などの社会的法益とする見解と，女子は被害者として処罰されないことから，女子の性的自由・貞操などの個人的法益とする見解の対立がある。

5　重婚罪

（重婚）
第184条　配偶者のある者が重ねて婚姻をしたときは，2年以下の懲役に処する。その相手方となって婚姻をした者も，同様とする。

(1)　保護法益
一夫一婦制という婚姻制度の維持である。

(2)　行　為
重ねて婚姻することである。
「婚姻」とは，法律婚を意味し，事実婚を含まない。

② 賭博および富くじに関する罪

1　保護法益
勤労によって，財産を取得するという，国民の健全な経済的風俗の保護である（最判昭25.11.22）。

2　賭博罪

> （賭博）
> **第185条**　賭博をした者は，50万円以下の罰金又は科料に処する。ただし，一
> 時の娯楽に供する物を賭けたにとどまるときは，この限りでない。

⑴　行　為
賭博をしたことである。

①　「賭博」とは，勝敗を偶然の事情に委ねて，提供した財物の得喪を決す
ることをいう。
　　偶然の事情は，財物を提供した者全員に存在することを要する。
　　財物は，有体物に限らず，財産上の利益であれば足りる。

判例

H4-24-4
・当事者の一方が詐欺的手段を用いて勝敗を支配した場合は，賭博罪は
成立せず，単に詐欺的手段を用いた者にのみ詐欺罪が成立する（大判
昭9.6.11）。

②　「一時の娯楽に供する物」とは，関係者が即時の娯楽のために費消する
ような物をいう。

⑵　着手時期・既遂時期
勝敗を偶然の事情に委ねて，賭博が開始されたことによって，実行の着手
が認められ，同時に既遂に達する（挙動犯）。

判例

H4-24-5
・花札賭博の場合，関係者が一堂に会して財物を賭する約束をし，賭銭を
出した時，または花札の配布を始めた時（親を決めるためのものでもよ
いし，現実に財物を提供しなくともよい）に，本罪の実行の着手が認め
られ，同時に本罪は既遂となる（最判昭23.7.8）。

3　常習賭博罪および賭博場開帳等図利罪

> （常習賭博及び賭博場開張等図利）
> **第186条**　常習として賭博をした者は，3年以下の懲役に処する。
> 2　賭博場を開張し，又は博徒を結合して利益を図った者は，3月以上5年以
> 下の懲役に処する。

(1)　常習賭博罪

① 主　体

賭博の常習者である（身分犯）。

「賭博の常習者」とは，反復して賭博行為をする習癖のある者をいう（大判大3.4.6）。

② 行　為

賭博行為である。

常習者の賭博行為については，ただ1回の行為についても，本罪が成立する（大判大3.4.6）。

(2)　賭博場開張等図利罪

① 行　為

賭博場を開張して，利益を図ったことである。

㋐　「賭博場を開張」するとは，犯人自ら主宰者となり，その支配下において賭博をさせる場所を開設することをいう（最判昭25.9.14）。

㋑　「利益を図った」とは，利益を得る目的で行為したことを意味する（目的犯；大判明43.10.11）。

② 他罪との関係

賭博場開張の情を知りながら，賭博場に当てるべき場所を提供した者は，賭博を容易ならしめたとしても，賭博場開張等図利罪の幇助犯になるだけで，そのほかに，賭博罪の幇助犯は成立しない（大判大9.11.4）。

➡　賭博場開張の幇助は，当然に賭博そのものの幇助を含むから。

(3)　博徒結合図利罪

① 行　為

博徒を結合することである。

② 目　的

利益を図る目的を要する。

4　富くじ発売等罪

> （富くじ発売等）
> **第187条**　富くじを発売した者は，2年以下の懲役又は150万円以下の罰金に処する。
> 2　富くじ発売の取次ぎをした者は，1年以下の懲役又は100万円以下の罰金に処する。
> 3　前二項に規定するもののほか，富くじを授受した者は，20万円以下の罰金又は科料に処する。

👆趣旨

　富くじ（宝くじ等）は，人の勤労意欲を失わせるような性質の勝負事ではない点で，賭博罪よりも軽く処罰することにしたものである。

③　礼拝所および墳墓に関する罪

1　礼拝所不敬および説教等妨害罪

> （礼拝所不敬及び説教等妨害）
> **第188条**　神祠，仏堂，墓所その他の礼拝所に対し，公然と不敬な行為をした者は，6月以下の懲役若しくは禁錮又は10万円以下の罰金に処する。
> 2　説教，礼拝又は葬式を妨害した者は，1年以下の懲役若しくは禁錮又は10万円以下の罰金に処する。
> （墳墓発掘）
> **第189条**　墳墓を発掘した者は，2年以下の懲役に処する。

2　死体損壊等罪

> （死体損壊等）
> **第190条**　死体，遺骨，遺髪又は棺に納めてある物を損壊し，遺棄し，又は領得した者は，3年以下の懲役に処する。

⑴ **客　体**
死体，遺骨，遺髪または棺に納めてある物である。

⑵ **行　為**
損壊，遺棄または領得することである。

① 「損壊」とは，物理的に破壊することをいう。
　➡ 死姦は，損壊にはあたらない（最判昭23.11.16）。

② 「遺棄」とは，習俗上埋葬とみられる方法によらないで放棄することをいう。
　死体を共同墓地に埋葬しても，犯跡を隠ぺいするために行われたときは，遺棄にあたる。
　遺棄は，通常死体を移動させまたは隠す場合に成立するが，法律上の埋葬義務者については，死体をその場所に放置するという不作為の場合にも成立する。

　判 例
　・河畔で分娩した母親が，嬰児を直ちに付近の砂中に埋めて窒息させた　`H5-25-イ`
　　後，その死体をその場に放置した場合，不作為による死体遺棄罪が成　`H2-27-1`
　　立する（大判大6.11.24）。

③ 「領得」とは，不法領得の意思をもって占有を取得することをいう（大判大13.10.7）。
　領得犯人から買い受けることも領得である（大判大4.6.24）。

3　墳墓発掘死体損壊等罪・変死者密葬罪

（墳墓発掘死体損壊等）
第191条　第189条（墳墓発掘）の罪を犯して，死体，遺骨，遺髪又は棺に納めてある物を損壊し，遺棄し，又は領得した者は，3月以上5年以下の懲役に処する。
（変死者密葬）
第192条　検視を経ないで変死者を葬った者は，10万円以下の罰金又は科料に処する。

第3章
国家的法益に対する罪

第1節　国家の存立・国交に対する罪

Topics ・直接的に国家自体の法益に向けられた攻撃を内容とする犯罪である。
・本試験には出題されたことはないので，試験のために学習する必要はない。

🔳 内乱に関する罪

国家の内部的秩序を直接攻撃する犯罪であり，国家の内部から国家の存立を脅かす犯罪である。

内乱罪および未遂罪（刑§77），内乱予備および陰謀罪（刑§78），内乱等幇助罪（刑§79）が規定されている。

内乱予備および陰謀罪，内乱等幇助罪については，暴動に至る前に自首したときは，その刑が免除される（刑§80）。

🔳 外患に関する罪

国家の外部から国家の安全な存立を脅かす犯罪である。

外患誘致罪および未遂罪（刑§81，87），外患援助罪および未遂罪（刑§82，87），外患予備および陰謀罪（刑§88）が規定されている。

🔳 国交に関する罪

外国国章損壊等罪（刑§92），私戦予備および陰謀罪（刑§93），中立命令違反罪（刑§94）が規定されている。

第2節　国家の作用に対する罪

Topics・ここでは本試験でも全般にわたって出題されているので，条文を中心
　に，重要判例も含めて学習する必要がある。
・特に，公務執行妨害罪が重要である。
・犯人蔵匿等罪と証拠隠滅等罪，偽証罪と虚偽告訴等罪は比較しながら
　学習すると理解しやすいと思う。

1　公務の執行を妨害する罪

1　総　説

　刑法は，国家の立法・行政・司法の各作用を保護するために，それを侵害す
る罪を規定している。これらの罪は，国家の作用を外部から侵害する罪と，国
家作用を内部から侵害する罪とに分けることができる。
　そして，国の作用を現実に実施し運営するのは公務員であるから，この意味
が問題となる。

① 　刑法において「公務員」とは，国または地方公共団体の職員その他法令に
　より公務に従事する議員，委員その他の職員をいう（刑§7Ⅰ）。

② 　「公務」とは，国家または地方公共団体の事務をいう。
　　権力的公務だけでなく，非権力的公務，私企業的公務も含まれる（最判昭
　53.6.29）。

③ 　「公務所」とは，官公庁その他公務員が職務を行う所をいう（刑§7Ⅱ）。

2　公務執行妨害罪

（公務執行妨害及び職務強要）
第95条　公務員が職務を執行するに当たり，これに対して暴行又は脅迫を加え
　た者は，3年以下の懲役若しくは禁錮又は50万円以下の罰金に処する。

(1)　保護法益

　公務，すなわち国または公共団体の作用，つまり公務員による職務の円滑
な遂行である（最判昭28.10.2）。

(2) **主　体**

特に制限はない。公務員も主体となり得る。

(3) **客　体**

公務員であるが，外国の公務員は含まれない（最判昭27.12.25）。

(4) **行　為**

`S62-27-1`

公務員が職務を執行するに当たり，これに対し暴行・脅迫を加えることである。

① 「職務」とは，広く公務員が取り扱う各種各様の事務すべてが含まれる（大判明44.4.17，最判昭53.6.29）。

強制的性格を有する権力的職務の執行のほか，民営企業の行っている業務と同質の私企業的職務も含まれる。

② 「職務を執行するに当たり」とは，職務を執行するに際しての意味であり，現実に職務を執行しているときだけでなく，その執行に着手しようとしているときも含む（最判昭53.6.29，同24.4.26）。

　判　例

・中断中であっても，職務の性質上継続した一連の職務とみるべき場合は，職務を執行するに当たる（最判昭53.6.29）。

`S55-28-2`

・職務執行が終了した後は，その直後でも，職務を執行するに当たりとはいえない（最判昭45.12.22）。

③ 職務の執行は，適法であることを要する（大判大7.5.14）。適法であるための要件は次のとおりである。

㋐ 職務執行が当該公務員の抽象的職務権限に属すること。

㋑ 公務員がその職務を行う具体的職務権限を有すること。

㋒ その職務執行を有効にする法律上の重要な条件・方式を履践していること。

　判　例

・収税官吏が，所得税に関する調査をする際に，所定の検査章を携帯していなかったとしても，相手方からその呈示を求められなかったときは，その調査は適法である（最判昭27.3.28）。

④　職務行為の適法性の判断基準

　＜論点＞

　　職務行為は適法でなければならないとした場合，その適法性を誰がどの時点で判断するのかが問題となる。

　　この点につき判例は，裁判所が，行為当時の状況から合理的・客観的に判断するとしている（行為時基準説；最決昭41.4.14）。

➡　当該執行行為が職務執行として適法かどうかの問題である以上，行為当時の状況に基づくべきである。公務の保護と人権保障の調和がとれた妥当な解決を図ることができる。

ケーススタディ

　警察官Cが客観的に見て現行犯と認めるに十分な理由がある挙動不審者Bを現行犯人として逮捕している最中，Bの友人AがCの顔面を殴打したが，その後，裁判において，Bが現行犯人として逮捕された罪につき犯罪行為者ではなかったとして無罪の確定判決を受けた場合，Aにつき公務執行妨害罪が成立するか。 `H6-26-イ`

✎　Aにつき公務執行妨害罪が成立する。

⑤　暴行または脅迫を加えることを要する。

　㋐　「暴行」とは，直接公務員の体に加えられたものに限られず（最判昭41.3.24），また，直接・間接を問わず，公務員に向けられた不法な有形力の行使（間接暴行）をいう（最判昭37.1.23）。 `H3-25-エ` `S58-28-2`

　　判例

　　・職務執行中の警察官の耳元で，空き缶を数回激しく叩いて大きな音を出した場合，公務執行妨害罪が成立する（最判昭53.6.29参照）。 `H6-26-オ`

　　・職務執行中の警察官に向かって投石したが，その石は警察官の顔面の直近をかすめたのみで命中しなかった場合，公務執行妨害罪が成立する（最判昭33.9.30）。 `H6-26-ウ` `S57-28-1`

　　・公務員の職務執行に関与する私人である補助者に対して加えられた暴行も，その公務員に対する暴行となる（最判昭41.3.24）。 `S58-28-5`

　　・覚醒剤取締法違反の現行犯人を逮捕した現場で，警察官が証拠物として適法に差押え，整理中の覚醒剤注射液入りアンプルを警察官の面前で踏みつけて損壊すれば，公務執行妨害罪が成立する（最判昭34.8.27）。 `H6-26-ア` `S55-28-4`

　　・執行官の命を受けた私人たる補助者が，執行官の指図に従って家財 `H6-26-エ`

道具を屋外に搬出していたところ，これに対し暴行・脅迫を加えてその搬出を妨害した場合，公務執行妨害罪が成立する（最判昭41.3.24）。

　⑦　「脅迫」とは，人をして畏怖の念を生ぜしめるに足る一切の害悪の告知をいう。

　⑨　暴行・脅迫は，積極的なものとしてなされたことを要する（最判昭26.7.18）。

　　判例

　　・警察官が犯人を逮捕するためにやってきたので，犯人の職場の同僚がスクラムを組み，労働歌を高唱して気勢を上げたにとどまる場合，公務執行妨害罪は成立しない（最判昭26.7.18）。

S58-28-1　　㊤　暴行・脅迫により現実に職務執行が妨害される必要はなく，妨害となるべき程度のものであれば足りる（抽象的危険犯；最判昭33.9.30，同25.10.20）。

(5)　**故　意**

　行為の客体が公務員であること，およびその者が職務を執行するに当たり，これに対して暴行・脅迫を加えることについて認識が必要である（大判大6.12.20）。

S55-28-3　➡　街頭で犯人を追跡中の私服警官を私立探偵と誤解し，その者に暴行を加えても，公務執行妨害罪は成立しない。

(6)　**罪　数**

　本罪の保護法益は公務であるから，本罪の罪数も妨害された公務の数によって決定される。

　　判例

　　・数人の公務員の職務執行を同時に妨害した場合，公務執行妨害罪の観念的競合となる（最判昭26.5.16）。

H5-25-ア　　・公務の執行を妨害する意図で，公務執行中の公務員を監禁した場合，監禁罪と公務執行妨害罪の観念的競合となる（大判大6.4.2）。

3　職務強要罪

<blockquote>

（公務執行妨害及び職務強要）

第95条

2　公務員に，ある処分をさせ，若しくはさせないため，又はその職を辞させるために，暴行又は脅迫を加えた者も，前項（公務執行妨害）と同様とする。

</blockquote>

(1)　行　為

公務員に対して暴行または脅迫を加えることである。

➡　「暴行」「脅迫」の意義は，公務執行妨害罪（狭義）と同じである。

(2)　目　的

公務員をして，ある処分をさせ，またはさせないため，もしくはその職を辞させる目的が必要である（目的犯）。

①　「処分」とは，その公務員の職務に関係のある処分であれば足り，その職務権限内の処分でなくてもよい（最判昭28.1.22）。

②　「職を辞させる」とは，公務の執行を妨害する手段として辞職させようとする場合のみならず，単なる個人的事情により辞職させようとする場合も含む。

(3)　既遂時期

公務員に，ある処分をさせる目的もしくはさせない目的，または辞職させる目的をもって，暴行または脅迫を加えれば，直ちに既遂に達する。その目的が実現したか否かは問わない（抽象的危険犯；大判昭4.2.9）。

4　封印等破棄罪

<blockquote>

（封印等破棄）

第96条　公務員が施した封印若しくは差押えの表示を損壊し，又はその他の方法によりその封印若しくは差押えの表示に係る命令若しくは処分を無効にした者は，3年以下の懲役若しくは250万円以下の罰金に処し，又はこれを併科する。

</blockquote>

⑴ **保護法益**

封印・差押えの表示によって実現される強制執行の適正かつ円滑な実施である。

⑵ **客　体**

公務員が施した封印または差押えの表示である。

① 「封印」とは，物に対する任意の処置を禁ずるため，その物の外装に施された封緘その他の開封禁止の意思を表示した物的設備をいう。

② 「差押え」とは，公務員がその職務上保管すべき物を自己の占有に移す強制処分をいう。
➡ 物の占有を公務員に移すことなく，単に一定の作為・不作為を禁ずるにすぎない仮処分などは，差押えと呼ばれていても，これに含まれない。

③ 公務員の封印または差押えの表示を施す行為は，必ずしも適法であることを要しない（最決昭42.12.19）。
➡ 占有者を誤認してなされた占有保管の仮処分であっても原則として有効である。

④ 行為の当時，適法な封印または差押えの表示が存在することを要する（最判昭33.3.28）。
➡ 差押えの表示が第三者によって既に破壊された後に，債務者が差押物件を搬出しても，封印等破棄罪は成立しない。

⑶ **行　為**

封印または差押えの表示を損壊し，その他の方法により封印もしくは差押えの表示に係る命令もしくは処分を無効にすることである。

① 封印を損壊することである。

「封印の損壊」とは，封印等を物質的に破壊し，その事実上の効用を減却ないし減殺することをいう。
➡ たとえば，執行官が仮差押えの表示として家具に貼り付けた差押物件目標をはぎ取り，これを破り捨てる行為など。

②　その他の方法によりその封印もしくは差押えの表示に係る命令もしくは処分を無効にすることである。

　「無効にする」とは，封印等を物質的に破壊することなく，その事実上の効用を滅却ないし減殺することをいう（大判昭12.5.28）。

> **判例**
> ・封印はそのままにして，封印した桶から濁り酒を漏出させる行為は本罪に当たる（大判明44.7.10）。
> ・仮処分による立入禁止の表示札を無視して，土地に立ち入り耕作した行為は本罪に当たる（大判昭7.2.18）。

(4)　故　意

　封印または差押えの表示が公務員の施したものであることおよびこれを損壊または無効にすることの認識があることを必要とし，かつこれで足りる。

> **判例**
> ・弁済により差押えは失効したと誤信して差押物件の封印および表示を損壊した場合は，本罪の故意を阻却する（大決大15.2.22）。
> ・法律上有効になされた差押えの表示を法律上無効であると誤信してこれを損壊した場合は，本罪の故意を阻却しない（最判昭32.10.3）。

5　強制執行妨害目的財産損壊等罪

> （強制執行妨害目的財産損壊等）
> **第96条の2**　強制執行を妨害する目的で，次の各号のいずれかに該当する行為をした者は，3年以下の懲役若しくは250万円以下の罰金に処し，又はこれを併科する。情を知って，第3号に規定する譲渡又は権利の設定の相手方となった者も，同様とする。
> 一　強制執行を受け，若しくは受けるべき財産を隠匿し，損壊し，若しくはその譲渡を仮装し，又は債務の負担を仮装する行為
> 二　強制執行を受け，又は受けるべき財産について，その現状を改変して，価格を減損し，又は強制執行の費用を増大させる行為
> 三　金銭執行を受けるべき財産について，無償その他の不利益な条件で，譲渡をし，又は権利の設定をする行為

(1)　保護法益

　債権者の債権の実現という利益の保護である（最判昭35.6.24）。

(2) **主 体**

制限されていない。債務者以外の第三者でもよい（大判昭18.5.8）。

(3) **行 為**

`S62-27-3`　①財産を隠匿，損壊，仮装譲渡，または仮装の債務を負担すること，②現状を改変して価格を減損し，または強制執行の費用を増大させること，③無償その他の不利益な条件で譲渡し，または権利の設定をすることである。

「隠匿」とは，強制執行を実施する者に対して，財産の発見を不能または困難にすることをいう。財産の所有関係を不明にすることも含む。

(4) **目 的**

強制執行を免れる目的をもって，行為をすることを要する（目的犯）。

① 「強制執行」とは，民事執行法による強制執行または同法を準用する強制執行（最決昭29.4.28）のみならず，仮差押え・仮処分の執行も含む（大判昭18.5.8）。

`S60-27-1`　➡ 罰金刑の執行には，民事執行法などの規定に従って行われるので，本罪の適用がある。

② 現実に強制執行を受けるおそれのある客観的状況の下において，強制執行を免れる目的をもって，所定の行為が行われることを要する。

`S60-27-2`　➡ 現実に強制執行の全部または一部が行われたことは必要でない（最決昭35.4.28）。

(5) **既遂時期**

強制執行を免れる目的で行為をすれば直ちに既遂となり，強制執行を実際に免れたことを要しない（抽象的危険犯；最決昭35.4.28）。

6　平成23年刑法等の一部改正により新設された罪
(1)　強制執行行為妨害等罪

（強制執行行為妨害等）

第96条の３ 偽計又は威力を用いて，立入り，占有者の確認その他の強制執行の行為を妨害した者は，３年以下の懲役若しくは250万円以下の罰金に処し，又はこれを併科する。

2 強制執行の申立てをさせず又はその申立てを取り下げさせる目的で，申立

権者又はその代理人に対して暴行又は脅迫を加えた者も，前項と同様とする。

(2) 強制執行関係売却妨害罪

（強制執行関係売却妨害）

第96条の4　偽計又は威力を用いて，強制執行において行われ，又は行われるべき売却の公正を害すべき行為をした者は，3年以下の懲役若しくは250万円以下の罰金に処し，又はこれを併科する。

(3) 加重封印等破棄等罪

（加重封印等破棄等）

第96条の5　報酬を得，又は得させる目的で，人の債務に関して，第96条から前条までの罪を犯した者は，5年以下の懲役若しくは500万円以下の罰金に処し，又はこれを併科する。

7　公契約関係競売等妨害罪

（公契約関係競売等妨害）

第96条の6　偽計又は威力を用いて，公の競売又は入札で契約を締結するためのものの公正を害すべき行為をした者は，3年以下の懲役若しくは250万円以下の罰金に処し，又はこれを併科する。

2　公正な価格を害し又は不正な利益を得る目的で，談合した者も，前項と同様とする。

(1) 保護法益

刑法96条の6第1項は，国または公共団体が実施する競売・入札の公正である。

同条の6第2項は，入札・競売における競争，競売による施行主体の利益の確保である。

(2) 主　体

制限はない。

⑶　**行　為**

①　刑法96条の6第1項は，偽計または威力を用いて，公の競売または入札で契約を締結するためのものの公正を害すべき行為をしたことである。

㋐　「偽計」とは，人の判断を誤らせるような術策を用いることをいう。

㋑　「威力」とは，人の意思を抑圧するに足りる力をいう。暴行・脅迫を加えること（最決昭58.5.9），職権を濫用すること，地位・権勢を利用して抑圧する場合も含む。

㋒　「公正を害すべき行為」とは，公の競売または入札に不当な影響を及ぼすべき行為をいう。現実に公の競売・入札の公正が害されたことを要しない（抽象的危険犯；高松高判昭33.12.10）。

> **判例**

S62-27-4

・談合行為自体はこれに含まれないが，談合をもちかけ，これに応じない者に不当に談合に応ずるように脅迫して要求した行為を含む（最決昭58.5.9）。

②　同条の6第2項は，談合したことである。

「談合」とは，競争入札に加わる者が，相互に通謀し，ある特定の者を落札者ないし競落者とするために，他の者は一定の価格以上または以下に付け値または入札しないことを協定することをいう（大判昭19.4.28）。

S62-27-5

協定行為に加わった以上，自ら入札の希望を有しない者でも，本罪が成立する（最判昭32.12.13）。

⑷　**既遂時期**

刑法96条の6第2項の談合罪の場合，所定の目的をもって談合をすることによって直ちに既遂となり，談合した者が談合に従って行動したことを要しない（抽象的危険犯；最決昭28.12.10）。

⑸　**目　的**

刑法96条の6の2項の談合罪の場合，公正な価格を害し，または不正な利益を得る目的で談合が行われたことを要する（目的犯）。

「公正な価格」とは，その競売・入札において公正な自由競争が行われたならば成立したであろう競落・入札価格をいう（最決昭28.12.10）。

「不正な利益」とは，談合による利益が社会通念上いわゆる祝儀の程度を超え，不当に高額であるものをいう（最判昭32.1.22）。

❷ 逃走の罪

1　総　説

　本罪の保護法益は，国家の拘禁作用である。その拘禁は適法であることを要する。本罪は，被拘禁者自身が拘禁作用を侵害する場合と，それ以外の者がこれを侵害する場合とに分けられる。

2　（単純）逃走罪

> （逃走）
> **第97条**　法令により拘禁された者が逃走したときは，3年以下の懲役に処する。
> （未遂罪）
> **第102条**　未遂は，罰する。

(1)　主　体

　法令により拘禁された者である（身分犯）。

　「法令により拘禁された者」とは，裁判の執行により拘禁された既決または未決の者，勾引状・逮捕状・勾留状・収容状・引致状の執行を受けた者のほか，現行犯として逮捕された者，緊急逮捕された者，少年院・少年鑑別所に収容中の者を含む（福岡高宮崎支判昭30.6.24）。

➡　必ずしも一定の場所に拘禁されている者であることを要せず，拘禁のために連行中の者も含まれる。

(2)　行　為

　逃走することである。

　「逃走」とは，拘禁から離脱することである。

(3)　着手時期

　逃走行為は，拘禁作用の侵害が開始された時である。

(4)　既遂時期

　逃走した被拘禁者が，看守者の実力的支配を脱した時である（状態犯）。例えば，逃走した被拘禁者が看守者の追跡を受けることなく刑事施設の外壁を乗り越えた時に既遂となる。

➡　逃走した被拘禁者が刑事施設の外壁を乗り越えたが，看守者の追跡を受けている間は既遂にならない（福岡高判昭29.1.12）。

3　加重逃走罪

> （加重逃走）
> **第98条**　前条（逃走）に規定する者が拘禁場若しくは拘束のための器具を損壊
> し，暴行若しくは脅迫をし，又は2人以上通謀して，逃走したときは，3月
> 以上5年以下の懲役に処する。
> （未遂罪）
> **第102条**　未遂は，罰する。

⑴　**主　体**

　　逃走罪に規定する者である（身分犯）。

⑵　**行　為**

　①　拘禁場もしくは拘禁のための器具を損壊して，逃走することである。
　　　「損壊」とは，物理的に毀損することをいう。

　➡　単に手錠を外し，これを放置することは損壊にあたらない（広島高判昭
　　　31.12.25）。

　②　暴行もしくは脅迫をして，逃走することである。
　　　「暴行」は，逃走の手段として看守者またはこれに協力する者に対して
　　加えられることを要するが，必ずしもこれらの者の身体に対して加えられ
　　たことを要しない（間接暴行で足りる）。

　③　2人以上通謀して，逃走することである。

⑶　**着手時期**

　①　拘禁場もしくは拘禁のための器具を損壊して逃走する場合，逃走の目的
　　で拘禁場等の損壊が開始された時である（最判昭54.12.25）。
　②　暴行もしくは脅迫をして逃走する場合は，暴行または脅迫が行われた時
　　である（東京高判昭54.4.24）。
　③　2人以上の者が通謀して逃走する場合は，2人以上の者が現実に逃走行
　　為を開始した時である（必要的共犯；佐賀地判昭35.6.27）。

　　　判例

　　　・被拘禁者が逃走の目的で拘禁場内の換気孔周辺のモルタル部分を損壊
　　　　した場合は，脱出可能な穴を開けることができなかったとしても加重
　　　　逃走未遂罪が成立する（最判昭54.12.25）。

・通謀して1人だけが逃走したときは，逃走者には単純逃走罪が成立し，通謀者には逃走援助罪が成立する（佐賀地判昭35.6.27）。

4　被拘禁者奪取罪

（被拘禁者奪取）
第99条　法令により拘禁された者を奪取した者は，3月以上5年以下の懲役に処する。
（未遂罪）
第102条　未遂は，罰する。

(1)　客　体

法令により拘禁された者である。

「法令により拘禁された者」とは，裁判の執行により拘禁された既決または未決の者，勾引状・逮捕状・勾留状・収容状・引致状の執行を受けた者のほか，現行犯として逮捕された者，緊急逮捕された者，少年院・少年鑑別所に収容中の者を含む（福岡高宮崎支判昭30.6.24）。

➡　必ずしも一定の場所に拘禁されている者であることを要せず，拘禁のために連行中の者も含まれる。

(2)　行　為

奪取することである。

「奪取」とは，被拘禁者をその看守者の実力的支配から離脱させ，自己または第三者の実力的支配内に移すことをいい，方法の如何を問わない。

5　逃走援助罪

（逃走援助）
第100条　法令により拘禁された者を逃走させる目的で，器具を提供し，その他逃走を容易にすべき行為をした者は，3年以下の懲役に処する。
2　前項の目的で，暴行又は脅迫をした者は，3月以上5年以下の懲役に処する。
（未遂罪）
第102条　未遂は，罰する。

⑴　行　為

　法令により拘禁された者を逃走させる目的で，①器具を提供し，その他逃走を容易にすべき行為をすること，または②暴行・脅迫をすることである（目的犯）。

① 　「逃走を容易にすべき行為」とは，逃走の方法などを示したり，拘束のための器具を除去するとか，縄梯子を供与する行為などをいう（目的犯）。

② 　「暴行・脅迫」は，必ずしも看守者らに向けられたものでなくてもよい。

⑵　既遂時期

　逃走を容易にすべき行為が終了すれば，被拘禁者が逃走に着手しなくても既遂に達する。

　また，暴行・脅迫がなされれば，被拘禁者が逃走に着手しなくても既遂に達する（佐賀地判昭35.6.27）。

6　看守者逃走援助罪

（看守者等による逃走援助）
第101条　法令により拘禁された者を看守し又は護送する者がその拘禁された者を逃走させたときは，1年以上10年以下の懲役に処する。
（未遂罪）
第102条　未遂は，罰する。

⑴　主　体

　法令により拘禁された者を看守し，または護送する者である（身分犯）。

⑵　行　為

　逃走させたことである。

　「逃走させた」とは，逃走を容易にする行為のほか，逃走を惹起する行為をも含む。

➡　被拘禁者を解放するという行為のほか，施錠されていないことを知りながらそのままにし，被拘禁者の逃走を許すという不作為も含む。

③　犯人蔵匿および証拠隠滅の罪

1　保護法益

犯罪の捜査・刑事裁判・刑の執行等の，国家の刑事司法作用の円滑な運用である。

2　犯人蔵匿等罪

> （犯人蔵匿等）
>
> **第103条**　罰金以上の刑に当たる罪を犯した者又は拘禁中に逃走した者を蔵匿し，又は隠避させた者は，3年以下の懲役又は30万円以下の罰金に処する。

(1)　客　体

罰金以上の刑に当たる罪を犯した者，または拘禁中に逃走した者である。

①　「罪を犯した者」とは，真犯人に限らず，犯罪の嫌疑を受けて捜査または訴追中の者（最判昭24.8.9），逮捕拘留中の者（最決平元.5.1）を含む。　`H28-26-イ` `H6-23-オ`

　`判例`
　　・罰金以上の刑に当たる罪を犯した者であることを知りながらかくまった場合，その犯罪がすでに捜査官憲に発覚して捜査が始まっているかどうかにかかわらず，犯人蔵匿罪が成立する（最判昭33.2.18）。　`H6-23-イ`
　　・捜査中の詐欺容疑者をかくまった場合，後にその容疑者が起訴猶予になったとしても，犯人蔵匿罪が成立する（東京高判昭37.4.18）。　`S57-28-2`
　　　➡　訴追・処罰の可能性があるから。

②　「拘禁中に逃走した者」とは，法令に基づく拘禁を脱して逃走した者をいう。逃走罪を構成する者に限らず，奪取された者も含む。

(2)　行　為

蔵匿し，または隠避させることである。

①　「蔵匿」とは，官憲の発見・逮捕を免れる場所を提供する行為をいう。

②　「隠避」とは，蔵匿以外の方法で官憲の発見・逮捕を免れさせる一切の行為をいう（大判昭5.9.18）。

判例

・罰金以上の刑に当たる罪の真犯人が既に逮捕・勾留されている段階
で，その者の身代わりとなる目的で警察に出頭して自分が真犯人であ
ると申し立てた場合は，隠避となる（最決昭36.3.28，最決平元.5.1参照）。

➡　犯人が逮捕拘留された後，他人を教唆して身代り犯人として警察に出
頭させ自分が犯人である旨の虚偽の陳述をさせた場合，犯人は犯人隠避
教唆罪となる（最決平元.5.1）。

③　故　意

本罪は，客体が罰金以上の刑に当たる犯罪をした者であることについて，
認識があれば成立する。

「罰金以上の刑に当たる犯罪をした者」とは，犯した犯罪が何であるか
を知っていれば，法定刑が罰金以上であることまで認識している必要はな
い（最決昭29.9.30）。

⑶　**共　犯**

罰金以上の刑にあたる罪を犯した者が，他人を教唆して自己を蔵匿・隠避
させたときは，犯人蔵匿・隠避罪の教唆犯が成立する（最決昭40.2.26）。

3　証拠隠滅等罪

（証拠隠滅等）

第104条　他人の刑事事件に関する証拠を隠滅し，偽造し，若しくは変造し，
又は偽造若しくは変造の証拠を使用した者は，3年以下の懲役又は30万円以
下の罰金に処する。

⑴　**客　体**

他人の刑事事件に関する証拠である。自己の刑事事件に関する場合は期待
可能性がないため，これをしても罰せられない。

①　自己の刑事事件と他人の刑事事件に共通する証拠について，専ら他人の
ためにする意思でしたときには，証拠隠滅罪が成立する（大判大8.3.31）。

②　自己の刑事事件と他人の刑事事件に共通する証拠について，自己の利益
のためにする意思で隠滅するときは，それが同時に共犯者の利益になると
しても，証拠隠滅罪は成立しない（東京地判昭36.4.4）。

③　刑事事件である限り，現に裁判所に係属している事件に限らず，捜査段階にある被疑事件（大判明45.1.15），将来被疑事件になりうる事件（大判昭10.9.28）も含む。

⑵　行　為

証拠を隠滅し，偽造・変造し，または偽造・変造した証拠を使用することである。

①　「隠滅」とは，物理的滅失に限らず，証拠の提出を妨げ，またはその価値を滅失・減少させるすべての行為をいう（大判明43.3.25）。

> 判例
> ・証人または参考人となるべき者を逃避させ，隠避させた場合は，証拠隠滅罪が成立する（最決昭36.8.17）。　`H28-26-オ` `H6-23-エ`

②　「偽造」とは，不真正な証拠を作成することをいう。

③　「変造」とは，真正な証拠に加工してその証拠としての効果を変更させることをいう。

④　「使用」とは，真正な証拠として用いることをいう。

⑶　共　犯

犯人が他人を教唆して，自己の刑事事件に関する証拠を隠滅させた場合は，証拠隠滅罪の教唆犯が成立する（最決昭40.9.16）。　`H3-25-ア`

4　親族による犯罪に関する特例

> （親族による犯罪に関する特例）
> **第105条**　前二条（犯人蔵匿等，証拠隠滅等）の罪については，犯人又は逃走した者の親族がこれらの者の利益のために犯したときは，その刑を免除することができる。

親族が他人を教唆して犯人蔵匿・証拠隠滅行為を行わせた場合，他人を犯罪に巻き込む結果となるため，もはや期待可能性がないとはいえないから，親族による犯罪に関する特例の適用を受けることはできない（大判昭8.10.18）。　`R5-26-1` `H6-23-ア`

5　証人等威迫罪

> （証人等威迫）
>
> **第105条の2**　自己若しくは他人の刑事事件の捜査若しくは審判に必要な知識を有すると認められる者又はその親族に対し，当該事件に関して，正当な理由がないのに面会を強請し，又は強談威迫の行為をした者は，2年以下の懲役又は30万円以下の罰金に処する。

(1)　**保護法益**

　　刑事司法作用と証人その他の者の安全・私生活の平穏である。

(2)　**客　体**

　　自己または他人の刑事事件の捜査もしくは審判に必要な知識を有すると認められる者，またはその親族である。

　①　証拠隠滅罪と異なり，自己の刑事事件も含まれる。

　②　「知識を有すると認められる」とは，現にその知識を有する者に限らず，具体的状況上，そのような知識を有すると認められる者であればよい。

(3)　**行　為**

　　当該事件に関して，正当な理由がないのに面会を強請し，または強談威迫の行為をすることである。

　①　「正当な理由がないのに面会を強請する」とは，面会を受ける意思のないことが明らかな相手に面会を強要することである。面会は直接の方法に限る。

　②　「強談」とは，言葉を用いて自己の要求に従うよう強要することである。

　③　「威迫」とは，勢力を示す言葉や動作を用いて，不安や困惑の念を生じさせることをいう。

(4)　**既遂時期**

　　面会の強請，強談・威迫の行為がなされれば，直ちに既遂に達する（抽象的危険犯）。

4　偽証の罪

1　偽証罪

（偽証）
第169条　法律により宣誓した証人が虚偽の陳述をしたときは，3月以上10年以下の懲役に処する。
（自白による刑の減免）
第170条　前条の罪を犯した者が，その証言をした事件について，その裁判が確定する前又は懲戒処分が行われる前に自白したときは，その刑を減軽し，又は免除することができる。

⑴　**保護法益**
国家の審判作用（裁判・懲戒処分）の適正な運用である。

⑵　**主体**
法律により宣誓した証人である（身分犯）。

①　「法律により」とは，法律に根拠があることである。その法律は刑事訴訟法に限らず，民事訴訟法や非訟事件手続法なども含む。

②　「宣誓」は，有効でなければならないが，軽微な手続上の瑕疵は必ずしも宣誓を無効にするものではない。宣誓能力のない者の宣誓は無効である（最判昭27.11.5）。
　判例
・宣誓拒絶権・証言拒絶権を有する証人が，拒絶権を行使しないで宣誓して虚偽の陳述をした場合，偽証罪は成立する（最決昭28.10.19）。　`S59-26-2`

③　刑事被告人および民事訴訟の当事者は，本罪の主体になりえない。
　判例
・共犯者または共同被告人が，被告人としての立場ではなく証人としての立場で宣誓の上，証言拒否権を行使しないで虚偽の陳述をしたときは，証言事項が証人自身の犯罪事実に関すると否とを問わず，偽証罪が成立する（大判明44.2.22）。
・証人資格を有しない者が，宣誓して虚偽の陳述をした場合，偽証罪が成立する（大判明42.11.11）。

④　宣誓の時期は，陳述の前後を問わない（大判明45.7.23）。

(3)　行　為

虚偽の陳述をすることである。

<論点>

「虚偽の陳述」の意義については主観説と客観説の争いがある。

📖**ケーススタディ**

ⓐ　裁判で宣誓した証人Aは，自己の記憶に合致することを真実だと信じて陳述をしたところ，それが客観的に真実に反していた場合，偽証罪が成立するか。

H28-26-エ

ⓑ　裁判で宣誓した証人Bは，自己の記憶に反することを真実だと信じて陳述をしたところ，それが客観的に真実であった場合，偽証罪が成立するか。

ⓒ　裁判で宣誓した証人Cは，自己の記憶に反することを真実ではないとじて陳述をしたところ，それが客観的に真実であった場合，偽証罪が成立するか。信じて陳述をしたところ，それが客観的に真実であった場合，偽証罪が成立するか。

	主観説（大判昭7.3.10）	客 観 説
意 義	虚偽とは，証人の記憶に反することをいう。	虚偽とは，陳述の内容が，客観的真実に反することをいう。
理 由	証人は自ら経験した事実を記憶のまま陳述すべき義務があり，記憶に反する陳述は，それ自体がすでに国家の審判作用を誤らせる一般的抽象的危険をはらんでいる。	証言が記憶に反するものであっても，その内容が客観的真実に合致している以上は，審判を誤らせる具体的危険は存在しない。
帰 結	証人が自己の記憶に反する証言をした場合には，証言内容が客観的真実に合致していても，偽証罪が成立する。	陳述内容が客観的真実に合致していれば，偽証罪は成立しない。ただし，その内容が客観的真実に合致していなくても，証人が真実だと信じて陳述した場合，虚偽であることの認識（偽証罪の故意）を欠くため，偽証罪は成立しない。
ケーススタディの帰結	ⓐ　Aにつき偽証罪は成立しない。 ⓑ　Bにつき偽証罪が成立する。 ⓒ　Cにつき偽証罪が成立する。	ⓐ　Aにつき偽証罪の構成要件に該当するが，故意を欠くため偽証罪は成立しない。 ⓑ　Bにつき偽証罪は成立しない。 ⓒ　Cにつき偽証罪は成立しない。

⑷　**既遂時期**

1回の尋問手続における陳述全体が終了した時である。

一連の陳述中に個々の陳述内容を訂正すれば，本罪は成立しない（大判明35.10.20）。

陳述後に宣誓するときは，宣誓終了によって既遂となる。

⑸　**共　犯**

①　刑事被告人が，自己の刑事事件について，他人を教唆して虚偽の陳述をさせたときは，偽証罪の教唆犯となる（最決昭28.10.19）。

➡　自己の偽証行為とは異なり，他人に偽証させる行為にまで期待可能性がないとはいえないから。

② 刑事被告人が，自己の刑事事件の証人として喚問された証人に，虚偽の事実を述べて宣誓を拒否するよう要求したときは，偽証罪の教唆犯は成立しない。

➡ 証人は宣誓をしていないので偽証罪が成立しないため，刑事被告人にも共犯の従属性により，偽証罪の教唆犯は成立しない。

(6) 自白による刑の減免（刑§170）

本条は，偽証に基づく誤った審判を防止するため設けられた政策的規定である。

① 適用範囲は，偽証罪，虚偽鑑定罪，虚偽通訳罪であり，正犯者のほか，教唆犯にも適用される（大決昭4.8.26）。

② 偽証罪が陳述終了によって既遂に達した後であっても，裁判確定前または懲戒処分前に自白したときは，刑の減免を受け得る（任意的減免）。

③ 「自白」とは，自己が虚偽の陳述等をしたことを自認することをいう。自白の相手方は，裁判所，懲戒権者，捜査機関に限られる。

2 虚偽鑑定等罪

（虚偽鑑定等）
第171条 法律により宣誓した鑑定人，通訳人又は翻訳人が虚偽の鑑定，通訳又は翻訳をしたときは，前二条（偽証，自白による刑の減免）の例による。

(1) 主 体

法律によって宣誓した鑑定人，通訳人または翻訳人に限られる（身分犯）。

(2) 行 為

宣誓すること，および虚偽の鑑定または虚偽の通訳・翻訳をすることである。

① 「虚偽」とは，鑑定人・通訳人・翻訳人の所信に反することをいう（大判明42.12.16）。

② 「鑑定」とは，鑑定人の意見または判断を陳述することをいう。

③　「通訳・翻訳」とは，通訳人・翻訳人の訳述を審判機関に伝達すること
をいう。

5　虚偽告訴の罪

1　虚偽告訴等罪

> （虚偽告訴等）
> **第172条**　人に刑事又は懲戒の処分を受けさせる目的で，虚偽の告訴，告発そ
> の他の申告をした者は，3月以上10年以下の懲役に処する。

⑴　保護法益

第1次的には国家の刑事司法作用の適正な運用であり，第2次的には個人
が不当に国の刑事または懲戒処分の対象にされないという個人的利益である
（大判大元.12.20）。

➡　虚偽告訴について被害者の承諾があっても，本罪の成立に影響はしない（大判
大元.12.20）。

⑵　行　為

虚偽の告訴，告発その他の申告をすることである。

①　「虚偽」とは，客観的真実に反することをいう（最決昭33.7.31）。　`H3-25-ウ`

➡　偽証罪と異なり，客観的真実と合致している限り国家の捜査権または懲戒
のための調査権の行使が不当に侵害されることはないからである。

②　申告は，相当官署にしなければならない。
　㋐　刑事処分の場合，検察官，検察事務官，司法警察職員である。
　㋑　懲戒処分の場合，懲戒権者，あるいは懲戒権の発動を促しうる機関で
ある。

③　申告は，刑事または懲戒の処分の原因となりうる事実を内容としなけれ
ばならない。

④　申告は自発的にされなければならない。相当官署の取り調べを受けて虚
偽の回答をするのは，申告にあたらない。

⑤ 申告の程度は，特定人の特定の犯罪行為，または特定の職務規律違反行為の存在を認知させ，よって犯罪捜査ないし懲戒処分上の捜査を促す程度であることを要する（大判大4.3.9）。

(3) 故 意

申告者は，申告する事実が虚偽であることを認識してすることが必要である。ただし，この認識は未必的なもので足りる（最判昭28.1.23，大判大6.2.8）。

(4) 目 的

人に刑事または懲戒の処分を受けさせる目的でされることが必要である（目的犯）。

「人」とは，他人を意味する。

➡ 自己に対する虚偽告訴は本罪を構成しない。

自然人たると法人たるとを問わず，また責任無能力者でもよいが，実在人であることを要する。

(5) 既遂時期

虚偽の申告が相当官署に到着し，閲覧しうる状態に置かれれば既遂に達し，現実に閲覧されたか否か，それにより捜査や調査が開始されたか否かを問わない（大判大5.11.30）。

2 自白による刑の減免

（自白による刑の減免）
第173条 前条（虚偽告訴等）の罪を犯した者が，その申告をした事件について，その裁判が確定する前又は懲戒処分が行われる前に自白したときは，その刑を減軽し，又は免除することができる。

本条は，誤った刑事裁判や懲戒処分を防止する目的で設けられた政策的規定である。

➡ 刑法170条と同趣旨である。

⑥　職権濫用の罪

1　保護法益

第1次的には国家の司法・行政作用の適正な運用であるが，第2次的には被害者となる個人の自由や権利である。

2　公務員職権濫用罪

（公務員職権濫用）

第193条　公務員がその職権を濫用して，人に義務のないことを行わせ，又は権利の行使を妨害したときは，2年以下の懲役又は禁錮に処する。

(1)　**主　体**

公務員である。

(2)　**客　体**

制限はない。

(3)　**行　為**

職権を濫用して，人に義務のないことを行わせ，または権利の行使を妨害したことである。

「職権を濫用」するとは，形式上，一般的職務権限に属する事項につき，職権の行使に仮託して，実質的・具体的に違法，不当な行為をすることをいう。

3　特別公務員職権濫用罪

（特別公務員職権濫用）

第194条　裁判，検察若しくは警察の職務を行う者又はこれらの職務を補助する者がその職権を濫用して，人を逮捕し，又は監禁したときは，6月以上10年以下の懲役又は禁錮に処する。

(1)　**主　体**

裁判，検察，警察の職務を行う者，またはこれらの職務を補助する者である。

(2) **客　体**

制限はない。

(3) **行　為**

職権を濫用して，人を逮捕または監禁することである。

➡　これらの者の行為でも，職権と無関係にされた逮捕・監禁は本罪にあたらない。

(4) **他罪との関係**

S60-27-4

特別公務員職権濫用罪が成立するときは，逮捕・監禁罪は成立しない。

4　特別公務員暴行陵虐罪

（特別公務員暴行陵虐）

第195条　裁判，検察若しくは警察の職務を行う者又はこれらの職務を補助する者が，その職務を行うに当たり，被告人，被疑者その他の者に対して暴行又は陵辱若しくは加虐の行為をしたときは，7年以下の懲役又は禁錮に処する。

2　法令により拘禁された者を看守し又は護送する者がその拘禁された者に対して暴行又は陵辱若しくは加虐の行為をしたときも，前項と同様とする。

(1) **主　体**

裁判，検察，警察の職務を行う者，もしくはこれらの職務を補助する者，または法令により拘禁された者を，看守もしくは護送する者である。

(2) **客　体**

被告人，被疑者その他の者，または法令により拘禁された者である。

(3) **行　為**

職務を行うに当たり，暴行または陵辱もしくは加虐の行為をすることである。

①　「暴行」とは，人に対する有形力の行使をいう（広義の暴行）。

②　「陵辱もしくは加虐の行為」とは，暴行以外の方法によって精神的または身体的に苦痛を与える行為をいう。

⑷　他罪との関係

　　暴行罪や不同意わいせつ罪は，本罪に吸収される（大判大4.6.1）。

5　特別公務員職権濫用等致死傷罪

> （特別公務員職権濫用等致死傷）
>
> **第196条**　前二条の罪（特別公務員職権濫用，特別公務員暴行陵虐）を犯し，よって人を死傷させた者は，傷害の罪と比較して，重い刑により処断する。

　　本罪は，特別公務員職権濫用罪・特別公務員暴行陵虐罪の結果的加重犯である。

7　賄賂の罪

1　総　説

⑴　保護法益

　　職務行為の公正と職務の公正に対する社会一般の信頼である（最判昭34.12.9）。

⑵　賄賂の概念

　①　「賄賂」とは，公務員の職務に関する不正の報酬としての利益をいい，財物のみに限らず，有形・無形を問わず人の需要，欲望を満たすに足りる一切の利益をいう（大判明43.12.19）。

　　具体例

　　　・金品の譲渡，債務の立替弁済（最判昭41.4.18）
　　　・値上がりの確実な株の譲渡（最判昭63.7.18）
　　　・異性との情交および有利な地位の供与

H12-25-ア

　　　　➡　一般社会における社交儀礼の範囲内における贈与は賄賂にあたらないが，それが職務に関して授受された場合には賄賂性を帯びる（大判昭4.12.4）。

　②　賄賂は不正の報酬であるが，その反対給付としての職務行為が不正のものであることを要しない。

(3) 職務の関連性

① 「職務に関し」とは，法令上管掌する職務のみならず，その職務に密接に関連する，いわば準職務行為または事実上所管する職務に関する場合も含む（最判昭25.2.28，最決昭31.7.12）。

H12-25-オ

② 「職務」とは，当該公務員の抽象的職務権限に属する事務であれば足り，本人が具体的に担当している事務である必要はない（最判昭37.5.29）。

➡ 当該公務員が独立の決裁権を有する事務に限らず，上司の監督の下で行う定型的事務も含む（最判昭28.10.27）。

判例

・税務官吏が，上司から命ぜられた区域および業種外の者に手心を加えるため金員を受取った場合，収賄罪になる（最判昭26.10.25）。

③ 一般的職務権限の変更と賄賂罪の成否

<論点>

賄賂罪が成立するためには，一般的職務権限に属することが必要であるが，転職前の職務が，「その職務」に当たるかが問題となる。

この点につき判例は，一般的職務権限が異なっても，公務員である以上は収賄罪が成立するとしている（最決昭28.4.25）。

➡ 公務員が過去の職務に関して賄賂を収受することは，過去のみならず現在および将来の職務行為に対する信頼をも害するからである。

「職務に関し」とは，現在担当する職務という意味ではなく，自己の職務に関しという意味である。

ケーススタディ

H12-25-エ

公務員Ａが，一般的職務権限を異にする他の公務に転じた後に，前の職務に関して金員等を収受した場合，転職前の職務に関し賄賂罪が成立するか。

✎ Ａにつき賄賂罪が成立する。

2 （単純）収賄罪

（収賄，受託収賄及び事前収賄）
第197条 公務員が，その職務に関し，賄賂を収受し，又はその要求若しくは約束をしたときは，5年以下の懲役に処する。

⑴　**主　体**

公務員である（身分犯）。

➡　公務員ではない仲裁人が，その職務に関し賄賂を収受した場合には，単純収賄　H12-25-イ
罪は成立しない。

⑵　**行　為**

その職務に関し，賄賂を収受し，またはその要求もしくは約束をすること
である。

ただし，請託のないこと，不正行為を行っていないことを要する。

①　「収受」とは，賄賂を受け取ることをいう。

財物の場合には，その占有を取得することにより，また，無形の利益の
場合には，現にそれが享受されたことを要する。

➡　返還する意思で一時預かったにすぎない場合は，収受とはいえない。

②　「要求」とは，賄賂の供与を請求することをいう。

公務員が，その職務に関し，相手方の認識しうる状態において賄賂の交
付を要求すれば足り，相手方の認識の有無を問わない（大判昭11.10.9）。

要求すれば既遂に達し，相手方が応じなくともよい（大判昭9.11.26）。

③　「約束」とは，贈賄者と収賄者間で，賄賂の授受についての合意がある
ことをいう。

➡　約束された以上，後に約束を解消する意思を表示しても，単純収賄罪（約
束罪）の成立には影響を及ぼさない。

⑶　**故　意**

賄賂性すなわち職務に関する不正の報酬たる利益であることの認識が必要
である。

➡　正当な報酬と誤信した場合には，収賄罪は成立せず，贈賄者にも賄賂供与罪は
成立しないが，賄賂申込罪（刑§198）は成立する。

3　受託収賄罪

> （収賄，受託収賄及び事前収賄）
> **第197条**　公務員が，その職務に関し，賄賂を収受し，又はその要求若しくは
> 約束をしたとき・・・・・この場合において，請託を受けたときは，7年以
> 下の懲役に処する。

趣旨

　請託を受けたことに基づく，単純収賄罪の加重類型である。本罪は，不正行為
を行っていない場合に成立する。

(1)　**主　体**

　　公務員である。

(2)　**行　為**

　　その職務に関し，請託を受けて，賄賂を収受，要求，約束することである。

　①　「請託」とは，公務員に対し一定の職務行為を行うことを依頼すること
　　をいう（最判昭27.7.22）。
　　　依頼は，不正な職務行為に関するものであると，正当な職務行為に関す
　　るものであるとを問わない。

　②　賄賂を供与すること自体により黙示的に請託が表示されている場合でも
　　よいが，請託の対象となる職務行為はある程度特定したものであることを
　　要する（最判昭30.3.17）。

　③　「請託を受けた」とは，請託の内容たる依頼を明示または黙示に承諾し
　　たことをいう（最判昭29.8.20）。

4 事前収賄罪

> （収賄，受託収賄及び事前収賄）
> **第197条**
> **2** 公務員になろうとする者が，その担当すべき職務に関し，請託を受けて，賄賂を収受し，又はその要求若しくは約束をしたときは，公務員となった場合において，5年以下の懲役に処する。

(1) **主 体**

公務員になろうとする者である。

現に公務員の職にある者は，本罪の主体にはならない。

| 判 例 |

・公選の議員の立候補届出前でも，本罪の主体となりうる（宇都宮地判平5.10.6）。

(2) **行 為**

その担当すべき職務に関し，請託を受けて，賄賂を収受，要求，約束をすることである。

① 「担当すべき職務」とは，将来公務員となったときに担当することが予想される職務をいう（最判昭36.2.9）。

② 公務員になる前に請託を受けて賄賂の収受等の行為が行われることを要する。

③ 公務員への就任前に，担当すべき職務に関し，請託を受けて賄賂の要求・約束を行い，就任後に賄賂を収受した場合には受託収賄罪が成立し，事前収賄罪はそれに吸収される。

(3) **処罰条件**

本罪は，行為者が現実に公務員となった場合に初めて処罰される。

5　第三者供賄罪

（第三者供賄）
第197条の2　公務員が，その職務に関し，請託を受けて，第三者に賄賂を供
　与させ，又はその供与の要求若しくは約束をしたときは，5年以下の懲役に
　処する。

(1)　主　体
公務員である。

(2)　行　為
その職務に関し，請託を受けて，第三者に賄賂を供与させ，またはその供
与の要求もしくは約束をしたことである。

①　「第三者」とは，贈賄者と公務員以外の者をいい，供与を受ける利益が
　賄賂であることを知っている必要はない。

②　「供与させ」とは，第三者に受け取らせることである。
　具体例
　・公務員であるAが，職務に関しBから請託を受けて職務上の行為をした
　謝礼として第三者Cに金員を寄付するよう要求した場合，Aには第三者
　供賄罪が成立する。

6　加重収賄罪

（加重収賄及び事後収賄）
第197条の3　公務員が前二条（収賄，受託収賄及び事前収賄，第三者供賄）
　の罪を犯し，よって不正な行為をし，又は相当の行為をしなかったときは，
　1年以上の有期懲役に処する。
2　公務員が，その職務上不正な行為をしたこと又は相当の行為をしなかった
　ことに関し，賄賂を収受し，若しくはその要求若しくは約束をし，又は第三
　者にこれを供与させ，若しくはその供与の要求若しくは約束をしたときも，
　前項と同様とする。

趣旨

　職務上不正な行為をしたこと，または相当の行為をしなかったことに基づく，単純収賄罪，受託収賄罪，事前収賄罪，第三者供賄罪の加重類型である。

⑴　**主　体**
　公務員である。
　事前収賄罪の加重類型の場合には，収賄行為の時の主体は公務員になろうとするものであるが，職務上不正な行為をしたときにはその主体は既に公務員になっている必要がある。

⑵　**行　為**
　①　単純収賄罪・受託収賄罪・事前収賄罪・第三者供賄罪を犯し，不正な行為をし，または相当の行為をしなかったことである。

　②　職務上不正な行為をし，または相当の行為をしなかったことに関し，賄賂を要求・約束・収受し，または第三者に供与させるか，その供与を要求・約束したことである。

　③　「不正な行為をし，または相当の行為をしなかった」とは，その職務に違反する一切の作為・不作為をいう（大判大6.10.23）。
　　判例
　　・入札を担当する公務員が入札に際して入札最低価格を通報し，それ以下の価格で入札，落札させた場合，不正な行為に当たる（作為；大判大3.12.14）。
　　・村会議員が議事を欠席する行為は，相当の行為をしなかった場合に当たる（不作為；大判大5.11.10）。

7　事後収賄罪

（加重収賄及び事後収賄）
第197条の３
　3　公務員であった者が，その在職中に請託を受けて職務上不正行為をしたこと又は相当の行為をしなかったことに関し，賄賂を収受し，又はその要求若しくは約束をしたときは，5年以下の懲役に処する。

(1) 主　体

公務員であった者，すなわち公務員の身分を失った者である。

(2) 行　為

在職中に，請託を受けて，職務上不正な行為をしたこと，または相当の行為をしなかったことに関し，退職後に賄賂を収受し，またはその要求もしくは約束をすることである。

➡　在職中に賄賂の要求または約束をした場合，その時点で単純収賄罪が成立するので，退職後にその要求または約束に従い賄賂を収受しても別罪を構成しない。

　具体例

S60-27-5

　・公務員が在職中に職務上不正な行為をし，退職後，その謝礼として金員を受け取っても，在職中その旨の請託を受けた事実がなければ事後収賄罪は成立しない。

8　あっせん収賄罪

（あっせん収賄）
第197条の4　公務員が請託を受け，他の公務員に職務上不正な行為をさせるように，又は相当の行為をさせないようにあっせんをすること又はしたことの報酬として，賄賂を収受し，又はその要求若しくは約束をしたときは，5年以下の懲役に処する。

　趣旨

公務員が自己の職務に関し賄賂を受け取る場合だけでなく，公務員が対価を得て公務員としての立場において，他の公務員に対し働きかける場合も，公務の公正に対する社会的信頼を失わせるものであることから，さらに要件を限定して処罰することにしたものである。

(1) 主　体

公務員である。
公務員が公務員としての立場において行為をした場合に成立する。

➡　公務員であっても，私人としての立場において行為をした場合には，成立しない。

　判例

　・公務員としての立場で行為する限り，その地位を積極的に利用したことを要しない（最決昭43.10.15）。

(2) 行　為

　請託を受け，他の公務員に職務上不正な行為をさせるように，または相当の行為をさせないようにあっせんをしたこと，またはしたことの報酬として，賄賂を収受し，または，その要求もしくは約束をしたことである。

① 　請託を受けて行為した場合に限り成立する。

② 　「あっせん」とは，一定の事項につき，ある人とその相手方との間に立って仲介し，交渉成立の便宜を図ることをいう。

③ 　他の公務員に，職務上不正な行為をさせ，または相当の行為をさせないようにあっせんすることを要する。
　➡ 　他の公務員に職務上正当な行為をさせるようにあっせんした場合には，あっせん収賄罪は成立しない。

④ 　あっせん行為は，過去のものでも，将来のものでもよい。
　➡ 　将来のあっせん行為に対して賄賂を収受・要求・約束したときは，後にあっせん行為が行われなくとも，本罪が成立する。

9　贈賄罪

（贈賄）
第198条　第197条から第197条の4（収賄，受託収賄及び事前収賄，第三者供賄，加重収賄及び事後収賄，あっせん収賄）までに規定する賄賂を供与し，又はその申込み若しくは約束をした者は，3年以下の懲役又は250万円以下の罰金に処する。

(1) 主　体

非公務員であるが，制限されていない（大判昭4.12.4）。
➡ 　公務員であっても単なる私人として行うときは，主体となりうる。

(2) 行　為

　（単純）収賄罪・受託収賄罪・事前収賄罪・第三者供賄罪・加重収賄罪・事後収賄罪・あっせん収賄罪までに規定する賄賂を供与し，またはその申込みもしくは約束をすることである。

①　公務員の職務に関して行われることを要する。

②　事前収賄罪・第三者供賄罪・事後収賄罪・あっせん収賄罪に対しては，行為者が請託をなし，かつ相手方がそれを承諾したことを要する。

③　「供与」とは，相手方に収受させることをいう。
供与者と収受者とは必要的共犯の関係に立つことを要する。

④　「申込」とは，収受を促すことをいう。
申込みは一方的な行為でよく，公務員の妻に差し出すだけでも成立する（大判昭3.10.29）。

⑤　「約束」とは，賄賂に関し贈賄者・収賄者の間に意思の合致のあることをいう。
贈賄者と収賄者とは必要的共犯の関係に立つことを要する。

10　没収・追徴

（没収及び追徴）
第197条の5　犯人又は情を知った第三者が収受した賄賂は，没収する。その全部又は一部を没収することができないときは，その価額を追徴する。

趣旨

H12-25-ウ

賄賂罪に関し，必要的没収・必要的追徴を定めたもので，総則の任意的没収・任意的追徴（刑§19，19の2）に対する特別規定である。

➡　たとえば提供されたが収受されなかった賄賂の場合には本条の適用はないが，総則の任意的没収（刑§19Ⅰ①）の対象になる場合はある（最判昭24.12.6）。

(1)　**没収の対象**
犯人または情を知った第三者が現実に収受した賄賂である。
➡　芸妓の演芸，饗応を受けた酒食，ゴルフクラブ会員権などは賄賂として没収することができない。

(2)　**追徴の対象**
追徴は，没収すべきものが没収できない場合に行われる。
➡　賄賂としての金銭，物品等が，収受後に費消・滅失，移転，他のものと混同，

他の物に変更などの理由から没収できない場合は，その価額を追徴する。

① 　その価額は金銭的に評価できるものに限る。

② 　追徴すべき価額は，収受された賄賂の額でなければならず，その価額算定時期は，賄賂が授受された当時の価額による（最判昭43.9.25）。

③ 　数人が共同して収賄した場合
　　没収・追徴は，各自の分配額に従う。分配額が不明のときは，平等に分配したものとして没収・追徴を行う（大判昭9.7.16）。

④ 　賄賂および等価物を返還した場合
　㋐ 　収賄者が収受した賄賂そのものを贈賄者に返還した場合，贈賄者から没収する（大判大11.4.22）。
　㋑ 　収賄者が収受した賄賂を費消し，その後同額の金員を贈賄者に返還した場合，賄賂そのものの返還ではないから，収賄者から追徴する（最判昭31.2.3）。

用 語 索 引

判例索引

司法書士スタンダードシステム

司法書士　スタンダード合格テキスト10　刑法　第5版

2013年9月20日　初　版　第1刷発行
2024年1月20日　第5版　第1刷発行

編　著　者		Wセミナー／司法書士講座
発　行　者		猪　　野　　　　樹
発　行　所		株式会社　早稲田経営出版

〒101-0061
東京都千代田区神田三崎町3-1-5
神田三崎町ビル
電　話 03(5276)9492(営業)
FAX 03(5276)9027

組　　　版		株式会社　エ　ス　ト　ー　ル
印　　　刷		今 家 印 刷 株 式 会 社
製　　　本		東 京 美 術 紙 工 協 業 組 合

© Waseda Keiei Syuppan 2024　　　Printed in Japan

ISBN 978-4-8471-5070-8
N.D.C. 327

 Wセミナー

		6月 7月 8月 9月 10月 11月 12月 1月 2月

総合力養成コース ➡ 対象:初学者、または基礎知識に不安のある方
2年、20ヵ月、1.5年、1年、速修 総合本科生・本科生
[山本オートマチック] [入門総合本科生]

6月～開講 2年本科生 ※入門総合本科生の◎
8月～開講 20ヵ月総合本科生
1月～開

総合力アップコース
➡ 対象:受験経験者、または一通り学習された方
上級総合本科生・上級本科生

➡ 対象:受験経験者、答練を通してアウトプットの訓練をしたい方
答練本科生

➡ 対象:受験経験者、または一通り学習された方
山本プレミアム上級本科生 [山本オートマチック]

択一式対策コース
➡ 対象:択一式でアドバンテージを作りたい方
択一式対策講座 [理論編・実践編]

➡ 対象:応用力をつけたい方
山本プレミアム中上級講座 [山本オートマチック]

記述式対策コース
➡ 対象:記述式の考え方を身につけたい方
オートマチックシステム記述式講座 [山本オートマチック]

➡ 対象:記述式の解法を知り、確立させたい方
記述式対策講座

法改正対策コース ➡ 対象:近時の改正点を押さえたい方
法改正対策講座

直前対策コース
➡ 対象:本試験の解答テクニックを習得したい方
本試験テクニカル分析講座 [山本オートマチック]

➡ 対象:直前期に出題予想論点の総整理をしたい方
予想論点セット (択一予想論点マスター講座＋予想論点ファイナルチェック)

➡ 対象:本試験レベルの実戦力を養成したい方
4月答練パック

模試コース
➡ 対象:直前期前に実力を確認したい方
全国実力Check模試

➡ 対象:本試験と同形式・同時間の模試で本試験の模擬体験をしたい方
全国公開模試

Wセミナーなら
身につく合格力!

Wセミナーは目的別・レベル別に選べるコースを多数開講!

Wセミナーでは目的別・レベル別に選べるコースを多数開講しています。受験生個々のニーズに合ったコースを選択すれば、合格力をアップすることができます。

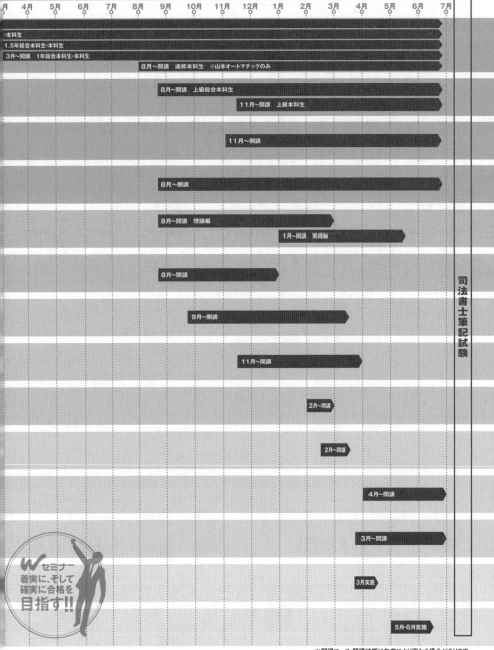

月　4月　5月　6月　7月　8月　9月　10月　11月　12月　1月　2月　3月　4月　5月　6月　7月

- ・本科生
- 1.5年総合本科生・本科生
- 3月～開講　1年総合本科生・本科生
- 8月～開講　速修本科生　※山本オートマチックのみ
- 8月～開講　上級総合本科生
- 11月～開講　上級本科生
- 11月～開講
- 8月～開講
- 8月～開講　理論編
- 1月～開講　実践編
- 8月～開講
- 9月～開講
- 11月～開講
- 2月～開講
- 2月～開講
- 4月～開講
- 3月～開講
- 3月実施
- 5月・6月実施

司法書士筆記試験

Wセミナー 着実に、そして確実に合格を目指す!!

※開講コース・開講時期は年度により変わる場合があります。

Wセミナー 答練・模試

タイムリーなカリキュラムで「今、解くべき問題」の演習を実現しました!

[11月]	[1月]	[2月]	[3月]

過去問学習のペースメーカー!

全出題範囲の主要論点を総潰し!

11月 開講(全6回)
総合力底上げ答練

<出題数>
- 択一式 全210問(各回35問)
- 記述式 全12問(各回2問)

年内は過去問を学習する受験生が多いので、それに合わせて"過去問学習のペースメーカー"になるように工夫されたタイムリーな答練です。各問題には「過去問チェック」を掲載しているため、答練の復習と同時に過去問の肢を確認できます。また、受験経験者の方にとっては"本試験の勘"を取り戻していただくために、各回択一35問、記述2問を本試験と同様の形式で解き、年明けの学習へのステップとして利用できる答練となっています。

1月 開講(全12回)
科目別全潰し答練

<出題数>
- 択一式 全420問(各回35問)
- 記述式 全24問(各回2問)

年明けすぐの1月〜3月は、4月からの直前期を迎える前に、全科目を一通り学習できる時機です。そこで、科目ごとの学習のペースメーカーとして、タイムリーな科目別答練を用意しました。択一式では、司法書士試験の出題範囲である主要論点を網羅しているため、ご自身の科目別の学習と併用して受講することにより学習効果が大きく上がります。また、記述式については、毎回2問を出題しており、時間配分の練習に着目して受講することで、特に記述式の実戦練習をしたい方にも適している答練です。

Point 「時機に即した学習」で重要論点を網羅!

Point 質問メールで疑問・不安解消!

全ての答練・模試をパッケージ化した「答練本科生」「答練本科生記述対策プラス」には、
「法改正対策講座（全2回）」もカリキュラムに加わります。

受験生を合格へと導く！
Wセミナー
"太鼓判"
答練で磨く！答練で合格を勝ち取る！

●【4月】 ●【5月】 ●【7月】

出題予想論点で本試験予行練習！

4月

全国実力Check模試

実戦形式で隙間を埋める！

4月 開講（全6回）

合格力完成答練

<出題数>
| 択一式 | 全210問（各回35問） |
| 記述式 | 全12問（各回2問） |

4月から5月の直前期においては、本試験と同じ問題数、同じ時間で本試験と同じレベルの問題を解くことにより、繰り返し本試験の予行演習を行うことが合格には不可欠です。その予行演習を通して各自の足りない所を発見し、直前期の学習に役立てていただくことをコンセプトにした"合格する力を完成させる"タイムリーな答練を用意しました。直前期の勉強のペースメーカーとして威力を発揮する実戦的な答練です。

出題予想論点で本試験予行練習！

5～6月

全国公開模試第1～3回

本試験と同じ問題数、同じ時間で実施されるタイムリーな本試験予行演習です。"今年の本試験での出題が予想される論点"を中心に本試験レベルの問題を出題します。今までの答練シリーズで学習し積み重ねた"成果"を試す絶好の機会であるといえます。「全国実力Check模試」は時期的に直前期に入る前に実施されるため、"今の自分にとって何が足りないか？"を確認できるよう、基本的な論点を中心に問題が構成されています。直前期の学習に役立ててください。「全国公開模試」は今までの答練シリーズの総決算です。本番の試験のつもりで、ご自身の実力を試してみてください。

司法書士筆記試験

※開講コース・開講時期は年度により変わる場合があります。

Point 充実した割引制度で受験生をバックアップ！

Point 通信生も答練教室受講OK！

▶パンフレットのご請求・お問合せはこちら

| 通話無料 | **0120-509-117** |
ゴウカク イイナ

受付時間
9:30～19:00（月曜～金曜）
9:30～18:00（土曜・日曜・祝日）

※営業時間短縮の場合がございます。詳細はWebでご確認ください。

資格の学校 **TAC**

Wセミナー
WASEDA

WセミナーはTACのブランドです。

書籍の正誤に関するご確認とお問合せについて

書籍の記載内容に誤りではないかと思われる箇所がございましたら、以下の手順にてご確認とお問合せをしてくださいますよう、お願い申し上げます。

なお、正誤のお問合せ以外の書籍内容に関する解説および受験指導などは、一切行っておりません。
そのようなお問合せにつきましては、お答えいたしかねますので、あらかじめご了承ください。

1 「Cyber Book Store」にて正誤表を確認する

早稲田経営出版刊行書籍の販売代行を行っている
TAC出版書籍販売サイト「Cyber Book Store」の
トップページ内「正誤表」コーナーにて、正誤表をご確認ください。

CYBER TAC出版書籍販売サイト
BOOK STORE

URL：https://bookstore.tac-school.co.jp/

2 **1**の正誤表がない、あるいは正誤表に該当箇所の記載がない
⇒ 下記①、②のどちらかの方法で文書にて問合せをする

★ご注意ください★

お電話でのお問合せは、お受けいたしません。

①、②のどちらの方法でも、お問合せの際には、「お名前」とともに、
「対象の書籍名（○級・第○回対策も含む）およびその版数（第○版・○○年度版など）」
「お問合せ該当箇所の頁数と行数」
「誤りと思われる記載」
「正しいとお考えになる記載とその根拠」
を明記してください。

なお、回答までに1週間前後を要する場合もございます。あらかじめご了承ください。

① ウェブページ「Cyber Book Store」内の「お問合せフォーム」より問合せをする

【お問合せフォームアドレス】

https://bookstore.tac-school.co.jp/inquiry/

② メールにより問合せをする

【メール宛先　早稲田経営出版】

sbook@wasedakeiei.co.jp

※土日祝日はお問合せ対応をおこなっておりません。
※正誤のお問合せ対応は、該当書籍の改訂版刊行月末日までといたします。

乱丁・落丁による交換は、該当書籍の改訂版刊行月末日までといたします。なお、書籍の在庫状況等により、お受けできない場合もございます。
また、各種本試験の実施の延期、中止を理由とした本書の返品はお受けいたしません。返金もいたしかねますので、あらかじめご了承くださいますようお願い申し上げます。